Volkswille – Ideal oder Illusion?

Rudolf G. Adam

Volkswille – Ideal oder Illusion?

Weshalb Volksentscheide undemokratisch werden können

Rudolf G. Adam
CSASC
Prien, Deutschland

ISBN 978-3-658-44503-4   ISBN 978-3-658-44504-1 (eBook)
https://doi.org/10.1007/978-3-658-44504-1

Die Deutsche Nationalbibliothek verzeichnet diese Publikation in der Deutschen Nationalbibliografie; detaillierte bibliografische Daten sind im Internet über https://portal.dnb.de abrufbar.

© Der/die Herausgeber bzw. der/die Autor(en), exklusiv lizenziert an Springer Fachmedien Wiesbaden GmbH, ein Teil von Springer Nature 2024

Das Werk einschließlich aller seiner Teile ist urheberrechtlich geschützt. Jede Verwertung, die nicht ausdrücklich vom Urheberrechtsgesetz zugelassen ist, bedarf der vorherigen Zustimmung des Verlags. Das gilt insbesondere für Vervielfältigungen, Bearbeitungen, Übersetzungen, Mikroverfilmungen und die Einspeicherung und Verarbeitung in elektronischen Systemen.
Die Wiedergabe von allgemein beschreibenden Bezeichnungen, Marken, Unternehmensnamen etc. in diesem Werk bedeutet nicht, dass diese frei durch jedermann benutzt werden dürfen. Die Berechtigung zur Benutzung unterliegt, auch ohne gesonderten Hinweis hierzu, den Regeln des Markenrechts. Die Rechte des jeweiligen Zeicheninhabers sind zu beachten.
Der Verlag, die Autoren und die Herausgeber gehen davon aus, dass die Angaben und Informationen in diesem Werk zum Zeitpunkt der Veröffentlichung vollständig und korrekt sind. Weder der Verlag noch die Autoren oder die Herausgeber übernehmen, ausdrücklich oder implizit, Gewähr für den Inhalt des Werkes, etwaige Fehler oder Äußerungen. Der Verlag bleibt im Hinblick auf geografische Zuordnungen und Gebietsbezeichnungen in veröffentlichten Karten und Institutionsadressen neutral.

Planung/Lektorat: Isabella Hanser
Springer ist ein Imprint der eingetragenen Gesellschaft Springer Fachmedien Wiesbaden GmbH und ist ein Teil von Springer Nature.
Die Anschrift der Gesellschaft ist: Abraham-Lincoln-Str. 46, 65189 Wiesbaden, Germany

Wenn Sie dieses Produkt entsorgen, geben Sie das Papier bitte zum Recycling.

Einleitung: Weshalb dieses Buch?

Es gibt viele Analysen einzelner Volksabstimmungen, hingegen nur wenige Versuche, die Erfahrungen einzelner Volksabstimmungen zu einer Bewertung zusammenzufassen, was Volksabstimmungen überhaupt sind, was sie leisten können und welche Gefahren sie bergen. Die wenigen Bücher, die vor kurzem in Deutschland erschienen sind, gehen die Frage primär sozialpolitisch an. Sie fragen, ob Volksabstimmungen inklusiv, progressiv und zugunsten von Unterprivilegierten ausgehen, ob sie die Position von Eliten stützen und sich dann als regressiv einstufen lassen.[1] Sie fragen, ob Volksentscheide Diktatoren begünstigen, zu rechtslastigen Entscheidungen führen oder unsozial sein können.[2] Oder es sind Streitschriften, die von direkter Demokratie eine geradezu heilsgeschichtliche Erlösung erwarten.[3]

Das Anliegen dieses Buches ist es, Volksabstimmungen nicht nach ihren Ergebnissen als progressiv oder restriktiv zu bewerten, denn solche Werturteile spiegeln ideologische Prämissen wider, sondern den Blick auf die

Einleitung: Weshalb dieses Buch?

legitimatorische Leistung von Volksabstimmungen zu richten. Wie weit drücken Volksabstimmungen tatsächlich den Willen des Volkes aus? Ist die Annahme, direkte Abstimmungen stellten die Idealform der Demokratie dar, gerechtfertigt? Oder enthält sie eine Illusion, die der Demokratie gefährlich werden kann?

Das Buch geht dabei in sieben Schritten vor:

- Es fasst zunächst die wichtigsten Elemente einer funktionierenden Demokratie zusammen.
- Es analysiert die Krise der repräsentativen Demokratie und die zunehmende Häufigkeit, mit der auf Volksabstimmungen zurückgegriffen wird.
- Begriffe wie „Volk" und „Volkswille" werden hinterfragt.
- Es wird gezeigt, dass sich hinter dem allgemeinen Begriff «Volksabstimmung» drei bzw. vier grundsätzlich verschiedene Verfahren mit völlig unterschiedlichen Legitimationsleistungen verbergen.
- Mehrheitserfordernisse, Zustimmungsschwellen und Quoren von Volksabstimmungen werden untersucht.
- Es folgen Fallbeispiele, die Schwächen und Missbrauchsmöglichkeiten von Volksabstimmungen empirisch belegen.
- Schließlich wird der Versuch gemacht, einige normative Grundregeln zu formulieren, die bei jedem Volksentscheid zu berücksichtigen sind.

Anmerkungen

1. Wolfgang Merkel und Claudia Ritzi im Literaturverzeichnis
2. Gertrude Lübbe-Wolff im Literaturverzeichnis
3. Andreas Urs Sommer im Literaturverzeichnis

Literatur

Wolfgang Merkel/Claudia Ritz: *Die Legitimität direkter Demokratie. Wie demokratisch sind Volksabstimmungen*, Wrocław (Springer) 2017

Gertrude Lübbe-Wolff: *Demophobie. Muss man die direkte Demokratie fürchten?* Frankfurt (Klostermann) 2023

Andreas Urs Sommer: *Eine Demokratie für das 21. Jahrhundert: Warum die Volksvertretung überholt ist und die Zukunft der direkten Demokratie gehört*, Freiburg (Herder) 2022

Joachin Raschke: *Die Erfindung der modernen Demokratie, Innovationen, Irrwege, Konsequenzen*, Wiesbaden (Springer) 2020

Vernon Bogdanor: *The People and the Party System: The Referendum and Electoral Reform in British Politics*, Cambridge (CUP) 1981

Sybille Reinhardt: *Demokratie-Kompetenzen*, Berlin (DIPF Leibniz Institut für Bildungsforschung und Bildungsinformation), BLK 2004

Martina Flick Witzig/Adrian Vatter: *Direkte Demokratie in den Gemeinden. Politik und Gesellschaft in der Schweiz*, Zürich (Schwabe, NZZ Libro) 2023$_{12}$

Hans-Peter Schaub, Marc Bühlmann, et al., *Direkte Demokratie in der Schweiz: Neue Erkenntnisse aus der Abstimmungsforschung*, Zürich (Seismo) 2022

Gebhard Kirchgässner/Bruno Frey: *Volksabstimmung und direkte Demokratie: Ein Beitrag zur Verfassungsdiskussion*, in: Hans-Dieter Klingemann/Max Kaase (Hsg.): *Wahlen und Wähler, Analysen aus Anlass der Bundestagswahl 1990*, S.42-69, Berlin (Schriften des Zentralinstituts für sozialwissenschaftliche Forschung der Freien Universität Berlin 72), 1994

Gebhard Kirchgässner/Lars P. Feld/Marcel R. Savioz: *Die direkte Demokratie: Modern, erfolgreich, entwicklungs- und exportfähig*, München (Vahlen) 1999

Andreas Glaser/Irina Lehner: *Moutier, quo vadis? Die Aufhebung der Volksabstimmung über den Kantonswechsel*, Zürich 2019 (Aktuelle Juristische Praxis (AJP), 28 (4), S. 452-462)

VIII Einleitung: Weshalb dieses Buch?

Michael Gallagher/Pier Vincenzo Uleri: *The Referendum Experience in Europe*, Basingstoke (Palgrave MacMillan) 1996

Matt Qvotrup (Hsg.): *Referendums Around the World*, Basingstoke (Palgrave MacMillan) 2014

Matt Qvortrup: *Government by Referendum*, Manchester (Manchester University Press) 2018

Matt Qvortrup: *Referendums and Ethnic Conflict, National and Ethnic Conflict in the 21st Century*, Philadelphia (University of Pennsylvania Press) 2022$_2$

Yves Beigbeder: *International Monitoring of Plebiscites, Referenda and National Elections: Self-Determination and Transition to Democracy*, Leiden (Brill/Nijhoff) 1994 (International Studies of Human Rights, Band 32)

Ursula Münch/Uwe Kranenpohl/Eike-Christian Hornig: *Direkte Demokratie, Analysen im internationalen Vergleich*, Baden-Baden (Nomos) 2014

Markus Freitag/Uwe Wagschal (Hsg.): *Direkte Demokratie. Bestandsaufnahmen und Wirkungen im internationalen Vergleich*, Berlin (LIT-Verlag) 2007

Inhaltsverzeichnis

1 **Grundelemente demokratischer Willensbildung**   1
    Literatur   6

2 **Die Krise der repräsentativen Demokratie**   7
  2.1 Die Notwendigkeit repräsentativer Demokratie   7
  2.2 Das Ansehen von Parlamenten schwindet   13
  2.3 Politische Energie sucht sich neue Wege   16
  2.4 Das Dilemma des Berufspolitikers   22
  2.5 Sind Wahlen nutzlos?   24
  2.6 Volksentscheide als Korrektiv?   28

3 **Volksentscheide auf dem Vormarsch**   37
  3.1 Rufe nach direkter Demokratie werden häufiger und lauter   37

	3.2	Länderbeispiele	40
		3.2.1 Deutschland	40
		3.2.2 Nachbarländer	40
	3.3	Volksabstimmungen über die EU	41
4	**Was ist ein Volk? Wer ist das Volk?**		**47**
	4.1	Staatsvolk und Wahlvolk	47
	4.2	Wer ist das Volk, das abstimmen soll?	54
		4.2.1 Das historische Erbe	54
		4.2.2 Globalisierung und Migration	57
		4.2.3 Völker ohne Staat, Staaten mit vielen Völkern	60
		4.2.4 Erzwungene Einwanderung	61
	4.3	Wer gehört zum Volk?	62
		4.3.1 Tyrannei der Minderheit: Flughafen München	63
		4.3.2 Tyrannei der Nicht-Betroffenen: Stuttgart 21	65
		4.3.3 Das Kernkraftwerk Zwentendorf: Wer ist betroffen?	67
		4.3.4 Willkürliche Ein- und Ausgrenzungen	68
		4.3.5 Nicht das Volk, die Bevölkerung stimmt ab: Unabhängigkeitsreferendum in Schottland	69
	4.4	Schlussfolgerungen	70
	Literatur		77

5 Das Volk und sein Wille 79
- 5.1 Die sakrale Überhöhung des Volks 79
  - 5.1.1 Der unangreifbare und unumschränkte Wille des Volks als Souverän ist eine Nachwirkung des Absolutismus 80
  - 5.1.2 Das Volk: Allmächtig – und doch machtlos 82
- 5.2 Proportionale und absolute Mehrheiten 85
  - 5.2.1 Volksabstimmungen können spalten 88
  - 5.2.2 Wann kann eine Mehrheit das ganze Volk binden? 89
  - 5.2.3 Beteiligung und Enthaltungen 91
- 5.3 Asymmetrische Mobilisierung 96
- 5.4 Wahlpflicht? 97
- 5.5 Wahlberechtigte sind nur eine Teilmenge des Staatsvolks 100
  - 5.5.1 Der Volkswille ist eine Fiktion. Das Problem der Minderheiten 100
  - 5.5.2 Wann kann eine Mehrheit beanspruchen, repräsentativ für das ganze Volk zu sein? 102
  - 5.5.3 Demokratische Stabilitätskriterien und die verlorenen Stimmen 105
- Literatur 113

6 Formen des Volksentscheids 115
- 6.1 Was ist ein Volksentscheid? 115
- 6.2 Die vier (bzw. drei) Typen von Volksabstimmungen 117

	6.2.1	Akklamatorischer Volksentscheid	117
	6.2.2	Dezisiver (spontaner) Volksentscheid	122
	6.2.3	Approbatorischer oder abrogativer Volksentscheid	129
Literatur			140

7 Problematische Aspekte von Volksabstimmungen – Praktische Beispiele — 141

7.1	Ein Volk oder vier Völker? Das Brexit-Referendum	141
7.2	Welche Mehrheit gilt? Volksabstimmungen in Quebec	143
7.3	Willkürliche Quoren: Volksabstimmungen in Ungarn	143
7.4	Offener Konflikt zwischen Parlament und Volk: Kolumbien	144
7.5	Volksabstimmungen in Föderationen: Republika Srpska	147
7.6	Machtsicherung durch Volksabstimmungen: Mexiko	148
7.7	Volksabstimmung als Ermächtigung: Tunesien	152
7.8	Volksabstimmungen in der Sowjetunion	153
7.9	Volksabstimmungen und theokratische Diktatur: Der Iran	158
7.10	Volksabstimmung als Rechtfertigung für einen Angriffskrieg	159

7.11	Volksabstimmungen: Rückenwind für radikale Parteien	162
7.11.1	Enteignung der Fürstenhäuser	163
7.11.2	«Gegen die Versklavung des Deutschen Volkes (Freiheitsgesetz)»	164
Literatur		168

8 Sonderfall Schweiz 169
Literatur 180

9 Ausblick und Schlussfolgerungen 181
9.1 Finanzierung, Organisation, Kontrolle von Kampagnen 181
9.2 Voraussetzungen, Probleme und Folgen 185
    9.2.1 Zeitliche Beschränkungen 185
    9.2.2 Welche Fragen und Materie eigenen sich für Volksabstimmungen, welche nicht? 190
    9.2.3 Verbindlich oder unverbindlich? 193
    9.2.4 Wer kann Volksentscheide initiieren? 193
    9.2.5 Wer terminiert Volksabstimmungen, wer formuliert die Fragen? 196

10 Empfehlungen 209
10.1 Volksabstimmungen sind nicht zwangsläufig demokratisch 209
10.2 Wo und wann sind Volksentscheide sinnvoll? 212
10.3 Modalitäten 217

1

Grundelemente demokratischer Willensbildung

Es gibt eine unüberschaubare Fülle demokratischer Verfassungen. Eine präsidiale Demokratie funktioniert anders als eine parlamentarische. Demokratie in einer Föderation oder einem Vielvölkerstaat unterscheidet sich von einer Demokratie in einem Zentralstaat. Selbst wo Verfassungsbestimmungen den stetigen Fluss politischer Willensbildung auf ähnliche Weise in vorgeschriebene Kanäle zwingt, sorgen unterschiedliche Traditionen, Gesellschaftsstrukturen, Verhaltensmuster, Umgangsformen und Parteistrukturen dafür, dass die politische Willensbildung ganz unterschiedliches Strömungsverhalten aufweist.

Nicht weniger vielfältig als die realen Ausprägungen von Demokratie sind theoretische Ansätze.[1] Moderne Demokratien unterscheiden sich fundamental von dem, was in der Antike oder in mittelalterlichen Stadtrepubliken an demokratischen Elementen existierte. In der Gegenwart weist jede Demokratie ihre spezifischen Eigenarten auf. Keine gleicht der anderen. Der Economist publiziert regelmäßig einen «Demokratie-Index», in dem Staatsformen nach fünf Kriterien kategorisiert werden: freie Wahlen und Pluralismus, Politische Teilhabe, Bürgerrechte, Verantwortlichkeit und Kontrolle der Exekutive, Rechtsstaatlichkeit.[2]

Die berühmte Formel von Abraham Lincoln, Demokratie sei «Regierung des Volks durch das Volk für das Volk»[3] hilft nicht weiter, weil kein Volk sich selbst regieren kann, sondern die täglichen Regierungsgeschäfte immer einer kleinen Gruppe anvertrauen muss, die sich hauptberuflich und vollzeitlich darum kümmert.

Das Grundgesetz definiert bündig: «Alle Staatsgewalt geht vom Volk aus», fügt aber erläuternd hinzu: «Sie wird vom Volke in Wahlen und Abstimmungen und durch besondere Organe der Gesetzgebung, der vollziehenden Gewalt und der Rechtsprechung ausgeübt.» Das Grundgesetz lässt Volksabstimmungen zu, erklärt aber die Ausübung der Staatsgewalt durch «besondere», d. h. repräsentative Organe für den Normalfall.

Wenn alle Staatsgewalt vom Volk ausgeht, muss jeder mündige Angehörige des Volks bzw. der Nation gleiche politische Mitwirkungsrechte, das heißt vor allem gleiches Stimmrecht haben. Es kann kein Klassenwahlrecht, keine privilegierten Vorzugs- oder Mehrfachstimmen geben: *one man – one vote!*

Sodann muss gesichert sein, dass jeder Wähler sein Stimmrecht frei ausüben kann und ihm die für seine politische Urteilsbildung notwendigen Informationen uneingeschränkt zugänglich sind. Demokratie setzt ein Amtsverständnis voraus, das zwischen persönlichen Interessen und übertragenen Befugnissen unterscheidet und das Ämter aufgrund von Leistung oder Vertrauen, nicht aufgrund von Geld oder Geburt, vergibt. In einer Demokratie ist jedes Mandat, jedes politische Amt befristet und kann entzogen werden. Jedes politische Amt ist nichts anderes als

1 Grundelemente demokratischer Willensbildung

Geschäftsführung im Namen des Volkes. Es begründet die Pflicht, vor den Wählern, die das Mandat erteilt haben, Rechenschaft abzulegen. Insofern ist die Republik die logische Voraussetzung für Demokratie – auch dort, wo sie aus Tradition mit monarchischen Formen verbrämt ist wie in England oder Schweden. Der Monarch hat dort keine eigenständigen politischen Befugnisse mehr, sondern beschränkt sich auf zeremonielle, repräsentative und protokollarische Funktionen.

Demokratie lebt von Mehrheitsentscheidungen. Diese sind verbindlich, aber nicht unfehlbar. Deshalb lebt Demokratie von Opposition, um Fehler der Regierung aufzudecken und anzuprangern. Sie lebt von der Option, jede Regierung durch eine neue gewaltlos und in vorgeschriebenen Bahnen abzulösen. Regelmäßige Wahlen sind unverzichtbar, weil Wähler irren oder ihre Ansichten ändern können, weil das Wahlvolk durch Generationenwechsel ständig im Fluss ist ebenso wie die Problemlagen, auf die Politik Antworten finden muss. Wahlperioden sind in den meisten Demokratien auf vier bis fünf Jahre angelegt.[4]

Deshalb muss der Grundsatz jeder Demokratie ergänzt werden: *one man – one vote – but not only once!* Die Staatsgewalt, die vom Volk ausgeht, muss dem Volk immer wieder regelmäßig zurückgegeben werden. Nur so kann es Repräsentanten, die sich nicht bewährt haben, sein Vertrauen entziehen und neue beauftragen, nur so kann es eigene Fehlentscheidungen korrigieren, nur so lassen sich auf neue Herausforderungen neue Antworten finden.

Volksherrschaft bedeutet einen ständigen, engen Dialog zwischen Regierten und Regierenden. Das ist das Fundament der Freiheit. Das macht Resilienz, Fehlerfreundlichkeit und Lernfähigkeit von Demokratien aus. Sie mögen in vielem unsteter und wankelmütiger als Autokratien sein, aber sie reagieren schneller und vermögen sich besser neuen Bedingungen anzupassen. Der Bestand einer Demokratie ist weniger von außen als von inneren Schwächen gefährdet. Die Geschichte bietet eine Fülle von Beispielen, in denen innere Zwistigkeiten den Aufstieg eines Alleinherrschers begünstigt haben: Von den Tyrannen griechischer *poleis* über das Römische Reich und die italienischen Stadtrepubliken, die bis auf Venedig alle Stadttyrannen (die sich dann später Herzöge oder Grafen nannten) in die Hände gefallen sind, bis hin zu den Gewaltherrschern des vorigen Jahrhunderts, die sich mithilfe manipulierter Wahlen und Volksabstimmungen zu Diktatoren aufgeschwungen haben. Minderheitenmeinungen müssen politisch relevant bleiben, aus Minderheiten müssen Mehrheiten werden können – und umgekehrt.

Die Staatsgewalt muss eingehegt werden, es muss Vorkehrungen gegen Machtmissbrauch geben. In der Regel bedeutet das Gewaltenteilung, damit sich Legislative, Exekutive und Judikative gegenseitig im Zaum halten und unveräußerliche Grundrechte, die dem Bürger Freiheitsräume gegenüber staatlichen Übergriffen sichern, erhalten bleiben. Wo die Grenze zwischen staatlichen Eingriffen und persönlichen Freiräumen zu ziehen ist, bleibt umstritten. Wie weit geht die freie Meinungsäußerung, wo fängt Verleumdung, üble Nachrede, Beleidigung oder Volksverhetzung an? Wie weit darf ein staatliches Schulsystem Lerninhalte vorgeben? Ein Staat, der eine oder mehrere Konfessionen gegenüber anderen Glaubensgemeinschaften begünstigt, diskriminiert. In manchen Staaten ist dies gewollt, in anderen gilt es als unzulässiger Übergriff säkularer Macht in einen Bereich, der jedem politischen Zugriff entzogen bleiben sollte.

Anmerkungen

1. Weit über drei Dutzend theoretische Varianten der Demokratie sind proklamiert worden. Beispielhaft seien nur genannt: transparente, partizipatorische, inklusive, deliberative, dialogische, defizitäre, postdemokratische, liquide, delegative, simulative, digitale, reflektive, multiple, postklassische, advokatorische, illiberale, gelenkte, souveräne, expansive, progressive, assoziative, consoziale Demokratie. Zusätzlich: Konsens-, Verhandlungs-, Proporz- und Konkordanzdemokratie – ganz abgesehen von den euphemistischen Varianten «gelenkte» Demokratie und «Volksdemokratie», die den Demokratiebegriff in sein Gegenteil pervertieren. Diese Fülle von verwirrenden theoretischen Ansätzen bezeugt, was für ein elusiver und dehnbarer Begriff Demokratie sein kann.
2. Der Economist arbeitet hier größtenteils mit liberalen Kriterien; er setzt voraus, dass ein liberaler Staat eine Demokratie sein muss. Dass dies nicht unbedingt zusammenfallen muss, beweisen aufgeklärte liberale Monarchien oder radikale Demokratien. Es gab und gibt Demokratien, die sich in Teilbereichen höchst illiberal verhalten könnten. England hat beispielsweise bis 1829 Katholiken wichtige Bürgerrechte vorenthalten. Die letzten diskriminierenden Hürden an Universitäten und im Staatsdienst verschwanden erst im 20. Jahrhundert. Für die Monarchie gelten heute noch Restriktionen gegen einen katholischen König. Der Economist hält Syrien für demokratischer als Afghanistan oder den Südsudan für demokratischer als die Demokratische Republik Kongo. Solche Einstufungen lassen sich mit guten Gründen infrage stellen.
3. Gettysburg Address, 19. November 1863: government of the people, by the people, for the people.
4. In Frankreich betrug die Amtszeit des Staatspräsidenten zwischen 1946 und 2000 sieben Jahre. Mit der Wiederwahl von Jacques Chirac wurde sie auf fünf Jahre verkürzt. Die Amtszeit des russischen Präsidenten beträgt

sechs Jahre. Selbst in China und Nordkorea wird das höchste Repräsentativorgan (Volkskongress, Oberste Volksversammlung) alle fünf Jahre neu gewählt. In England kursiert der Spruch, wonach das Westminster Parlament in seiner Machtfülle unumschränkt ist mit zwei Ausnahmen: Es kann sich nicht selbst perpetuieren, indem es Neuwahlen aussetzt, und es kann keine Entscheidung künftiger Parlamente präjudizieren.

Literatur

Bernhard Frevel: *Demokratie: Entwicklung – Gestaltung – Herausforderungen*, Wiesbaden (Springer) 2017$_3$

Hans Kelsen: *Vom Wesen und Wert der Demokratie*, Ditzingen (Reclam) 2018

Herfried Münkler: *Die Zukunft der Demokratie*, Wien (Brandstätter) 2022

Hubertus Buchstein/Kerstin Pohl/Rieke Trimcev: *Demokratietheorien: Von der Antike bis zur Gegenwart*, Frankfurt (Wochenschau) 2021

Hubertus Buchstein: *Typen moderner Demokratietheorien*, Wiesbaden (Springer) 2016

Jürgen Gebhardt u. a.: *Demokratie , Verfassung und Nation . Die politische Integration moderner Gesellschaften*, Baden-Baden (Nomos) 1994

Tine Stein/Hubertus Buchstein (Hrsg.): *Souveränität, Recht, Moral: Die Grundlagen politischer Gemeinschaft*, Frankfurt (Campus) 2007

2

Die Krise der repräsentativen Demokratie

2.1 Die Notwendigkeit repräsentativer Demokratie

Demokratien in modernen Staaten mit Millionenbevölkerungen sind nur als repräsentative, parlamentarische Demokratien möglich. Die einzigen beiden Territorien, die noch eine lebendige Tradition direkter Demokratie wachhalten, der Teilkanton Appenzell-Innerrhoden und der Kanton Glarus, haben repräsentative Parlamente (Oberste Räte), die die täglichen Geschäfte erledigen und die Verwaltung kontrollieren. Die Gesetzgebung ist zwar der jährlich einmal zusammentretenden Landsgemeinde[1] vorbehalten; die Umsetzung dieser Gesetze, die Ausübung der Polizeigewalt und die Vorbereitung der Tagesordnung und der Gesetzesentwürfe, die der Landsgemeinde vorgelegt werden, liegt in den Händen der gewählten Parlamente.

Die repräsentative Demokratie ist seit 1960 in eine Krise geraten. Zwar gibt es eine unüberschaubare Fülle von Demokratieanalysen und -theorien, es gibt aber kaum Untersuchungen, worin der Kern politischer Repräsentation besteht, von welchen Voraussetzungen sie abhängt und welche Mindestvoraussetzungen für ein lebendiges Verhältnis und einen konstruktiven Dialog zwischen Wählern und Repräsentanten gegeben sein müssen.[2]

In Staaten mit stark proportionaler Repräsentation besteht die Tendenz, die Mitte zu besetzen. Dort lösen sich größere Parteien entweder zwischen Regierung und Opposition oder in wechselnden Koalitionen ab. In jedem Fall bleiben spürbare Veränderungen marginal. Das liegt ganz im Sinn der institutionellen Blockaden und komplizierten Zustimmungsregeln: Radikale Einschnitte oder revolutionäre Umschwünge sollen verhindert werden. Dafür nimmt man zeitliche Verzögerungen und sachliche Verwässerungen in Kauf. Diese Prozeduren haben sich in normalen Zeiten bewährt. Sie stoßen an ihre Grenzen, wenn die Erwartungen an rasche, radikale Lösungen steigen.

Schwindendes Zutrauen zu repräsentativen Institutionen schlägt sich in erstarkenden populistischen Reflexen nieder, die an die Stelle des argumentativen Meinungskampfes die charismatische Gestalt eines Führers stellen, der nicht argumentiert, sondern blinde Gefolgschaft einfordert:[3] «Führer befiel, wir folgen Dir!».

Die Bereitschaft der Wähler, Parlamentsentscheidungen als legitim und verbindlich zu akzeptieren, schwindet. Das zeigt sich nicht nur im Anwachsen öffentlicher Proteste. Es zeigt sich in der Zersplitterung und Veränderlichkeit der Parteienlandschaft.[4] Ohne ein Mindestmaß an Identifikation zwischen Repräsentierten und ihren Repräsentanten ist Repräsentation unmöglich.

Das Wesen der Repräsentation liegt darin, dass der Repräsentant (Agent) befugt ist, im Namen und zulasten des

2 Die Krise der repräsentativen Demokratie

Repräsentierten (Prinzipal) Entscheidungen zu treffen, die dieser so gelten lassen muss, als hätte er sie selbst getroffen. Repräsentation setzt eine hohe Affinität zwischen Repräsentanten und Repräsentierten voraus; sie erfordert von Ersteren ein hohes Maß an Empathie und Selbstlosigkeit, weil sie stellvertretend für andere zu handeln haben. Sie erfordert vom Letzteren ein hohes Maß an Sach- und Personenkenntnis. Sie erfordert vor allem jedoch ein Höchstmaß an Transparenz, Rechenschaft über das eigene Handeln und eine inhaltlich fundierte Begründung, weshalb so zu handeln im Interesse der Allgemeinheit, also des Volkes, gelegen hat. Wo dies unterbleibt und die Wähler sich nur einen unzureichenden Eindruck der zur Wahl stehenden Kandidaten verschaffen können, stellt dies immer eine Verlockung für Blender und Aufschneider, für Glücksritter und Schwindler dar, die mehr an der eigenen politischen Karriere und am Glanz des eigenen Ego interessiert sind als an einem durchdachten Programm, wie sich Freiheit, Wohlstand und Sicherheit realistisch gewährleisten lassen. Wenn Wähler solche Hochstapler nicht rechtzeitig durchschauen, müssen sie einen hohen Preis dafür entrichten.

Von zwei Seiten wird die Bereitschaft zur Identifikation zwischen Wählern und ihren Vertretern im Parlament geschwächt: Auf der einen Seite wird moderne Politik zum lebenslangen Beruf. Politiker haben außer ihrer Parteikarriere selten Erfahrungen in anderen Lebensbereichen. Sie werden deshalb von vielen als «Kaste» empfunden, denen ihre medialen und theatralischen Fähigkeiten gestatten, sich zu allen möglichen Themen eindrucksvoll, aber nichtssagend zu äußern, und denen mehr an Fototerminen als an harter Sacharbeit liegt. Die beherrschende Rolle des Fernsehens führt dazu, dass ein hohes Maß an telegenem Auftreten Voraussetzung für jede Politikerkarriere geworden ist. Ständige mediale Präsenz, ein hohes Maß an Prominenz und eine Dosis Glamour sind unabtrennbare Begleiter erfolgreicher Politiker geworden. Ein Ludwig Ehrhard oder ein Kurt Schumacher hätten mit ihrer unauffälligen, biederen Art heute kaum Erfolgschancen. Politiker, die langfristige, aber realistische Zielvorstellungen verfolgen, die, wie es einst Max Weber forderte, «harte Bretter mit Leidenschaft und Augenmaß zugleich langsam und stark zu bohren»[5] wissen, werden selten. Es dominieren Persönlichkeiten, denen die eigene momentane Popularität wichtiger ist als langfristige, prinzipientreue Sacharbeit über den nächsten Wahltermin hinaus.

Die Attraktivität der Wenigen, die als Außenseiter ins Politikgeschäft vordringen, rührt stark von ihrer unverstellten Authentizität her. Die lässt sie, trotz oder manchmal auch gerade wegen ihrer radikalen Ansichten, Zuspruch finden: Endlich ein Politiker, der nicht in vorgestanzten Phrasen redet, sondern der es wagt, den Finger in die offenen Wunden zu legen, die von zu vielen etablierten Politikern ignoriert oder schöngeredet werden! Unverstellte Authentizität wird zum Schlüssel von Wahlerfolgen. Der Erfolg von Politikern wie Donald Trump, Nigel Farage, Alice Weidel, Björn Höcke oder Beppo Grillo liegt in ihrer aggressiven Rhetorik. Dazu gehört, in einer Welt zu simplifizieren, deren Komplexität das Verständnis vieler Wähler überfordert, und auf alle Probleme schlichte, eingängige Antworten anzubieten. Ihre ans Missionarische grenzende Selbstgewissheit, mit der sie sich über Grundwerte oder Verfassungsschranken hinwegsetzen, wirkt mitreißend. Wie Zuschauer eines Sportwettkampfs, wollen Wähler sich mit Siegern identifizieren. Das macht einen Kandidaten, der unerschütterliche Siegesgewissheit ausstrahlt, so unwiderstehlich. Die Szenen ungezügelt triumphalistischer Ausbrüche auf den Wahlpartys siegreicher Parteien liefert entsprechendes Anschauungsmaterial. Charismatischen Gestalten gelingt es am leichtesten, ihre Verstöße gegen etablierte politische Spielregeln als Befreiungsakte von bürokratischen Fesseln darzustellen, die der unverstellten und vollständigen Verwirklichung des Volkswillens nur im Weg gestanden hätten, und dafür noch frenetischen Beifall zu erhalten.[6]

Wähler sind kritischer und anspruchsvoller geworden. Sie sind besser gebildet, besser informiert, sozial und mental beweglicher.[7] Die traditionellen Klassenmilieus, auf denen Parteiloyalitäten einst beruhten, lösen sich auf: Den klassischen Blue-Collar-Arbeiter gibt es kaum noch. Statt seiner finden linke Positionen besonders stark bei Lehrern, Intellektuellen und Pfarrern Anklang. Der Archetyp des kapitalistischen Großunternehmers, der konservativ-liberale Positionen fördert, so wie ihn noch Krupp, Stinnes oder Siemens verkörperten, ist ebenso selten geworden. Die rasch anwachsende Gruppe von Dienstleistern, mittleren Managern und Selbständigen zeigt keine ausgeprägten parteipolitischen Anhänglichkeiten. Mit diesen sozialen Gruppierungen, die früher zuverlässige politische Loyalitäten oft über Generationen hinweg begründeten, ist ein Faktor entfallen, der Wahlverhalten vorstrukturierte und somit einen hohen Grad von Stabilität und Berechenbarkeit bot.

Wahlkämpfe folgen nicht mehr der ideologischen Polarität, die den Kalten Krieg prägte: Sozialismus gegen liberale Freiheitsräume, kollektive Solidarität versus marktwirtschaftlich-individuellen Wettbewerb, konservative Wahrung bestehender Traditionen im Widerstreit mit progressiver Aufbruchstimmung. Die Zahl der Wechselwähler steigt, die Wahlbeteiligung ist rückläufig.

Die langwierigen parlamentarischen Abstimmungsprozesse und ihre bürokratische Umsetzung erscheinen vielen Wählern als schwerfällig und halbherzig angesichts einer rasant anwachsenden Fülle von Problemen, die als drängend und bedrohlich empfunden werden. Wähler begnügen sich nicht damit, ihre Unzufriedenheit bei den nächsten Wahlen auszudrücken. Sie betrachten Parteien als opportunistische Kartelle politischer Macht, denen der Sinn für das Allgemeinwohl abhanden gekommen ist.

Das Wort «Politikverdrossenheit» wurde 1992 zum Wort des Jahres gekürt. Dabei ist es eigentlich unzutreffend, denn noch nie war das Interesse an politischen Fragen größer als in der Gegenwart. Allerdings ist der Glaube geschwunden, diese Fragen ließen sich in den zähen Prozeduren parlamentarischer Abstimmungen rechtzeitig und nachhaltig beantworten. Es wäre insofern richtiger, von «Politiker-» oder «Parteienverdrossenheit», vielleicht sogar von «Parlamentsverdrossenheit» zu sprechen.

Die Unzufriedenheit mit demokratischen Repräsentativorganen ist überall zu greifen, in der Zunahme gut organisierter Interessenverbände und *pressure groups,* die mit Kampagnen, Demonstrationen, spektakulären Ordnungs- und Gesetzesverstößen Aufmerksamkeit erregen und das öffentliche Meinungsspektrum verschieben wollen. Gleichzeitig machen sich Medien, die einstmals stolz darauf waren, sauber zwischen faktischer Berichterstattung und meinungsbildendem Kommentar zu unterscheiden, zu Sprachrohren konkreter politischer Agenda. Manche setzen die Kraft von Bildern und Slogans bewusst ein, um bestimmte politische Bewegungen oder individuelle Politiker zu fördern – oder deren Gegner zu diffamieren.

Der Grundkonsens über faire Umgangsformen und den freien Wettbewerb politischer Konzepte wird brüchig. Die Zahl der Wähler wächst, die sich nicht nur andere Politiker, sondern ein anderes politisches System wünschen. Aktivisten – ein Begriff, den es vor zwanzig Jahren noch gar nicht gab – greifen zu rabiaten Mitteln, um für ihre Ideen zu werben. Widerstand und Behinderungen gegenüber staatlichen Akteuren gelten als Ausweis von politischer Energie und nonkonformistischem (und deshalb fortschrittlichem) Denken. Wer sich mit messianischer

Gewissheit zum Retter der Erde berufen fühlt, glaubt sich von Gesetzen oder Geboten der Höflichkeit und der Rücksichtnahme entbunden. Der hohe Zweck soll selbst abstoßende Mittel rechtfertigen. Noch bedenklicher wird es, wenn abstoßende Mittel abstumpfend wirken und schließlich gar nicht mehr als abstoßend empfunden werden. Toleranz gegenüber widersprüchlichen Auffassungen wird schwächer. Sie gilt als Ausweis von Prinzipienschwäche. Man hört Andersdenkenden nicht mehr zu, man versperrt ihnen nach Möglichkeit die öffentliche Bühne: *cancel culture* und *wokeness*.

Einige Jahre vor dem Begriff «Politikverdrossenheit» tauchten die Begriffe «Schweigespirale» und «schweigende Mehrheit» auf. Beide beschrieben die wachsende Entfremdung zwischen Wählern und Gewählten, denn das hier gemeinte Schweigen bezog sich nicht nur auf den öffentlichen Diskurs. Beide deckten auf, dass hinter dem relativ gut erforschten Wahlverhalten der Wähler eine noch unerforschte, aber keineswegs weniger wichtige Dimension verbarg: die Wahlenthaltung.

2.2 Das Ansehen von Parlamenten schwindet

Vor diesem Hintergrund macht sich eine Stimmung breit, die Parlamente, ähnlich wie in den zwanziger Jahren des vorigen Jahrhunderts, als «Schwatzbuden» verunglimpft, denen es den «Willen des Volkes» bzw. das «gesunde Volksempfinden» entgegenzusetzen gelte. Wer überzeugt ist, im Besitz der alleinigen Wahrheit zu sein, kann eine legitime Opposition nicht anerkennen. Wer jeden Koalitionskompromiss für eine Verwässerung reiner Prinzipien hält, ruft umso energischer danach, dem Volk endlich mehr direkte Mitbestimmungsrechte einzuräumen, weil Parlamente längst zur Beute einer «Partitokratie» verkommen sind, die nur noch an Machterhalt und Zugang zu politischen Pfründen interessiert ist. Parlamente, so die ursprüngliche Vorstellung, sollten wie ein Parabolspiegel die Fülle der Strahlen, die aus dem Volk kommen, unverzerrt reflektieren und im Fokus einer einheitlichen Willensentscheidung im Parlament bündeln. Davon sind sie in den Augen des Wahlvolks abgekommen und verfolgen primär Interessen, die dem Erhalt der Partei, dem Zugriff auf öffentliche Mittel, dem Zugang zu Machtpositionen und den eigenen privaten Interessen dienen.

Das Anwachsen von Protesten und damit verbundenen spektakulären Aktionen deutet darauf hin, dass die von den Protestlern geäußerten Forderungen bzw. Befürchtungen ihrer Auffassung nach im parlamentarischen Bereich nicht hinlänglich artikuliert werden. Es deutet auch darauf hin, dass Entscheidungen und Vorgaben, die das Parlament in Vertretung des gesamten Volkes getroffen hat, von Teilen des Volkes nicht mehr als bindend hingenommen werden. Sie sehen sich nicht nur zu Protest, sondern auch zu Widerstand ermächtigt. Damit wird das Monopol legitimer Gewaltausübung des Staates, der eine der wichtigsten Errungenschaften moderner Zivilisation ist, langsam untergraben.

Noch gefährlicher kann in der repräsentativen Demokratie der rasch wachsende Einfluss von Geldspenden auf Wahlkämpfe und Parteienfinanzierung werden. Lobbyismus ist eine unvermeidliche Begleiterscheinung jeder Demokratie. Jeder, der von potenzieller Gesetzgebung betroffen sein könnte, hat ein legitimes Interesse, seine Gesichtspunkte in die Debatte um die Formulierung von Gesetzestexten einfließen zu lassen. Aber diese Einflussnahme muss transparent und argumentativ erfolgen und darf nicht durch Zuwendungen oder Spenden befördert werden. Politik ist ein kostspieliges Geschäft. Offene und verdeckte Geldkanäle waren schon immer ein Begleiter von Parlamenten und Wahlen.

Solange Parteispenden zulässig sind, wird es Bestrebungen von Wirtschaftssubjekten und Einzelpersonen geben, sich über Spenden Gehör, Ansehen, Wohlwollen und Einfluss zu verschaffen. Deutschland hat mehrere Spendenaffären erlebt, in den USA weitet sich das Ausmaß der Finanzierung von Parteien und Wahlkampagnen ständig weiter aus. Korrupte Abgeordnete, die für Geld ihr Abstimmungsverhalten kaufen lassen, sind selten, obwohl das Debakel des Misstrauensantrags gegen Bundeskanzler Willy Brandt vom 27. April 1972 noch Erinnerung sein sollte, als zwei Abgeordnete sich bestechen ließen und so einen Regierungswechsel verhinderten, der nach der Arithmetik der Mehrheitsverhältnisse eigentlich feststand.

Moderne Wahlkämpfe ähneln Werbefeldzügen. Für das Weiße Haus zu kandidieren, kostet in den USA mittlerweile mehr als fünf Milliarden Dollar – die Kosten für die Kongresswahlen nicht mitgerechnet. Die Gesamtsumme politischer Spenden ist von weniger als 250 Mio. US$ (Wahlkampf Ronald Reagan 1981) auf fast 10 Mrd. US$ angestiegen. Von dieser Summe wird mehr als die Hälfte von weniger als 500 Individuen bzw. Familien aufgebracht. Es liegt auf der Hand, dass solche Spenden selten reiner Selbstlosigkeit entspringen. Wer zahlt, schafft an. Das gilt auch in der Politik. Damit gewinnen finanzstarke Bürger überproportionalen Einfluss auf Wahlergebnisse. Medienzaren wie Axel Springer,[8] Rupert Murdoch,[9] die Bertelsmann-Stiftung[10] oder Silvio Berlusconi[11] zeigen unverkennbar politische Ambitionen: Sie wollen Politik nicht analysieren und darüber berichten, sie wollen Politik machen. Ein Bundeskanzler hat es schwer, gegen die Bild-Zeitung und gegen den Spiegel zu regieren. In Großbritannien verfolgen einige Medien offen politische Kampagnen.

Auch wegen des wachsenden Einflusses von Großspendern und der Verflechtung von Wirtschafts- und Politikinteressen sehen manche Beobachter ein Korrektiv in Volksabstimmungen: Politiker können sich bestechen lassen, ein ganzes Volk gilt als immun. Allerdings wird gezeigt werden, dass Kampagnen für Volksabstimmungen ebenfalls strikte Finanzierungs- und Transparenzregeln benötigen. Ein Volk mag sich nicht bestechen lassen. Dafür lässt es sich umso leichter durch eine professionelle Medienkampagne beeinflussen.

2.3 Politische Energie sucht sich neue Wege

Weder «Politikverdrossenheit» noch zurückgehende Wahlbeteiligungen beschreiben die demokratische Haupttendenz der Gegenwart hinreichend. Sie verweisen nur auf die negativen Seiten. Die Kehrseite dieser Abwendung von repräsentativen Strukturen besteht in einer Verlagerung politischer Aktivitäten auf spontane Veranstaltungen, auf Aktionismus, auf Interessengruppen *(pressure groups)* und auf Demonstrationen. Gemeinsam ist diesen Formen politischer Kundgebungen, dass sie meist auf Protest hinauslaufen und dass es um Einzelfragen *(single issues)* geht. Solche Interessengruppen sind nicht bestrebt, wie Parteien das gesamte Spektrum von widerstreitenden Einzelinteressen in einem Gesamtzusammenhang zu einem in sich stimmigen Parteiprogramm zusammenzufügen und unter leitende Grundprinzipien zu ordnen. Sie fokussieren vielmehr ihre politische Aktivität auf eine spezifische Forderung und bekämpfen alles, was dieser Forderung im Weg stehen könnte. Im Gegensatz zur parlamentarischen Arbeit, die im Idealfall abwägt, Folgen bedenkt, Nebenwirkungen bewertet und schließlich zu einem ausgewogenen

Ergebnis kommt, tendieren Interessengruppen dazu, alles auszugrenzen, was nicht mit ihrer Hauptforderung zu tun hat. Sie erzielen ihre Wirkung vornehmlich dadurch, dass sie insistent, aber auch impertinent für ihr Kernanliegen im öffentlichen Diskurs Aufmerksamkeit und Unterstützung suchen. Insofern sind Interessengruppen und Aktivisten meist leidenschaftliche Befürworter von Volksabstimmungen: Dort sehen sie ihre beste Chance, ihre sektoralen, spezifischen Anliegen zu thematisieren, eine breite Debatte zu entfachen und dann mit geschickter Mobilisierung eine Abstimmungsmehrheit hinter sich zu bringen.

Demonstrationen werden zu Protesten, Proteste zu Aktionen, Aktionen zu Nötigung, Sachbeschädigung und zu persönlichen Angriffen. Aktivist zu sein gilt als Auszeichnung. Mancher sieht in der Berufung zum politischen Aktivismus einen lebenslangen Hauptberuf. Aktivisten werden in ähnlicher Weise zu professionellen Politikern wie die von ihnen gescholtenen Parlamentarier, aber im Gegensatz zu Parlamentariern, die ständig mit Widerspruch leben müssen, geraten Aktivisten in Gefahr, für die Vielschichtigkeit der Wirklichkeit blind zu werden und den Blick für Widersprüche, für die Notwendigkeit von Güterabwägungen und Ungewissheiten zu verlieren. Der Aktivist nimmt seine Verantwortung als Bürger in die eigenen Hände und setzt an allen repräsentativen Organen vorbei das durch, was er für richtig und geboten hält. Selbstzweifel sind ihm noch fremder als eingefleischten Politikern. Durch die enge Fokussierung auf ein einziges politisches Anliegen tendiert politischer Aktivismus zur Radikalisierung, die ihn an den Rand des Totalitarismus führen kann. Aktivisten sind niemals repräsentativ. Ihr Anliegen ist es, aus einer radikalen Randposition heraus das Spektrum politischer Meinungen in ihrem Sinn zu verschieben. Sie wollen einen bestehenden Konsens aufbrechen und die politische Willensbildung vor sich hertreiben.

Als repräsentativ kann nur ein Abbild des Gesamtvolks gelten, in dem sich die Mehrheit des Volkes wiedererkennt. Repräsentation wird oft mit Gruppenzugehörigkeit verwechselt. Es bedeutet aber schlicht «Vertretung». Ein Abgeordneter repräsentiert das Volk in ähnlicher Weise, wie der Leiter einer Filiale oder einer Repräsentanz den Konzern: Er kann Techniker, Ingenieur, Betriebswirt oder Jurist sein. Seine Aufgabe verlangt von ihm, über die Grenzen des Spezialgebiets, aus dem er kommt, hinauszublicken und das Gesamtinteresse des Unternehmens im Blick zu haben. Dabei spielt die Frage, ob er Mann oder Frau, jung oder alt, Katholik oder Buddhist ist, keine Rolle.

Auch ein Parlament wird nicht dadurch repräsentativer, dass Frauen, Berufs- und Einkommensgruppen oder ethnische und religiöse Gemeinschaften proportional zum Gesamtvolk darin vertreten sind. Die Entfremdung rührt vielmehr davon her, dass die Lebensumstände eines Berufspolitikers diesen immer weiter von dem entfernen, was normale Bürger täglich erleben. Michael Müller, von 2014 bis 2021 regierender Bürgermeister Berlins, räumte freimütig ein, er habe früher gar nicht wahrgenommen, wie schmutzig und verkommen Berlin aussehe, weil er in seiner Dienstlimousine chauffiert wurde. Die Ansätze, Parlamente durch Quoten «repräsentativer» zu machen, höhlen in letzter Konsequenz das Repräsentationsprinzip aus, das gerade darauf beruht, dass sich jeder gewählte Mandatsträger ungeachtet seiner persönlichen Lebensumstände als Repräsentant des gesamten Volkes und nicht als privilegierter Lobbyist einer spezifischen Interessengruppe verstehen sollte.[12] Quoten stärken den Einfluss von Minderheiten und Randgruppen, untergraben aber die Identifikation der Mehrheit mit ihren Repräsentanten. Sie schränken die Wahlfreiheit ein, weil längst vor dem Wahltag in kleinen

2 Die Krise der repräsentativen Demokratie

Gremien vorentschieden wird, wer als Repräsentant einer bestimmten Personengruppe ins Parlament entsandt wird.

Der demokratische Meinungskampf verroht. Rhetorische Ausfälle hat es immer gegeben; inzwischen aber wird schnell und oft die Grenze zur Verunglimpfung, zur Verächtlichmachung, zum Charaktermord überschritten. Mahnwachen, persönliche Drohungen sind Symptome einer tiefsitzenden Unzufriedenheit mit parlamentarischen Entscheidungsprozessen. Sie sollen den politischen Gegner nicht mit Argumenten an der Wahlurne besiegen, sondern ihn diskreditieren, einschüchtern oder lächerlich machen. In den USA hat das am 6. Januar 2021 zum Sturm auf das Kapitol geführt, Sitz der beiden Parlamentskammern und Symbol von Verfassung und staatlicher Einheit der USA. In Deutschland hatte es einen ähnlichen, allerdings noch kläglicheren Vorläufer dieses Versuchs am 29. August 2020 gegeben, als einige gewaltbereite Rowdies den Reichstag zu stürmen versuchten.

Machterhalt und Machtgewinn werden zum Selbstzweck erhoben, auch wenn damit juristische und moralische Grenzen überschritten werden. In vielen Interessengruppen steckt ein erhebliches Maß revolutionärer Energie, die eben nicht nur die Politik in bestehenden Strukturen, sondern die Strukturen selbst verändern will.

Inzwischen ist die größte Wählergruppe diejenige der Nicht-Wähler. Wahlbeteiligungen lagen unmittelbar nach dem Zweiten Weltkrieg bei über 80 %. Inzwischen sinken sie meist unter 70. In viel zu vielen Wahlen erreichen sie nicht einmal 50 %. Wenn 30 % der Wähler der Wahl fernbleiben, dann entsprechen 40 % der abgegebenen Stimmen nur 28 % des gesamten Wahlvolks. Und wenn das Wahlvolk nur 80 % des gesamten Volks ausmacht, weil 20 % der Staatsbürger noch nicht das Wahlalter erreicht haben, schrumpft das stolz verkündete Ergebnis von 40 % tatsächlich auf fast die Hälfte, nämlich auf 22,5 %.

Dementsprechend schwach fällt das Mandat einer siegreichen Partei aus, für das ganze Volk zu sprechen. Wenn Nicht-Wähler zur stärksten Gruppe werden, ist dies ein ernsthaftes Symptom einer kränkelnden Demokratie.

Niedrige Wahlbeteiligungen spiegeln nicht unbedingt nachlassendes politisches Interesse wider. Im Gegenteil: Politisches Interesse nimmt eher zu, allerdings sucht es sich neue Bahnen, um sich zu artikulieren und wirksam zu werden. Bürger kehren etablierten Parteien den Rücken und wenden sich entweder neuen, radikalen, unverbrauchten Parteien oder Interessengruppen zu, die über eine Mobilisierung der Bürger für ein spezifisches Anliegen Druck auf die Politik aufbauen.

Bekannte Namen derartiger Interessengruppen sind beispielsweise Fridays for Future, Die letzte Generation, NABU, BUND, Umwelthilfe, Amnesty International, Welthungerhilfe, WWF und Aktion Tier. Sie zielen nicht darauf, in Wahlen zu gewinnen, sondern die Wählerbasis zu mobilisieren und den politischen Willen im Vorfeld der Parteien zu formen. Sie setzen dabei darauf, dass eine kleine, gut organisierte Minderheit im öffentlichen Diskurs breiteren Widerhall und stärkere politische Wirkung erzielen kann als eine schweigende Mehrheit. Wer die Themen setzt und die Begriffe vorprägt, mit denen die Menschen sich öffentlich verständigen, der dominiert auch das politische Denken. Jede Sprachpolitik ist Denkpolitik. Das Sprechen bestimmt das Denken, denn ohne die über die Sprache vermittelten Begriffe lässt sich das Denken nicht in feste Formen bringen, das heißt «formulieren», und was sich nicht formulieren lässt, lässt sich nicht mitteilen. «Die Grenzen meiner Sprache sind die Grenzen meiner Welt!»[13]

Derartige Organisationen haben zusammen mehr als zehnmal so viele Mitglieder als sämtliche politische Parteien zusammen. Die Mitgliederzahl der im Bundestag vertretenen Parteien ist seit 1990 auf die Hälfte geschrumpft, obwohl die Bevölkerung Deutschlands seither um 25 % zugenommen hat. In anderen Worten: Die Parteien haben proportional über 60 % der Menschen verloren, die sich früher einer Partei eng und dauerhaft verbunden fühlten und parteipolitisch aktiv wurden.[14]

Demokratie gerät in Gefahr, zu einer selbstselektierenden Oligarchie zu werden, weil die Masse der Wähler ohnmächtig bleibt, wenn sich die Parteien darüber einig sind, die Selbstversorgung und die eigenen Zuständigkeiten auszudehnen. Der Effekt lässt sich in den meisten reifen Demokratien des Westens beobachten: Misstrauen gegenüber etablierten Parteien und den eingespielten Machtprozeduren wächst, Ungeduld mit zunehmender Bürokratisierung und Erstarrung der Politik macht sich breit, radikale Parteien erhalten Zulauf, die nicht nur eine gründlich andere Politik, sondern ein anderes System versprechen. Die rufen dann danach, «den Sumpf trockenzulegen», «den tiefen Staat zu überwinden» oder «sich die Demokratie von denen da oben zurückzuholen».

Solche Erscheinungen sind Indizien für eine tiefliegende Krise. Es genügt nicht, ihnen zu begegnen, indem man denen, die solche Forderungen erheben, widerspricht oder sie zu isolieren versucht. Vielmehr erfordern solche Entfremdungserscheinungen bei Parteipolitikern und Parlamentariern den selbstkritischen Blick in den Spiegel. Denn es liegt primär an ihnen, weil es ihnen nicht gelingt, die Signale aus dem Volk rechtzeitig und richtig aufzunehmen und sich mit ihnen inhaltlich überzeugend auseinanderzusetzen. Eine solche Auseinandersetzung kann auch darin bestehen, derartige Rufe argumentativ zu widerlegen und ihren Befürwortern mit einer Mischung aus Ironie und Strenge entgegenzutreten. Man darf nur nicht versuchen, sie moralisch abzuwerten oder sie hartnäckig zu ignorieren. Der politische Radikalismus ist weniger ein moralisches als ein intellektuelles Problem und eine Herausforderung an die Entschlossenheit des Staates, dem Recht Geltung zu verschaffen und öffentliche Disziplin zu wahren.

2.4 Das Dilemma des Berufspolitikers

Es wird über Parteieliten geklagt, die die Selbstversorgung schärfer im Blick haben als den Dienst am Gemeinwohl. Politik ist für die meisten Berufspolitiker zum Lebensinhalt, zum Daseinszweck geworden. Sie leben weniger für, als von der Politik. Wenn der Eindruck entsteht, dass es Berufspolitikern mehr darum geht, im Strom mitzuschwimmen und eine lukrative Position zu finden als die Richtung des Stroms zu ändern, zerstört dies das Grundvertrauen in repräsentative Politik. Repräsentation erfordert ein hohes Maß an Selbstlosigkeit und Selbstverleugnung. Sie baut auf ein Fundament von Vertrauen, dass ständig erneuert werden muss. Sie verlangt lückenlose Transparenz und Rechnungslegung des Repräsentanten. Er muss den Repräsentierten umfassend und überzeugend Rede und Antwort stehen. Repräsentative Politik ist empathischer Dienst am Gemeinwesen, nicht geltungssüchtiger Kampf um Prominenz, Diäten und Spesen.

Demokratische Repräsentation ist ein Ideal, das sich in der Wirklichkeit niemals erreichen lässt. Das Volk als Souverän und das Parlament bzw. die Regierung als Träger der legislativen und exekutiven Macht haben keinen gemeinsamen Teiler, der ohne Rest aufgeht. Je ausgeprägter Politik zum Beruf wird, je stärker der Auftrag demokratischer Repräsentation mit persönlichem Ehrgeiz, Karriereplanung und Einkommenssicherung eines Berufspolitikers in Konflikt gerät, umso rascher schwellen Enttäuschung und Misstrauen unter den Repräsentierten an. Das ständische gemeinsame Eigeninteresse von Berufspolitikern kann niemals restlos kongruent sein mit ihrer offiziellen Pflicht, dem Gemeinwohl zu dienen. Repräsentation erfordert Selbstlosigkeit, Demut, ein Dienstethos. Das steht in unauflöslichem Widerspruch zu den Fähigkeiten, die von einem modernen Berufspolitiker gefordert sind: Ehrgeiz, Geltungsstreben und Führungsanspruch.

Lobbyismus und Nebeneinkünfte legen einen undurchsichtigen Schleier über die Motive, die Abgeordnete tatsächlich zu ihrer politischen Positionierung bewegen. Die politische Karriere wird als lebenslange Beschäftigungsgarantie betrachtet, die denjenigen, die die Ochsentour erfolgreich durchlaufen haben, einen Anspruch auf angemessene Versorgung sichert, sollten sie einmal bei einer Wiederwahl scheitern. Parlamente geraten in den Verdacht politischer Kartellbildung, Parteien werden als opportunistische Vereine wahrgenommen, die vor lauter Machtbesessenheit das Allgemeinwohl des Volkes aus den Augen verlieren.

Dass Politiker immer öfter gleich nach dem Ausscheiden aus dem politischen Amt in eine hochdotierte Position in der Wirtschaft wechseln, ist an sich weder verwerflich noch anstößig, weil auf diese Weise wertvolle Erfahrung nicht brach liegt, was für alle Betroffenen nur von Vorteil sein kann. Ein solcher Wechsel ist jedoch unweigerlich mit dem Verdacht verknüpft, dass das Handeln im Amt von der Aussicht auf die gut dotierte Position danach beeinflusst werden könnte. Ein solcher Verdacht darf gar nicht erst entstehen. Deshalb sind Karenzzeiten und äußerste Transparenz bei derartigen Entscheidungen von allerhöchster Bedeutung. Keinesfalls sollte ein Politiker bei einem Wirtschaftsunternehmen einsteigen, für das er im politischen Amt ordnungspolitisch zuständig war oder dem er staatliche Aufträge verschafft hat.

Die Krise ist strukturell und lässt sich nicht einfach mit ein paar symbolischen Reformen abstreifen. Die Skandale mehren sich, in denen Volksvertretern Amtsmissbrauch und Korruption vorgeworfen wird. Der ehemalige französische Staatspräsident Sarkozy ist 2021 zu einer dreijährigen Freiheitsstrafe auf Bewährung verurteilt worden. In Brüssel häufen sich Korruptionsfälle bei Abgeordneten des EU-Parlaments. Silvio Berlusconi war berüchtigt für sein Geschick, zahllose Strafprozesse ins Leere laufen zu lassen. Donald Trump muss sich in vier Prozessen strafrechtlich verantworten.

2.5 Sind Wahlen nutzlos?

«Wenn Wahlen irgendetwas verändern könnten, hätte man sie abgeschafft»![15] Diese zynische Sicht wird von vielen Skeptikern geteilt. Dazu gehören viele derjenigen, die sich an Wahlen nicht beteiligen; dazu gehören aber auch viele Wähler, die immer wieder erleben, dass die von ihnen gewählte Partei nach der Wahl ganz andere Positionen vertritt als während des Wahlkampfs.

Viele Bürger nehmen Politik wie eine «Als-ob-Veranstaltung» wahr. Vollmundigen Ankündigungen und grandiosen Versprechungen steht allzu oft Tatenlosigkeit, ehrgeizigen Programmen eine kümmerliche Realität gegenüber. Politik vermag immer weniger die Wirklichkeit zu verändern und begnügt sich damit, die Wahrnehmung der Wirklichkeit schönzufärben. Die ständige Medienpräsenz fördert das Dreschen vorgestanzter Phrasen, denen inhaltliche Aussagen und konkrete Festlegungen abgehen. Nähme man Politiker in ihren Wahlkampfreden beim Wort und mäße sie an dem, was sie, einmal gewählt, tatsächlich bewirkt haben, könnten die wenigsten bestehen. Die meisten rechnen damit, dass die Erinnerungs- und

2 Die Krise der repräsentativen Demokratie 25

Aufmerksamkeitsspanne der meisten Wähler kurz ist. Jede neue Sensation zieht alle Aufmerksamkeit auf sich und verdrängt das meiste Voraufgehende.

Der Eindruck, dass Politiker ständig reden, aber wenig sagen, ist für das Vertrauen der Wähler in ihre Repräsentanten verheerend. Das gilt ganz besonders für Fragen, die als existenziell und drängend empfunden werden: Klima und Umwelt, Migration und Sicherheit, Wohnraum und Energie. Floskelhafte Sprache vergrämt zwar keinen Wähler, sie vermag aber eben auch keine neuen zu gewinnen. Wer die einschläfernden Stereotypen von Angela Merkel mit der ungezügelten Polemik von Donald Trump vergleicht, versteht, dass erstere alles daran setzte, eine zufriedene Mehrheit ruhig zu halten, während Trump es versteht, eine unzufriedene Minderheit anzustacheln.

Ein Verhältniswahlrecht bildet die Vielfältigkeit der Wählerinteressen besser ab als ein Mehrheitswahlrecht, in dem eine relative Mehrheit ausreicht, um einen Repräsentanten für die Gesamtheit der Bürger zu ernennen. Mehrheitswahlen gelten eher einer Persönlichkeit, Verhältniswahlen eher einer Partei. Die ersteren stärken die Bindung zwischen dem individuellen Abgeordneten und seinem Wahlkreis, die letzteren die zwischen Wählern und Fraktionen.

Proportionale Wahlsysteme bilden zunächst die Vielfältigkeit der Wählerpräferenzen besser ab. Sie haben jedoch gravierende Nachteile: Proporzwahlen stärken die Rolle der Parteien als Vermittler des Wählerwillens. Der Wähler kann seine Stimme nur einer Partei geben, hat aber kaum Einfluss auf die Zusammensetzung, mit der die gewählte Partei ins Parlament einzieht.[16] Absolute Mehrheiten sind in solchen Systemen eher die Ausnahme. Damit entsteht der Zwang zur Koalitionsbildung. Und damit kann der Wählerwille in sein genaues Gegenteil verkehrt werden. Wenn beispielsweise ein Wähler 2017 SPD gewählt hat, weil er die CDU von der Regierung fernhalten wollte, hat er mit seiner Stimme eben dieser CDU zur Regierungsmehrheit verholfen. Wer 2021 FDP gewählt hat, weil er eine Regierungsbeteiligung der Grünen verhindern wollte, hat mit seinem Wahlzettel genau das befördert, was er eigentlich ausschließen wollte. Große Koalitionen (Koalitionen zwischen den beiden stärksten Parteien) sind deshalb besonders gefährlich. Sie erkaufen einen momentanen Höchstgrad an Stabilität mit einer langfristigen Erosion des Vertrauens, denn sie lassen keine effektive Opposition mehr zu. Wer sie beenden will, hat keine andere Wahl, als radikale Randparteien so weit zu stärken, dass die Große Koalition aus sich heraus keine Mehrheit mehr hat. Sie schwächen das politische Zentrum und begünstigen extreme Parteien. Sie führen gleichzeitig zu vermehrten Rufen nach Volksabstimmungen, weil eine wachsende Zahl von Wählern keine Möglichkeit mehr sieht, das Regierungshandeln durch Stimmabgabe zu beeinflussen. Es war kein Zufall, dass die Partei, die 2013 rechts von der CDU gegründet wurde, sich den Namen «Alternative für Deutschland» gab – eine Antwort auf die Rhetorik der CDU-Kanzlerin, die ihre politischen Vorstellungen gerne mit den Worten «Das ist alternativlos!» verband.

Die Enttäuschung richtet sich auch dagegen, dass repräsentative Demokratien komplexe Abstimmungs- und Beteiligungsprozesse unentwirrbar ineinander verflechten. Diese *checks and balances* gelten als Garant dafür, dass einseitige, übereilte Entscheidungen verhindert werden. Ihr Nachteil liegt darin, dass sie in Krisensituationen klare, rasche Entscheidungen blockieren. Dies wirkt sich vor allem dann fatal aus, wenn eine Regierung schnell und sichtbar liefern muss. Wähler gewinnen den Eindruck, dass Gesetzgebungsverfahren und öffentliche Großprojekte im Dickicht von Genehmigungs- und Einspruchsverfahren nicht von der Stelle kommen. Schwerfällige Bürokratie breitet ein bleiernes Tuch von zähem Immobilismus über die Verwaltung, die berufen ist, die Vorgaben der Politik in Entscheidungen umzusetzen, die unmittelbar den Alltag jedes Bürgers betreffen. Planungsfehler und Missmanagement haben horrende Kostenexplosionen und Qualitätsmängel zur Folge. Dann wird der Ruf nach der starken Hand lauter, die durchgreift, Verantwortliche zur Rechenschaft zieht, mit der Faust auf den Tisch haut und rasch eindeutige Fakten schafft. Dann ertönt der Ruf nach dem bedenkenlosen starken Mann, der den festgezurrten gordischen Knoten mit einem mächtigen Streich zerhaut. Das Gleiche gilt, wenn der Eindruck entsteht, dass Politik sich im Dickicht marginaler, ideologiebedingter Tagesprojekte verheddert und die großen, langfristigen, strukturellen Weichenstellungen vor sich herschiebt und dass verantwortliche Mandatsträger auch für schuldhafte Fehlleistungen nicht durch Wahlen belangt werden können.

Auch eine grundlegende Neuordnung der politischen Parteienlandschaft vermag hier wenig Entlastung zu bringen. Wenige Parteien, die die Nachkriegszeit in Europa geprägt haben, sind heute noch einflussreich. In Italien und Frankreich haben völlig neue Parteien die traditionellen Parteien ersetzt, die noch bis zur Jahrhundertwende das politische Leben in beiden Ländern dominierten. In Frankreich existiert keine der Parteien mehr, die 1958 an der Wiege der Fünften Republik standen. Gleichwohl hat diese radikale Umgestaltung der Parteienlandschaft keineswegs zu mehr Stabilität geführt oder die wachsende Entfremdung der Wähler von ihren Repräsentanten gestoppt. In Deutschland sind die drei Parteien, die bis 1998 traditionell jede Bundesregierung in unterschiedlicher Konstellation gebildet hatten, im Parlament ergänzt worden durch inzwischen vier weitere Parteien, allesamt jenseits des Spektrums dieser drei. Mit den Freien Wählern könnte es sogar noch eine achte Partei in den Bundestag schaffen. Damit wäre die politische Landschaft Deutschlands ähnlich zerklüftet wie die der Niederlande mit entsprechenden Folgen für instabile Regierungen. Das würde den Rufen nach mehr Volksabstimmungen weiteren Auftrieb geben.

Auch eine komplette Neugliederung der Parteienlandschaft trägt wenig dazu bei, das Vertrauen in Wahlen neu zu beleben. In Frankreich und Italien zeigen die neuen Parteien ganz ähnliche Reflexe und eine unveränderte Resistenz gegen grundlegende Reformen wie die untergegangenen. In Deutschland und Großbritannien haben sich die alten Parteien halten können, aber stark an Rückhalt verloren, und sind von neuen Parteien unter Druck geraten. Sie tun sich schwer, sich an neue Umstände anzupassen und neue Meinungsströmungen unter den Wählern rechtzeitig aufzuspüren.

2.6 Volksentscheide als Korrektiv?

Vor diesem Hintergrund werden Rufe nach Elementen direkter Demokratie lauter. Man erhofft sich neuen Schwung und ein Gegenmittel gegen die wachsende Entfremdung zwischen Wählern und Gewählten. Seit Willy Brandt 1969 «Mehr Demokratie wagen» zu seinem Regierungsslogan erklärte, hat sich dieser Leitspruch in weitere Gesellschaftsbereiche verbreitet. Seither gilt ein Mehr an direkten Beteiligungs- und Mitsprache- bez. Mitbestimmungsrechten fraglos als ein Mehr an Demokratie. Vertikale Hierarchien geraten in den Verdacht, autoritär oder repressiv zu sein.

Zunächst hat die Vorstellung viel für sich, Demokratie verwirkliche sich in immer mehr Beteiligungsrechten und ihr logischer Fluchtpunkt und damit ihr eigentliches Ideal sei die Volksabstimmung. Für die Völker Osteuropas, wie

2 Die Krise der repräsentativen Demokratie 29

für die Völker, die koloniale Bevormundung abgeschüttelt haben, schien es unumgänglich, die Entscheidung, was an die Stelle der sowjetischen Bevormundung oder der Fremdbestimmung durch die Kolonialmächte treten solle, in die Hände des Volkes zu legen. Generell besteht eine Tendenz, politische Grundsatzfragen, also Fragen, die die Verfassung und den demokratischen Grundkonsens betreffen, durch Volksabstimmungen entscheiden zu lassen. Wenn alle Staatsgewalt vom Volk ausgeht, erscheint es nur logisch, das Volk selbst zu befragen, wie diese Staatsgewalt organisiert und ausgeübt werden soll.

Von Volksabstimmungen wird erwartet, dass sie der Entfremdung zwischen Wählern und Gewählten entgegenwirken, dass sie behäbige, etablierte Parteien zwingen, sich neuen Fragen zu stellen und neue Antworten zu suchen. Sie sollen gewährleisten, dass die Verkehrung des Wählerwillens in sein Gegenteil oder seine Verwässerung durch unerwartete Koalitionsbildungen eingeschränkt wird, weil hier der Wähler authentisch zu Wort kommt und dieses Wort nicht mehr verändert werden kann. Volksabstimmungen werden insbesondere von Randgruppen und neuen Parteien gefordert; etablierte Parteien zeigen sich eher zögerlich.

Die Vermutung, Volksabstimmungen könnten mehr Stabilität, mehr Legitimation, mehr Demokratie bedeuten, ist zunächst einmal plausibel. Theoretisch spricht viel für sie. Je weiter der Kreis der Mitbestimmungsberechtigten, umso demokratischer das Gesamtgebilde. Dieses Konzept wird von soziologisch denkenden Politologen oft so weit getrieben, dass gleiche politische Beteiligungsrechte zwangsläufig in eine gleiche faktische politische Mitsprache münden müssten.

Allerdings haben gerade die letzten Jahre warnende Beispiele aus westlichen Demokratien geliefert, die den Glauben erschüttern, ausgeweitete Zustimmungs- und Beteiligungsrechte des Volks transponierten automatisch ein Mehr an demokratischer Kultur und toleranten Umgangsformen.

Anmerkungen
1. Appenzell-Innerrhoden ist mit 175 km² etwa so groß wie Nürnberg (186 km²). Seine Bevölkerung entspricht mit rund 16.000 einer ländlichen Kleinstadt (z. B. Bitburg: 14.500). Etwa 60 % der Wirtschaftsleistung wird von der Landwirtschaft erbracht. Die Landsgemeinde lädt (in der Regel am letzten Aprilsonntag) alle wahlberechtigten Einwohner (derzeit etwa 11.000) auf den Marktplatz (Landsgemeindeplatz) von Appenzell ein.
Glarus hat etwa 40.000 Einwohner, von denen 26.000 stimmberechtigt sind. Glarus ist ebenfalls ein überwiegend agrarisch geprägter Kanton. Die Landsgemeinde findet dort Anfang Mai statt.
Die Beteiligung an diesen direkt-demokratischen Versammlungen geht langsam, aber stetig zurück. Sie liegt derzeit bei 20 bis 30 %. Tagesordnung und Gesetzesentwürfe, über die abgestimmt werden soll, werden von der Verwaltung bzw. dem Kantonsparlament erarbeitet, müssen aber von der Landsgemeinde bewilligt werden (approbatorischer Volksentscheid). Die Landsgemeinde wählt die Kantonsregierung (bzw. in Glarus ihren Vorsitzenden) und in Appenzell auch die Richter am Kantonsgericht und den Vertreter des (Halb-)Kantons im Ständerat (Föderationsrat) in Bern. Wahlen sind nicht geheim, abgestimmt wird öffentlich durch Handaufheben. Jeder Bürger hat in der Landsgemeinde Rederecht, Debatten finden nicht statt. Kandidaten für kantonale Ämter können durch Zuruf aus der Menge benannt werden. Gewählt wird nach dem Mehrheitsprinzip.

2 Die Krise der repräsentativen Demokratie 31

Die Wahlen zum Nationalrat in Bern (Bundesparlament) finden mit Stimmzetteln in Wahlkabinen an einem für die gesamte Schweiz einheitlichen Termin statt.

Frauen sind in Appenzell-Innerrhoden erst seit 1990 aufgrund einer Entscheidung des Bundesgerichts wahlberechtigt, nachdem die rein männliche Landsgemeinde noch am 29. April 1990 ein Wahlrecht für Frauen verworfen hatte (60:40).

Direkte Demokratie funktioniert am besten in politischen Einheiten, in denen sich die Bürger gegenseitig persönlich kennen und vertrauen. Athen dürfte noch deutlich weniger stimmberechtigte Bürger gehabt haben als Appenzell-Innerrhoden. Wenn Athen um 450 v. Chr. zwischen 40.000 und 50.000 Einwohner hatte (einschließlich Sklaven), dürften die stimmberechtigten, wehrfähigen Männer deutlich weniger als 10.000 gezählt haben.

2. Das ist umso erstaunlicher, als es zwar wiederum zahllose Untersuchungen über Parteien, ihre Programme und ihre Wahlchancen gibt. Es gibt Studien zu Parteibindungen, aber es gibt kaum empirisch unterlegte Untersuchungen darüber, welchen Willen ein Wähler beim Wahlakt eigentlich ausdrückt und von welchen Kriterien es abhängt, ob ein Abgeordneter oder ein ganzes Parlament als repräsentativ für das ganze Volk empfunden werden oder nicht. Noch weniger wissen wir darüber, welche Motive einen wahlberechtigten Bürger bewegen, sein Wahlrecht nicht auszuüben. Manche mögen zu bequem sein, andere zu vergesslich. Aber derlei schablonenhafte Erklärungen reichen bei Weitem nicht aus. Viele Nicht-Wähler haben sehr klare und konkrete Gründe, weshalb sie einer Wahl fernbleiben.

3. Die Slogans solcher populistischen Strömungen sprechen für sich: «Führer befiehl, wir folgen Dir!», «Putin ist Russland, und Russland ist Putin.» Benito Mussolini ließ sich wie eine mythologische Figur mit über-

menschlichen Fähigkeiten huldigen. In China entsteht ein neuer Personenkult um Präsident Xi Jinping. Seine politischen Gedanken werden ähnlich wie die von Mao Zedong als unfehlbar und wegweisend geradezu sakralisiert. Übertroffen wird diese ans Religiöse grenzende Überhöhung einer politischen Führerpersönlichkeit noch in Nordkorea.
4. In Italien und Frankreich wurden die in der Nachkriegszeit dominierenden Parteien (Democrazia Cristiana bzw. Gaullisten, Sozialisten und Kommunisten) von neuen Wahlbündnissen abgelöst (in Frankreich Le Pens Rassemblement National, Macrons La République en Marche, seit September 2022 umgetauft auf Renaissance, in Italien Movimento Cinque Stelle, Fratelli d'Italia, Lega, Forza Italia). In Großbritannien haben die Scottish National Party und Nigel Farages United Kingdom Independence Party (UKIP; inzwischen umfirmiert als Reform UK) traditionelle Parteienbindungen aufgebrochen und das Profil der traditionellen Parteien nachhaltig verändert.
5. Max Weber: *Politik als Beruf,* München und Leipzig (Duncker & Humblot 1919, S. 66)
6. Die erschütterndsten Beispiele bot und bietet Donald Trump, der die Massen «Lock her up!» skandieren ließ, um die Gegenkandidatin Hilary Clinton zu diffamieren.
7. Im westlichen Europa machten sich in den 1970er-Jahren die Auswirkungen der Bildungsreformen bemerkbar. Die Quote der Studienanfänger schnellte von etwa 5 % in den 1950er-Jahren bis 1980 auf 20 % einer Jahrgangskohorte empor. Inzwischen liegt sie dauerhaft deutlich über 50 %. Höhere formale Bildung führt zu besserer Informiertheit, kritischerem Denken und höheren Ansprüchen an politischen Mitgestaltungsmöglichkeiten. Es war kein Zufall, dass der enorme

2 Die Krise der repräsentativen Demokratie 33

Liberalisierungsschub im westlichen Europa mit dieser Bildungsreform und der aus ihr sich speisenden Studentenrevolte eingeleitet wurde.
8. Von Gerhard Schröder wird glaubhaft berichtet, er habe gesagt, er brauche zum Regieren nur Bild, BamS und Glotze.
9. Rupert Murdoch kontrolliert Fox News in den USA und The Sun in Großbritannien. Fox News wurde berüchtigt für seine Moderatoren Tucker Carlson und Sean Hannity, die mit eindeutig falschen Behauptungen versuchten, Donald Trump zu stützen. The Sun brachte am 18. Mai 2016, also einen Monat vor dem Abstimmungstermin über den Brexit, die Schlagzeile «Queen backs Brexit», was zu der einmaligen Reaktion führte, dass Buckingham Palace eine offizielle Richtigstellung abgab. Die Schlagzeile war eindeutig falsch. Murdoch hat auch mit seinen anderen Medien in Großbritannien für den Brexit getrommelt. Alle Premierminister seit Tony Blair wussten, dass der Einfluss der Murdoch-Presse wahlentscheidend sein konnte.
10. Die Bertelsmann-Stiftung verfolgt eine eindeutig politische Agenda wenn sie sich für «deliberative Demokratie» und ein Wahlalter ab 16 einsetzt. Beispiele: https://www.bertelsmann-stiftung.de/de/unsere-projekte/new-democracy/projektnachrichten/von-irland-lernen-wie-buergerbeteiligung-die-demokratie-veraendert und https://www.bertelsmann-stiftung.de/de/unsere-projekte/engagement-junger-menschen-fuer-demokratie/waehlen-ab-16. abgerufen am 11.01.24.
11. Berlusconi verdankte seine politische Karriere hauptsächlich seiner weitreichenden Kontrolle über italienische Fernsehsendungen. Ihm wurde wiederholt vorgeworfen, seine Wahl zum Ministerpräsidenten der unablässigen Kampagne zu verdanken, die von ihm kontrollierte Medien für ihn führten und seine Position

als Ministerpräsident benutzt haben, um Journalisten des staatlichen Fernsehsender RAI, die ihn kritisiert hatten, mundtot zu machen (Enzo Biagi, Michele Santoro, Daniele Lutazzi).

12. Artikel 38 (1): Abgeordnete sind Vertreter des ganzen Volkes, an Aufträge und Weisungen nicht gebunden und nur ihrem Gewissen unterworfen.
13. Ludwig Wittgenstein, *Tractatus logico philosophicus*, Satz 5.6.
14. In den meisten europäischen Demokratien, aber auch in den USA, lassen sich ähnliche Tendenzen beobachten. Politische Aktivität verlagert sich aus dem klassischen Raum der Parteien in den demokratischen Vorraum. In Großbritannien verlieren die Parteien ständig Mitglieder. Um 1953 hatten die Konservativen etwa 2 Mio., Labour weit über 1 Mio. (mit den affiliierten Gewerkschaften über 5 Mio.) Mitglieder. Heute haben die Konservativen noch 172.000, Labour 432.00 Mitglieder. Die Mitgliederzahl in britischen Gewerkschaften ist von über 13 Mio. (1979) auf etwa 6 Mio. (2022) gesunken. Dabei ist die Gesamtbevölkerung in den siebzig Jahren um ein Drittel von 50 Mio. auf 67 Mio. angewachsen. Im gleichen Zeitraum hat sich die Zahl der Mitglieder in unpolitischen Interessengruppen wie National Trust oder Royal Society for the Protection of Birds verzehnfacht. Heute stehen nur noch etwa 750.000 politisch organisierte Bürger weit über 10 Mio. Mitgliedern in derartigen *pressure groups* gegenüber. Vor siebzig Jahren war dieses Verhältnis umgekehrt.
15. Der Ausspruch «If voting made any difference, they would'nt let us do it» wird meist fälschlicherweise Mark Twain zugeschrieben. Höchstwahrscheinlich wurde er in einer anarchistischen Bewegung der 1960er/1970er-Jahre des vorigen Jahrhunderts geprägt. Ken Livingstone, von 2000 bis 2008 Bürgermeister Londons, gab

dem Buch, mit dem er sich erfolgreich um einen Sitz im Unterhaus bewarb, den Titel «If Voting Changed Anything, They'd Abolish It» (1987).
16. Eine Möglichkeit, die Zusammensetzung des Parlaments auch in Proporzwahlen zu beeinflussen, bietet das Kumulieren und Panaschieren oder die Wahlliste einer Partei, die es dem Wähler erlaubt, in der Kandidatenliste eine bestimmte Persönlichkeit zu bevorzugen.

3
Volksentscheide auf dem Vormarsch

3.1 Rufe nach direkter Demokratie werden häufiger und lauter

Forderungen nach mehr Basisdemokratie werden lauter, häufiger und drängender. Wenn repräsentative Institutionen nicht mehr als repräsentativ wahrgenommen werden, wenn Parteien als Transmissionsriemen versagen, um Wünsche und Vorstellungen der Basis in die Entscheidungsgremien zu transportieren, liegt die Forderung nahe, Entscheidungen an die Basis zu verlagern und sowohl Parteien wie auch die ganze Pyramide föderal gestufter Institutionen zu überspringen.

Wenn alle Staatsgewalt vom Volk ausgeht, dann ist der Wille des Volkes die höchste politische Autorität. Dann könnte der Ausweg aus der gegenwärtigen Krise darin liegen, dem Volk erweiterte Mitspracherechte einzuräumen bzw. es direkt zu politischen Fragen entscheiden lassen.

Der Ruf nach mehr direkter Demokratie wird inzwischen von fast allen Teilen des politischen Spektrums erhoben.

Die Versuchung wächst, den ganzen unüberschaubaren Dschungel von Beteiligungs-, Mitsprache- oder Einspruchsrechten einfach zu umgehen und mit einem autoritativen Entscheid zu ersetzen, der ein für alle Mal gilt. Das ist der Volksentscheid. Er wird oft als Schwerthieb gesehen, der den festgezurrten Gordischen Knoten komplexer Entscheidungswege einfach zerhaut und neue Bewegungsräume öffnet. Er gilt als die letzte Instanz, die den Streit um den richtigen Weg auf einen Schlag beendet. Er soll als unverrückbarer Fels auf ewig in der ihn umbrandenden Flut des politischen Tagesgeschäfts stehen. Der Volksentscheid reduziert ein komplexes Problem auf eine simple Ja-Nein-Frage und soll damit endgültige Klarheit schaffen.

Alle Politik besteht letztlich darin, Fragen auf eine Ja-Nein-Alternative zu reduzieren. Im Parlament gibt es nur drei Optionen: Zustimmung, Ablehnung oder Stimmenthaltung. Der gravierende Unterschied liegt darin: Eine parlamentarische Mehrheit kann sich rasch ändern; spätestens nach den nächsten Wahlen lässt sich jede Entscheidung der Vorgängerregierung wieder aufheben. Wahlen bieten in regelmäßigen Abständen die Möglichkeit, frühere Präferenzen zu korrigieren und notwendige Anpassungen vorzunehmen. Wahlen sind somit ein ständiger Anpassungs- und Lernprozess, nicht nur zwischen Wählern und Gewählten, sondern noch viel mehr zwischen politischen Ambitionen, politischen Realitäten und beschränkten Mitteln.

Ein Parlament stimmt niemals isoliert über eine Frage ab. Jede Abstimmung ist eingebettet in ein Netz von anderen Abstimmungen, in denen vieles, was mit der ersten Abstimmung verbunden ist, nachjustiert, korrigiert oder zurückgenommen werden kann. Im Parlament gibt es deshalb immer die Option eines «Ja, aber», weil

Koalitionspartner oder unterschiedliche Strömungen innerhalb derselben Partei für ihre Zustimmung Konzessionen auf anderen Gebieten verlangen.

Als besondere Stärke der Demokratie gilt ihre Fehlerfreundlichkeit, ihre Anpassungsfähigkeit, ihre Resilienz und ihre Lernfähigkeit. Alle diese Eigenschaften fehlen Volksabstimmungen, die schwer korrigierbar bzw. revidierbar sind, zugunsten einer einseitigen Entscheidung einer Frage alle übrigen damit verbundenen oder mitbetroffenen Bereiche ausblenden, sich nachträglich nicht mehr anpassen lassen und sich nur durch ein ebenso schwerwiegendes Verfahren (mit neuen Fehlermöglichkeiten) nach langer Zeit aufheben lassen.

Hat das Volk einmal seinen Willen unmittelbar geäußert, ist die Frage entschieden, und zwar auf lange Zeit hin, über jeden Einspruch, jegliche Bedenken, selbst über nachträgliche Revisionswünsche hinweg.

Die Gefahr ist groß, dass Volksabstimmungen in einem nur unzureichend vorstrukturierten Bereich der Verfassung stattfinden. Demokratie besteht jedoch zu allererst aus gesicherten Verfahren. In unverbindlicher Spontaneität von *ad hoc* angesetzten Volksabstimmungen kann Demokratie ihr wichtigstes Fundament verlieren: den gesicherten Konsens über Verfahren und deren rechtliche Wirkung. Volksabstimmungen kennen keine Beschränkungen. Ohne die Staatsmacht einhegende Grundrechte und Verfahren drohen Abstimmungen ein Einfallstor für Willkür, Manipulation und im schlimmsten Fall für Gewalttätigkeit zu bieten. Volksabstimmungen kennen keine Gewaltenteilung. Gegen sie sind die normalen *checks and balances* machtlos.

3.2 Länderbeispiele

3.2.1 Deutschland

Die Ampelkoalition will laut Koalitionsvertrag Bürgerräte einsetzen und neue Formen des Bürgerdialogs praktizieren, allerdings ohne das Prinzip der Repräsentation aufzugeben, und gleichzeitig den Bundestag als Ort der Debatte und der Gesetzgebung stärken.[1] Hier will man Basisdemokratie ausweiten und gleichzeitig die Repräsentativorgane stärken – nicht nur theoretisch, sondern auch praktisch ein kaum lösbarer Widerspruch.

Bis auf die CDU fordern alle im Bundestag vertretenen Parteien mehr Elemente direkter Demokratie, auch wenn diese Forderungen inzwischen nicht mehr so radikal klingen wie zu Beginn des Jahrhunderts.[2]

In Deutschland ist der „Mehr Demokratie e. V." zu einer wirkungsvollen Interessengruppe für Volksabstimmungen geworden. Der Verein hat zahlreiche Volksbegehren und -entscheide auf Landesebene initiiert und betreibt stetige Lobbyarbeit.

3.2.2 Nachbarländer

In unseren Nachbarländern sieht es ähnlich aus: Österreich drängt auf erweiterte Möglichkeiten direkter Volksentscheide. Für das gleiche Ziel setzt sich die Kampagne «Österreich Entscheidet» ein.

Frankreich hat das Volk wiederholt über EU-Verträge und konstitutionelle Reformen abstimmen lassen.[3]

In Italien versteht sich der „Movimento Cinque Stelle" als basisdemokratische Partei neuen Typs und drängt auf Ausweitung der bisher bestehenden Möglichkeiten von Volksentscheiden.

Irland hat in den 50 Jahren seit seinem EU-Beitritt 30 Volksabstimmungen durchgeführt.

Polen und Ungarn haben über die Migrationspolitik der EU abstimmen lassen.

Selbst in Großbritannien, dem Land repräsentativer Demokratie *par excellence,* kommt es vermehrt zu Volksentscheiden. Nach bisheriger Verfassungsdoktrin können Volksentscheide im Vereinigten Königreich das Parlament in seiner Entscheidungsfreiheit nicht einschränken, denn Souveränität liegt nach traditioneller Doktrin nicht beim Volk, sondern beim Parlament.[4] Tatsächlich hat das Parlament bisher jedoch das Ergebnis aller Volksabstimmungen für verbindlich erklärt. Die folgenreichste und am heftigsten umstrittene Volksabstimmung betraf 2016 den Brexit.[5]

3.3 Volksabstimmungen über die EU

In den heutigen Mitgliedern der EU haben seit ihrem EU-Beitritt insgesamt fast 100 Volksabstimmungen stattgefunden. Vor dem EU-Beitritt waren es 90, wovon die Staaten Mittel- und Osteuropas 35 zwischen 1991 und ihrem EU-Beitritt durchgeführt haben. Bis 1990 fanden somit in den gut 70 Jahren seit Ende des Ersten Weltkriegs in allen heutigen und ehemaligen EU-Staaten insgesamt 79 Volksabstimmungen statt. Seither waren es in 30 Jahren 118. War es vor 1990 etwa eine Volksabstimmung pro Jahr, sind es seither im Durchschnitt vier pro Jahr.

In allen Staaten, die heute zum Europäischen Wirtschaftsraum gehören, war der Rhythmus von Volksabstimmungen noch dichter: Dort fanden zwischen 1950 und 1970 im Schnitt fünf Referenden pro Jahr statt. Von 1970 bis 1990 waren es insgesamt 15, seither ist die Zahl auf 55 gestiegen. Allein die Schweiz hat in 40 Jahren (1951 bis 1990) 235, dann aber in 32 Jahren (1991 bis 2022) 293

Volksabstimmungen durchgeführt. Das sind etwa sechs pro Jahr in dem früheren, und fast zehn pro Jahr in dem späteren Zeitraum.

Das britische Brexit-Referendum war das 41. Referendum, das in einem Mitgliedstaat über sein Verhältnis zur EU abgehalten wurde. Referenden haben den Verfassungsvertrag der EU gestoppt, hätten beinahe den Vertrag von Lissabon zu Fall gebracht und fast das Assoziierungsabkommen mit der Ukraine verhindert.[6] Volksentscheide zur territorialen Selbstbestimmung (Sezession) sind auf dem Gebiet der heutigen EU im Saarland 1956 durchgeführt worden. In jüngster Zeit ist es zu zwei derartigen Volksentscheiden in Schottland und Katalonien gekommen, wobei der in Katalonien von der Zentralregierung in Madrid als unrechtmäßig bezeichnet wird.

Schließlich entdeckten die Mitgliedstaaten der Europäischen Union die Volksabstimmung als Surrogat für das immer wieder angeprangerte angebliche Demokratiedefizit der EU. Auch nachdem die Befugnisse des EU-Parlaments mit dem Lissabon-Vertrag nochmals erheblich ausgeweitet worden sind, will diese Kritik nicht verstummen. Was als Demokratiedefizit angeprangert wird, ist im Kern ein Repräsentationsdefizit. Vorbehalte gegen das Parlament in Brüssel beruhen weniger darauf, dass seine Verfahren demokratischen Prinzipien nicht genügen. Sie entspringen vielmehr dem Eindruck, dass dieses Parlament nicht repräsentativ zusammengesetzt ist, es keine politischen Parteien auf europäischer Ebene gibt und kleine Staaten deutlich stärker repräsentiert sind als große, womit eines der Grundprinzipien jeder Demokratie, nämlich *one man – one vote,* für Wahlen zum EU-Parlament nicht gilt.

Anmerkungen

1. Mehr Fortschritt wagen – Koalitionsvertrag zwischen SPD, BÜNDNIS 90/DIE GRÜNEN und FDP, S. 9–10.
2. Die SPD forderte in ihrem Programm von 2017: «Zur Unterstützung der parlamentarischen Demokratie wollen wir direkte Demokratiebeteiligung auf Bundesebene stärken.»
Die Grünen legten sich in ihrem Walprogramm 2017 fest: «Wir GRÜNE wollen Elemente direkter Demokratie auch in der Bundespolitik stärken. Wir wollen Volksinitiativen, Volksbegehren und Volksentscheide in die Verfassung einführen.»
Die FDP ist mittlerweile von ihrer Forderung nach Volksbegehren und Volksentscheiden auf Bundeseben abgerückt, fordert aber Volksabstimmungen in der EU.
Die AfD fordert nicht nur Volksabstimmungen auf Bundesebene, sondern will auch Gesetzesinitiativen auf direktdemokratischem Weg ermöglichen.
Die Linke erklärt in ihrem Wahlprogramm 2021: «Wir wollen Volksinitiativen, Volksbegehren und Volksentscheide auf Bundesebene einführen.»
Die CSU bezeichnete die direkte Demokratie mit Bürger- und Volksentscheidungen als wichtige Ergänzung der parlamentarischen Demokratie. Sie forderte, «das Volk bei grundlegenden Fragen...zu beteiligen, insbesondere bei nicht zu revidierenden Weichenstellungen und bei europäischen Fragen von besonderer Tragweite.» (Grundsatzprogramm der CSU von 2016; https://www.csu-geschichte.de/media/user_upload/CSU_Grundsatzprogramm_2016.pdf, aufgerufen 01.12.2023).
3. 1972 über den Beitritt Großbritanniens, Irlands und Dänemarks. 1992 über den Vertrag von Maastricht. 2005 über den EU-Verfassungsvertrag. Daneben gab es Volksabstimmungen über die Direktwahl des Präsidenten (1962), über die Regional- und Senatsreform (1969), über den Status von Neukaledonien (1988) und über die

Verkürzung der Amtszeit des Präsidenten von sieben auf fünf Jahre (2000).
4. Die Verfassungsrealität wird im Vereinigten Königreich dadurch verschleiert, dass der Monarch als *sovereign* bezeichnet wird. Es ist jedoch eine historisch überlieferte, heute bedeutungslose Bezeichnung. Vgl. A.V .Dicey: *Introduction to the Study of the Law of the Constitution*, Carmel IN (Liberty Fund) 1982_8; Vernon Bogdanor: *The New British Constitution*, London (Hart/Bloomsbury) 2009.
5. Weitere nationale Referenden betrafen 1975 die Billigung des (bereits vollzogenen) Beitritts zur EU und 2011 die Reform des Wahlrechts. Darüber hinaus gab es regionale Referenden in Wales und Schottland. Das erste Referendum im Vereinigten Königreich wurde 1973 in Nordirland durchgeführt über die Frage, ob Nordirland beim Vereinigten Königreich bleiben oder sich der Republik Irland anschließen solle. Das Referendum war der erste Schritt auf dem Weg zu einer Aussöhnung, der 1998 schließlich zum Good Friday-Abkommen führte.
6. Volksabstimmungen in Frankreich und in den Niederlanden am 29. Mai/1. Juni 2005.
Volksabstimmung in Irland am 12. Juni 2008. Alle Parteien hatten sich für eine Ratifikation des Vertrags ausgesprochen, die Volksabstimmung ergab eine Ablehnung von 53,4 % bei einer Wahlbeteiligung von 53,1 % – eine doppelte absolute Mehrheit von Beteiligung und abgegebenen Stimmen.
Konsultative Volksabstimmung in den Niederlanden vom 6. April 2016. Obwohl 61 % der abgegebenen Stimmen das Abkommen ablehnten (Beteiligung 32,3 %), wurde das Abkommen ein Jahr später von beiden Kammern des Parlaments angenommen. Vor der Billigung durch das Parlament wurde zugesagt, dass weder zusätzliches Geld noch Militärhilfe in die Ukraine fließen und die Ukraine kein EU-Beitrittskandidat werden solle. Diese Zusagen haben nicht einmal fünf Jahre lang gehalten. Seit 2022

3 Volksentscheide auf dem Vormarsch

sind die Niederlande unter den kräftigsten Unterstützern der Ukraine mit Geld, Waffen und unter den entschiedensten Fürsprechern für eine rasche EU-Mitgliedschaft der Ukraine. Diese Unterstützung findet breite Zustimmung in der niederländischen Bevölkerung. Solche Meinungsumschwünge sollten zu denken geben, was Volksabstimmungen leisten können oder leisten sollen.

4

Was ist ein Volk? Wer ist das Volk?

4.1 Staatsvolk und Wahlvolk

Das Reichstagsgebäude in Berlin trägt in seinem Giebel die Widmung «Dem Deutschen Volke».[1] Im Inneren steht seit 2000 eine Installation mit dem Titel «Der Bevölkerung».[2] Beide Inschriften weisen auf ein schwer zu überbrückendes Dilemma hin.

Wer oder was verbirgt sich hinter dem Anspruch, das oder ein Volk zu sein? Zwar haben im 20. Jahrhundert Frauen in nahezu allen Gesellschaften das Wahlrecht erhalten. Ausgeschlossen aber bleiben Kinder, obwohl sie als Staatsbürger zweifellos zum Staatsvolk zählen. In Deutschland erhält man die Staatsbürgerschaft mit der Vollendung der Geburt, das Wahlrecht für Wahlen zum Bundestag jedoch erst mit 18 Jahren. Diese Altersschranke herrscht weltweit mit wenigen Ausnahmen vor. Sie bleibt dennoch willkürlich. Sie ist in den meisten Staaten seit dem Ende des Zweiten Weltkriegs mehrfach herabgesetzt worden, in den meisten Ländern von 21 auf 18 Jahre. Manche Staaten, Kommunen und Regionalkörperschaften gewähren das Wahlrecht schon ab 16 Jahren. Es gibt sogar Ansätze, das Wahlrecht ab einem Alter von 14 Jahren zu gewähren. Die neugewählte Bundesregierung will ein Wahlalter von 16 für alle Wahlen auf Bundesebene in Deutschland durchsetzen.[3]

Die Altersbegrenzung für die Ausübung des staatsbürgerlichen Wahlrechts stößt auf zwei Grundprobleme:

- Von welchem Alter an gestehen wir einem Heranwachsenden das notwendige Verständnis und den Verantwortungssinn zu, sein Wahlrecht vernünftig und überlegt auszuüben? Ein Kind kann ab dem 7. Lebensjahr gültige Verträge abschließen, sofern ihm dadurch kein Vermögensschaden entsteht. Das Jugendstrafrecht setzt ab dem 12. Lebensjahr ein. Mit 14 Jahren konfirmieren Protestanten ihre Gläubigen, ab demselben Alter kann man einer Partei beitreten. Beim Alkoholkonsum liegt die Grenze bei 16, beim Führerschein bei 18 Jahren, Soldat kann man hingegen schon mit 17 werden. Greta Thunberg hat mit 15 Jahren die Welt aufgerüttelt, Malala Yousafzai mit 17 den Friedensnobelpreis erhalten. Man kann wie Lars Windhorst mit 16 Jahren ein Unternehmen gründen. Wo also liegt eine vernünftige Grenze für das Wahlalter und nach welchen Kriterien sollte es festgelegt werden? Ist eine allein am Alter festgemachte Pauschalregelung überhaupt zulässig? Bedarf es bei der Gewährung bzw. Versagung eines so grundlegenden Bürgerrechts nicht einer Einzelfallprüfung? Aber wie könnte die überhaupt aussehen?
- Das zweite Problem liegt in der persönlichen, unmittelbaren Stimmabgabe. Es leuchtet ein, dass ein Fünfjähriger keinen Wahlschein ausfüllen darf, weil er ihn nicht verstehen kann. Aber wenn Menschen, die kein selbst-

4 Was ist ein Volk? Wer ist das Volk?

bestimmtes Leben führen können und auf ständige Betreuung angewiesen sind, sich beim Ausfüllen des Wahlscheins von Betreuern helfen lassen dürfen, weshalb sollen dann die natürlichen Betreuer von Kindern, nämlich die Eltern, nicht stellvertretend das Wahlrecht für ihre Kinder ausüben können? Wenn das Wahlrecht «das vornehmste Recht des Bürgers in einer Demokratie»[4] und wählen zu können «so fundamental wie Atem holen ist»[5], weshalb lassen wir Bürger bis zu ihrem 18. Lebensjahr demokratisch ersticken? Weshalb gründen wir politische Entscheidungen auf das Repräsentationsprinzip, nach dem ein Bevollmächtigter verbindliche Entscheidungen für einen anderen treffen kann, verweigern aber genau dieses Prinzip bei der Wahl unserer Repräsentanten? Weshalb ist ein Bundestagsabgeordneter repräsentativ für das Volk, ein Elternteil aber nicht für das Kind – für das er in allen übrigen Lebensbereichen stellvertretend einspringen muss, bis hin zur Haftung für durch das Kind unbedacht angerichtete Schäden?

Bis hier bessere Lösungen gefunden sind, gilt zunächst, dass das Staatsvolk größer ist als das Wahlvolk, weil alle Staatsbürger unter 18 Jahren ihren politischen Willen nicht in verfassungsrechtlich relevanter Weise ausdrücken können. Demokratietheoretisch ist es schwierig, von einem «Willen des Volkes» zu sprechen, wenn ein signifikanter Teil des Volkes von dieser Willensäußerung ausgeschlossen bleibt. Besonders prägnant ist dieses Dilemma in Gesellschaften mit hohem Bevölkerungswachstum, wie in Ländern Afrikas oder der arabischen Halbinsel. Dort machen die Unter-18-Jährigen bis zu 40 % der Gesamtbevölkerung aus. Wenn nur 60 % eines Volkes das Stimmrecht besitzt, bedeutet selbst eine absolute Mehrheit, dass letztlich 31 % der erwachsenen Bürger über die restlichen 69 % entscheiden.

Man könnte zumindest für Volksabstimmungen ein generelles Stimmrecht für *alle* Staatsbürger zu fordern, d. h. auch für Kinder, deren Stimmrecht dann anteilig auf Eltern oder Erziehungsberechtigte übergehen würde. Wenn Behinderte und auch Menschen unter Einwilligungsvorbehalt[6] wählen dürfen, obwohl sie im normalen alltäglichen Leben ihren Willen nicht in rechtlich verbindlicher Form äußern können, weshalb sollen dann nicht bei Volksabstimmungen auch unmündige Staatsbürger ihre Stimme durch gesetzliche Vertreter abgeben können?[7]

Problematisch wird dieser Ausschluss der Jugend von der politischen Lenkung des Gemeinwesens insbesondere, wenn es um Entscheidungen mit langfristigen Auswirkungen auf die Zukunft geht, wie beispielsweise in der Energie- und Klimapolitik, bei der öffentlichen Verschuldung, bei Fragen der Raumordnung, der Verkehrswegeplanung, der Umweltpolitik. Weshalb sollen diejenigen, die nach ihrer statistischen Lebenserwartung gar nicht mehr von den Folgen ihrer Entscheidungen betroffen sein werden, in solchen Fragen ein Stimmrecht haben, die nachwachsende Generation hingegen, die mit diesen Folgen auszukommen haben wird, übergangen werden?

Hier taucht in der Zeitdimension das gleiche Problem auf, das sich bei regionalen Volksentscheiden in der räumlichen Dimension auftut: Wer soll entscheiden? Diejenigen, die von den negativen Auswirkungen aufgrund räumlicher Nähe am stärksten betroffen sind? Oder diejenigen, die von der Entscheidung profitieren, obwohl sie ihren Lebensmittelpunkt in weiter Entfernung haben? Das Problem taucht jedes Mal auf, wenn es um den Bau von Kraftwerken, Flughäfen, Autobahnen, Eisenbahntrassen oder Hochspannungsleitungen geht. Nach welchen Kriterien der Kreis der Abstimmungsberechtigten eingegrenzt wird, hat unmittelbare und weitreichende Folgen für das Abstimmungsergebnis.

4 Was ist ein Volk? Wer ist das Volk? 51

Der häufigste – und gravierendste – Fehler in der Diskussion über Volksabstimmungen liegt darin, ein Volk als etwas Statisches, Unveränderliches, Ewiges zu postulieren. Tatsächlich ändert sich jedes Volk ständig, durch Generationenwechsel, durch Ein- und Auswanderung, durch Erfahrungen, durch progressive und retardierende intellektuelle Beeinflussung, durch Weltoffenheit oder Abgrenzung. Das Deutschland von 2024 hat wenig mit dem Deutschland von 1924 und noch weniger mit dem von 1944 gemein. Es ist deutlich anders als das von 1964, und es wird mit Sicherheit 2054 andere Präferenzen und Ängste haben als heute.

In einer immer dichter besiedelten Welt bringt jeder umgestaltende Eingriff in die Umwelt Belastungen für einige und Vorteile für andere. Das Problem entzündet sich daran, dass Belastungen schwerer zu identifizieren, zu quantifizieren, zu bewerten und auf einen eindeutigen Verursacher zurückzuführen sind als Vorteile, und dass diejenigen, die negativ betroffen sind, schwerer zu bestimmen und noch schwerer zu organisieren sind als diejenigen, die sich Vorteile erhoffen. Der Schutz von Allgemeingütern wie Wasser- und Luftqualität, der Schutz vor übermäßigem Lärm, der Schutz des Klimas und der natürlichen Artenvielfalt ist eine Aufgabe der Allgemeinheit, aber heftig umstritten. Denn diese Güter kommen allen zugute, haben aber selten eine organisierte Interessenvertretung, die ihnen Stimme und Einfluss verleihen könnte. Sie teilen das tragische Schicksal der Allmenden, den gemeinschaftlich genutzten Landflächen, die dem Privatisierungsdrang zum Opfer gefallen sind, der an die Stelle kollektiver Verfügungsrechte und damit gemeinsamer Verantwortung die exklusiven Verfügungsrechte des individuellen Eigentümers gesetzt haben, die oft genug die Interessen der Allgemeinheit hintangestellt haben.[8] Luft und Wasser droht ein ähnliches Schicksal. Starke Argumente sprechen deshalb dafür, gerade in Umweltbelangen Volksabstimmungen zuzulassen, weil nur so die amorphe Zahl der Betroffenen die Möglichkeit erhält, sich politisch zu äußern. Hier spricht primär die Schwierigkeit dagegen, den Kreis der Abstimmungsberechtigten richtig einzugrenzen. Hätte man über den Tagebau von Garzweiler II (Lützerath) eine Volksabstimmung angesetzt, wer hätte dann abstimmungsberechtigt sein sollen? Die Einwohner von Lützerath? Die teilweise gewaltsam Protestierenden, die nahezu allesamt von außerhalb angereist waren? Diejenigen, die von Kraftwerken, die die dort abgebaute Braunkohle verstromen, mit Elektrizität versorgt werden? Das ganze Land Nordrhein-Westfalen? Oder doch gleich die ganze Bundesrepublik Deutschland, weil es ein wichtiger Baustein einer wirksamen (oder unwirksamen) Klimapolitik ist? Hätte der Bund Naturschutz eine besondere Stimme erhalten sollen wegen der tiefgreifenden (und teilweise irreversiblen) Eingriffe in das ökologische Gleichgewicht?

Um den Streit zwischen Naturschützern und technischen Großprojekten zu schlichten, bietet sich ein Volksentscheid grundsätzlich an. Er liefert ein authentisches Stimmungsbild des Wahlvolks. Er setzt allerdings voraus, dass das Wahlvolk richtig identifiziert und umfassend informiert ist, dass die Wahlkampagne fair, transparent und ohne ein finanzielles Übergewicht einer Seite geführt wird. Volksentscheide können zudem nur innerhalb einer Nation durchgeführt werden. Das ist für kleinere Staaten misslich. Denn wenn sie auf diesem Weg Investitionsentscheidungen fällen, bleiben deren Auswirkungen jenseits nationaler Grenzen unberücksichtigt. Noch viel häufiger werden sie von Investitionsentscheidungen ihrer Nachbarländer betroffen sein, an denen sie keinerlei Mitwirkungsrechte haben. Das gilt in ganz besonderem Maße beispielsweise, wenn Wiederaufbereitungsanlagen, Kernkraftwerke oder Endlager in unmittelbarer Grenznähe errichtet werden. Die Klimadebatte bietet das beste Beispiel für ein Problem, das alle nationalen Grenzen übergreift und Folgen nach sich zieht, die über Generationen, vermutlich sogar über Jahrhunderte wirksam bleiben werden.

Das Generationendilemma wird im Zeitalter der Globalisierung verstärkt durch die Migrationsdynamik. Die meisten westlichen Industriegesellschaften setzen sich inzwischen zu mehr als 10 % aus Einwohnern zusammen, die keine Staatsbürger und somit nicht wahlberechtigt sind.

Einbürgerungen und doppelte oder gar mehrfache Staatsbürgerschaften werden oft als Schlüssel betrachtet, um dieses Dilemma zu entschärfen. Doppelte Staatsbürgerschaften sind jedoch nur eine oberflächliche Lösung, weil eine doppelte Staatsbürgerschaft eben nicht die Verdoppelung der Rechte und Pflichten eines Staatsbürgers der beiden (oder noch mehr) Länder bedeutet, deren Staatsangehörigkeit man besitzt. Weder berechtigt eine doppelte Staatsbürgerschaft dazu, in zwei Ländern zu wählen, noch ist sie mit der Verpflichtung verbunden, in zwei Ländern Steuern zu zahlen oder Wehrdienst zu leisten. Damit wird jedoch die Grundbalance zwischen staatsbürgerlichen Rechten (bzw. Ansprüchen gegenüber dem Staat) und staatsbürgerlichen Pflichten (wie Steuerpflicht, Wehrpflicht) einseitig zugunsten doppelter Staatsbürger verschoben. Sie sind vor einer Verdoppelung der Pflichten meist gesetzlich geschützt (Doppelbesteuerungsabkommen), sie können aber konsularische Betreuung beider Staaten beanspruchen und haben die Wahl, mit welchem Pass sie reisen. Die doppelte Ausübung des Wahlrechts ist zwar widerrechtlich, lässt sich jedoch kaum wirksam kontrollieren.

Die deutsche Sprache unterscheidet zwischen Staatsangehörigkeit und Volkszugehörigkeit. Sie drückt damit aus, dass sich das erste frei wählen lässt, das zweite hingegen eine Bindung begründet, die sich schwer, wenn überhaupt, auflösen lässt. Migranten lassen sich relativ leicht einbürgern. Damit übernehmen sie die Rechtsordnung des neuen Staates. Damit ist aber noch wenig ausgesagt über die Frage, ob sie auch die zahllosen ungeschriebenen Normen, Gebräuche, Verhaltensmuster und identitätsstiftenden kulturellen Traditionen des Gastvolkes aufnehmen. Das aber muss die Bedeutung von Integration sein, von der wir hier sprechen. Wer von Multikulti spricht, impliziert eine Koexistenz von Völkern, denn Kultur ist konstitutiv für die Identität eines Volkes. Dieses Dilemma wird sehr deutlich in den China Towns, die sich in vielen Großstädten der Welt finden: Sie wirken in Architektur, Farben, Kleidung der Menschen, Speisen, Sprache, Schriftzeichen wie eine Exklave Chinas. Die dort lebenden Menschen sind aber ganz überwiegend in Fragen des Rechts und sozialer Normen gut in die Gesellschaften ihrer Gastländer integriert. Sie sind jedoch nur selten politisch repräsentiert.

4.2 Wer ist das Volk, das abstimmen soll?

4.2.1 Das historische Erbe

Wenn das Volk in letzter Instanz entscheiden soll, muss Klarheit herrschen, wer das Volk ist. Wer ist stimmberechtigt? Für wen soll die Entscheidung gelten, d. h. wer muss sich ihr fügen, auch wenn er dagegen gestimmt hat?

Ein Volk zu definieren ist schwerer als es scheint. Völker sind nicht immer sesshaft. Was wir als Völkerwanderungen bezeichnen, waren eher Raubzüge marodierender Krieger, die mit einem gewaltigen Tross von Frauen und Kindern umherzogen und ihren Unterhalt der jeweiligen Landbevölkerung abpressten. Es waren Stammesverbände und Clangruppen. Wir würden heute zögern, sie als Völker zu bezeichnen.

Aber die Folgen dieser Bewegungen wirken bis heute nach. Bilden die Italiener ein einheitliches Volk? Die Herrschaft der Langobarden und später die nominelle Zugehörigkeit des nördlichen Italien zum deutschen Kaiserreich sowie die Herrschaft von Byzantinern, Arabern und Katalanen auf Sizilien und in Neapel bilden bis heute das Substrat für Interessen-, Mentalitäts- und Kulturgegensätze zwischen Nord und Süd und entsprechende Sezessionsbestrebungen.[9] In Spanien bilden Katalanen, Basken, Galizier, Andalusier eigene Volksgruppen, in denen bis heute unterschiedliche historische Wurzeln nachwirken, die Ansprüche auf Eigenstaatlichkeit nähren. Bilden Korsen, Basken, Flamen, Schotten ein eigenes Volk? Die Antwort wird danach ausfallen, wen man fragt.

Die Schweiz besteht aus einem Staatsvolk mit ausgeprägtem nationalem Eigenbewusstsein, aber drei, wenn nicht vier Kulturnationen. Die Kurden werden allgemein als Volk anerkannt, besitzen aber keine Eigenstaatlichkeit, die ihnen als Rahmen für gemeinsame politische Entscheidungen dienen könnten. Die DDR reklamierte für sich eine eigene Nationalität und eine separate Staatsangehörigkeit, bekannte sich aber zur deutschen Kulturnation. Gibt es nur ein chinesisches Volk (wie Peking behauptet), oder hat sich auf Taiwan ein zweites Volk von Chinesen gebildet? Auf dem Territorium der Volksrepublik China leben ganz unterschiedliche Völker, neben Chinesen u. a. Mongolen, Tibeter und Uighuren, die sowohl objektiv wie vor allem nach ihrem Selbstverständnis keine Han-Chinesen sind. Gibt es ein kosovarisches Volk – oder nur ein albanisches, das auf drei Staaten (Albanien, Kosovo und Mazedonien) verteilt ist?

Noch schwieriger wird die Frage, was ein Volk eigentlich ist, in den meisten Staaten Afrikas, deren politische Grenzen von den Kolonialmächten im 19. Jahrhundert willkürlich gezogen wurden. So wurden Stämme, deren Verhältnis historisch von Rivalität und Feindschaft durchzogen war, in einem Staatsverband aneinandergebunden, andererseits Bevölkerungsgruppen, die kulturell und wirtschaftlich eng untereinander verbunden waren, in unterschiedliche Staaten aufgesplittert. Die Staatenneugründungen, die unter Anrufung des Selbstbestimmungsrechts in Afrika erfolgt sind, stellen keine Erfolgsgeschichte dar.[10]

Die Epoche der Kolonisierung hat zu gewaltigen Verschiebungen von Menschen geführt. Ganze Kontinente wurden neu besiedelt, Afrikaner millionenfach als Sklaven verschleppt. Die meisten verloren ihre kulturellen Wurzeln. Der Kontakt zu Verwandten und zur alten Heimat mit ihren identitätsstiftenden Gesellschaftsstrukturen und politischen Institutionen riss ab. Einige von diesen Migranten nahmen eine neue Identität an. Andere pflegten über Generationen hinweg die Erinnerung an ihre ursprüngliche Herkunft. Zu ihnen zählen die zahllosen Vertriebenen und die Flüchtlinge, die durch Krieg, Not oder Hunger gezwungen wurden, ihre Heimat aufzugeben und sich einer ungewissen, neuen Zukunft anzuvertrauen. Zu welchem Volk gehören diese Menschen? Die Vereinten Nationen schätzen die Anzahl von Personen, die gegen ihren Willen ihre Heimat verlassen mussten, auf über hundert Millionen. Diese Menschen leben oft in provisorischen Lagern und haben keine politische Stimme. Sie sind zum Treibsand der Geschichte geworden, obdachlos, heimatlos und leider in den meisten Fällen auch rechtlos.

Die globalisierte Welt fördert Diasporen, Menschengruppen, die sich weit entfernt von ihrer Heimat immer noch als Teil des Volkes empfinden, in das sie hineingeboren wurden.[11] Bei einigen Völkern, beispielsweise Ungarn,

Armeniern und Albanern, leben mehr Menschen, die nach ihrem Selbstverständnis zu diesen Völkern gehören, außerhalb als innerhalb heutiger Staatsgrenzen. Bei ihnen klaffen Volkszugehörigkeit und Staatsangehörigkeit auseinander. Ministerpräsident Orban hat in einer vielkritisierten Aktion diese Diskrepanz zu überwinden gesucht, indem er auch jenseits der ungarischen Grenzen ungarische Pässe und damit ungarische Staatsangehörigkeit verliehen hat. In Grenzregionen, wo sich unterschiedliche Volkszugehörigkeiten mischen, ist es praktisch unmöglich, von einem einheitlichen Volk zu sprechen. Der Krieg in der Ostukraine wirft ein dunkles Licht auf dieses Dilemma. Präsident Erdogan betrachtet alle Familien, die die Türkei verlassen haben, weiterhin als Angehörige der türkischen Nation, auch wenn sie schon seit Generationen im Ausland leben, sich dort integriert und die Staatsbürgerschaft des Gastlandes angenommen haben. Zu welch katastrophalen Folgen ein derartiges Auseinanderklaffen von Staatsangehörigkeit und Volkszugehörigkeit führen kann, zeigen die Geschichte der Juden und die rücksichtslosen Umsiedlungsaktionen des vorigen Jahrhunderts.[12]

4.2.2 Globalisierung und Migration

Mit der Globalisierung treten zusätzliche Probleme auf. Bei vielen Ländern, vor allem solchen mit hoher Industrialisierung, machen die Staatsangehörigen, die ihren Wohnsitz dauerhaft im Ausland genommen haben, zwischen 5 % (bei großen Staaten) und 15 % (bei kleinen Staaten) der Gesamtbevölkerung aus. Gehören sie zum Volk, wenn es um den Willen des Volkes geht? Und wenn diese Frage bejaht wird, über wie viele Generationen hinweg? Niemand käme auf den Gedanken, die Millionen Iren, Deutsche, Italiener, Polen, Chinesen oder Südamerikaner, die im 19. Jahrhundert in die USA eingewandert sind, noch als Angehörige ihrer Herkunftsländer zu betrachten. Aber in Palästina fordern die Nachkommen von denjenigen, die 1947 vertrieben wurden, in dritter, wenn nicht vierter Generation ein Rückkehrrecht. Ähnliche Forderungen wurden noch bis vor kurzem von Vertriebenenverbänden in Deutschland erhoben. Auf der anderen Seite bedingt die globale Wirtschaftsverflechtung, dass Fachkräfte den Großteil ihres Lebens im Ausland verbringen, dort ihre Kinder aufziehen und nur besuchsweise Kontakt mit ihrer Heimat halten. Wie lange sollen sie und ihre Nachfahren als Angehörige ihres Geburtslandes gelten?

Offenbar sind Deutsche, die vor 150 Jahren nach Amerika ausgewandert sind, keine Deutsche mehr, auch wenn sie in Sprache und Traditionen die Verbindung an die Heimat ihrer Vorfahren lebendig halten. Nach dem alten deutschen Staatsangehörigkeitsrecht, das allein auf die Abstammung abhob, wäre diese Frage jedoch zu bejahen, sofern nicht in einer Generation ein Elternpaar auf die deutsche Staatsangehörigkeit verzichtet hat. Im Fall der Russlanddeutschen, die zwei Generationen früher von Katharina der Großen an der Wolga angesiedelt wurden, hat die Bundesregierung die deutsche Volkszugehörigkeit bejaht und dementsprechend die Übersiedlung nach Deutschland begünstigt.

Damit taucht das erste Kernproblem auf, wenn es darum geht, ein Volk und seinen Willen zu definieren. Wie immer man ein Volk definiert, sei es durch Sprache und Kultur, durch Herkunft und Abstammung oder durch Staatsangehörigkeit, wird man kaum noch ein Volk finden, das geschlossen auf einem Territorium lebt.[13] Das mag vor zweihundert Jahren anders gewesen sein, obwohl die Geschichte Europas voll ist von Beispielen, wie zumindest die Ränder von Siedlungsgebieten immer schon unscharf waren, weil sich Volkszugehörigkeiten dort engmaschig verwoben. Alle Angehörigen eines Volkes exakt zu identifizieren, ist heute unmöglich geworden. Volkszählungen zählen nicht das Volk, sondern die Bevölkerung.

Selbst wenn es gelänge, alle Angehörigen einer Nation zu identifizieren, wäre es praktisch unmöglich, alle weltweit zerstreuten Staatsangehörigen an einer einheitlichen Abstimmung zu beteiligen bzw. das Ergebnis dieser Abstimmung für alle Volksangehörigen verbindlich zu machen.

Abstimmungsgrenzen sind territorial definiert. Weder Gesetze noch Volksabstimmungen lassen sich ethnisch oder kulturell festmachen. Innerhalb territorialer Grenzen können Menschen ohne die dort geltende Staatsangehörigkeit von demokratischer Mitwirkung ausgeschlossen werden. Sie gehören nicht zum Staatsvolk und haben deshalb an dessen Souveränitätsrechten keinen Anteil. Sie sind gleichwohl an die Ergebnisse dieser demokratischen Willensbildung gebunden, solange sie sich auf dem Territorium des Gastlandes aufhalten.

Noch schwieriger ist es, diejenigen einzubeziehen, die sich außerhalb des Abstimmungsgebietes aufhalten, aber zum Volk gehören. An Wahlen können Bürger, die sich im Ausland aufhalten, in der Regel teilnehmen, an Volksabstimmungen nur in sehr restriktiver Weise oder gar nicht.[14]

Das deutsche Wahlgesetz ist hier großzügig: Im Ausland behält ein Deutscher sein Wahlrecht, sofern er nach Vollendung des vierzehnten Lebensjahres mindestens drei Monate in Deutschland gelebt hat, dieser Aufenthalt nicht länger als 25 Jahre zurückliegt und wenn er persönlich und unmittelbar mit den politischen Verhältnissen in der Bundesrepublik Deutschland vertraut und von ihnen betroffen ist.[15] Auf dieser Grundlage können Deutsche auch aus dem Ausland an Volksabstimmungen in Deutschland teilnehmen.

4.2.3 Völker ohne Staat, Staaten mit vielen Völkern

Volksentscheide sind zwangsläufig auf das Hoheitsgebiet des Staates beschränkt, in dem die Abstimmung stattfindet. Ein Beispiel: Selbst wenn es der Regierung in Tirana gelänge, auch Auslandsalbaner an einem Volksentscheid zu beteiligen, könnte sie das Ergebnis eines solchen Volksentscheids nur auf dem Staatsgebiet Albaniens durchsetzen. Am eklatantesten wird diese Diskrepanz im Falle der Juden deutlich. Die Juden verstehen sich als durch Religion, Tradition, Ritus und Sprache weltweit verbundenes Volk. Israel ist als jüdischer Staat die territoriale Heimstatt dieses weltweit zerstreuten Volkes. Wie sollte ein Volksentscheid des jüdischen Volkes aussehen? Sollen dann auch Juden außerhalb Israels stimmberechtigt sein? Schließlich verstehen sie sich als Teil des Volkes, wenn auch in permanenter Diaspora lebend. Sie wären aber nicht von den Auswirkungen einer solchen Entscheidung betroffen. Sollen Juden, die in den besetzten Gebieten Palästinas siedeln, stimmberechtigt sein? Sie besitzen die Staatsangehörigkeit, haben ihren Lebensmittelpunkt aber außerhalb des israelischen Staatsterritoriums gewählt, wären aber dennoch aufgrund des Besatzungsregimes von den Auswirkungen einer solchen Abstimmung mitbetroffen. Als Israel die jüdischen Siedler zwang, sich aus dem Gaza-Streifen zurückzuziehen, hatten die Betroffenen keine Möglichkeit zum effektiven Widerspruch.[16]

Russland sieht sich als Staat der Russen und leitet davon Ansprüche gegenüber seinen Nachbarn ab, in denen russisch sprechende Minderheiten leben. Russland ist jedoch selbst ein Vielvölkerstaat. Dass Tataren, Burjäten, Mongolen, Kalmücken, Tschetschenen, Inguschen, Kabardiner, Balkaren, Karatschaier und Tscherkessen eigene Völker sind, wird von niemandem ernsthaft bestritten. Aber auch die zahllosen nomadischen Kleinstvölker des arktischen Nordens, die Nenzen, Chanten, Mansen, Samen und Tschukschen gelten zumindest in der Anthropologie als eigenständige Völker. Wie also sollen Volksabstimmungen in Russland aussehen? Soll die russische Mehrheit den Willen dieser kleinen Völker einfach ignorieren? Oder lassen sich Wege finden, auf denen auch Kleinstvölker ihren Willen artikulieren können?

4.2.4 Erzwungene Einwanderung

Das gegenteilige Problem stellt gelenkte bzw. erzwungene Einwanderung dar. In Ländern wie Lettland, Estland oder in den Palästinensergebieten ebenso wie in den meisten Kolonien waren Territorium und Titularnation ursprünglich weitgehend identisch. Erst die Kolonialmächte zogen neue Grenzen und sorgten für die Ansiedlung von Europäern. Im Baltikum wurde unter der Sowjetherrschaft die Ansiedlung von Russen und damit die Russifizierung der autochthonen Bevölkerung gefördert. Die Palästinensergebiete werden zunehmend von israelischen Siedlungen zersplittert.

Ähnliche Probleme stellten sich nach der Entkolonialisierung: Waren die Weißen in Südafrika und im heutigen Zimbabwe oder die Franzosen in Algerien nach der Unabhängigkeit Angehörige des neuen Staatsvolks oder blieben sie Angehörige der ehemaligen Kolonialmacht? Diese Spannungen wirken bis heute nach. Im Süden Afrikas hat sie über Jahrzehnte zur Apartheid geführt, die im Grunde nichts anderes war als das Zusammenleben zweier Völker, wobei das kleinere das größere diskriminierte und majorisierte. Was soll hier den Ausschlag geben: der Wille des ursprünglich autochthonen Volks oder die aktuelle Bevölkerung? Welchen Umfang muss oder soll Minderheitenschutz in solchen Fällen haben? Das Problem stellt sich mit besonderer Schärfe in Lettland. Dort waren zwischen 1940 und 1990 systematisch Russen angesiedelt worden. Der Anteil von Russen an der lettischen Bevölkerung stieg von 8 auf 34 %. Verstärkt wurde das Problem dadurch, dass es sich vornehmlich um ehemalige Angehörige der Streit- und Sicherheitskräfte handelte, die also in einem besonderen Loyalitätsverhältnis zu Russland standen. Viele dieser damals Zugewanderten haben inzwischen Lettland verlassen. Derzeit liegt der Anteil der «Nicht-Bürger»[17] bei etwa 10 %.

Noch viel radikaler haben die autochthonen Urbevölkerungen in Nordamerika, Australien, Neuseeland, die Indianer, die Urwaldbewohner des Amazons oder Borneos, die Aborigines und die Maori ihre Rechte als eigenständige Völker verloren. Meist wurden sie mit Reservaten oder einer billigen Kulturautonomie abgespeist. Sie dürfen harmlose Folklore pflegen, aber ihre traditionelle Lebensweise geht unter dem Druck moderner Technik zugrunde. Der Weg zur Selbstbestimmung ist ihnen versperrt, allein schon, weil niemand eine Volksabstimmung für diese Kleinstvölker ernsthaft in Betracht zieht, obwohl es an ihrer Identität als eigenständiges Volk wenig Zweifel geben kann.

4.3 Wer gehört zum Volk?

Das umstrittenste Problem einer Volksabstimmung liegt in der simplen Frage: Wer gehört zum Volk, wer darf abstimmen? Der kollektive Wille hängt davon ab, wer zum Kollektiv gehört und ihn mitformulieren darf und wer ausgeschlossen bleibt.

Dieses Problem erhält besonderes Gewicht bei Volksentscheiden, die regional begrenzte Fragen betreffen. Wer ist dann stimmberechtigt? Die dort Wohnenden? Die Betroffenen? Diejenigen, die das Vorhaben finanzieren müssen? Diejenigen, die die Infrastruktur, um die es geht, nutzen wollen? Je dichter ein Land besiedelt ist, je mehr Flächen von den für notwendig erachteten Infrastrukturprojekten beansprucht werden, desto offensichtlicher wird dieses Dilemma zwischen Betroffenen, die im Extremfall (Tagebau, Stauseen) ihre traditionellen Siedlungen aufgeben müssen, um den Interessen derjenigen Platz zu machen, die aus einem solchen Projekt Profit und Nutzen ziehen, aber meist weit entfernt wohnen und anonym bleiben.

Einige Fälle aus jüngerer Zeit mögen dieses Dilemma illustrieren.

4.3.1 Tyrannei der Minderheit: Flughafen München

Die Stadt München hat im Juni 2012 den Bau einer dritten Start- und Landebahn für den Flughafen München-Erding durch Bürgerentscheid gestoppt. Damit hat die Stadt München als einer von drei Anteilseignern den anderen beiden (Freistaat Bayern und Bundesrepublik Deutschland[18]) ihren Willen aufgezwungen, denn Entscheidungen müssen einstimmig fallen. Die Stadt München hält 26 % der Anteile am Flughafen in Erding. In München waren gut eine Million Bürger wahlberechtigt. Initiiert wurde das Bürgerbegehren von 30.000 Bürgern.[19] Um das Bürgerbegehren zu entscheiden, genügte eine Beteiligung von 10 % der Wahlberechtigten – also gut 100.000. 175.000 Münchner haben am 17. Juni 2012 gegen den Bau einer dritten Startbahn gestimmt und damit das Bürgerbegehren entschieden. Die Wahlbeteiligung lag bei 32,7 %. Hier haben 17 % der Stimmberechtigten, die lediglich 26 % der Eigentumsanteile repräsentierten, also 4,5 % für die Gesamtheit aller Anteilseigner entschieden.[20] In jeder Versammlung von Eigentümern, die gemeinschaftlich Wohneigentum an einer Wohnanlage halten, wäre eine solche Entscheidung ein Skandal, der vor keinem Gericht Bestand hätte.

Ist dies schon problematisch genug, wird die Sache noch absurder, wenn man bedenkt, dass der Flughafen zwanzig Kilometer jenseits der Stadtgrenze von München liegt. Selbst Münchner, die im äußersten Norden der Stadt wohnen, wären von den Auswirkungen einer dritten Startbahn nicht betroffen. Selbst bei starkem Nordwind erreicht der Fluglärm nicht Münchner Stadtgebiet. Die An- und Abflugschneisen berühren nicht Münchner Stadtgebiet. Mit anderen Worten: Hier haben Gebietsfremde mit einer grotesken Minderheit in eine Entscheidung eingegriffen, die sie im Grunde nicht betrifft.

Die Tatsache, dass das Land Bayern mit 51 % die absolute Mehrheit an der Flughafengesellschaft hält, weist darauf hin, dass der Flughafen München eben kein Stadt-, sondern ein Regional-, wenn nicht sogar ein Nationalflughafen ist. Nach Frankfurt ist München das zweitwichtigste Luftdrehkreuz Deutschlands. Die Mobilität, die der Münchner Flughafen verbürgt, hat Bedeutung für den gesamten Raum zwischen Passau und Aschaffenburg, zwischen Hof und Kaufbeuren.

Hier wurde Bürgern, die angebliche Betroffenheit vorgaben, ein exklusives Entscheidungsrecht zugebilligt, während alle, die von einem solchen Ausbau potenziell am meisten profitiert hätten, nicht befragt wurden. Diejenigen, die vom Ausbau am stärksten und direktesten betroffen wären, nämlich die Anwohner und Anlieger des Flughafengeländes und die Einwohner der nahe gelegenen Orte Freising, Hallbergmoos, Moosburg, Neufahrn und Erding, die zudem beängstigend nahe an den Flugkorridoren liegen und deshalb vom Fluglärm besonders betroffen sind, wurden überhaupt nicht gefragt. Hier hat das Stimmrecht weder den Grad der Betroffenheit noch die Eigentumsanteile berücksichtigt. Hätte man beides berücksichtigt, hätte zumindest eine Mehrheit im Bundesland Bayern zustande kommen müssen, um eine Entscheidung von solcher Tragweite angemessen zu fällen.

Hier wurde grob und eklatant gegen den Grundsatz «Was alle betrifft, sollte von allen entschieden werden» verstoßen. 175.000 Münchner über ein regionales Infrastrukturprojekt entscheiden zu lassen, das potenziell mindestens 8 Mio. Personen betrifft, und dabei die am stärksten Betroffenen nicht einmal einzubeziehen, ist schwer mit demokratischen Grundsätzen zu vereinbaren. Diejenigen, die abgestimmt haben, waren nicht repräsentativ für die Betroffenen.[21] Das hat sie nicht daran gehindert, ihren Sieg als Triumph einer neuen Basisdemokratie zu feiern.

4.3.2 Tyrannei der Nicht-Betroffenen: Stuttgart 21

Das umgekehrte Problem war ein Jahr zuvor in Baden-Württemberg aufgetaucht. Dort hatte die Landesregierung 2011 die gesamte Bevölkerung des Bundeslandes über den Neubau des unterirdischen Hauptbahnhofs Stuttgart-21 abstimmen lassen. Vorausgegangen waren schwere Zusammenstöße mit Demonstranten. Die Stadt Stuttgart entschied sich mit 53 % für den Ausbau,[22] alle übrigen größeren Städte des Landes stimmten dagegen.[23]

Die Frage war so formuliert, dass, wer den Fortgang des Projektes wollte, mit «Nein» stimmen musste. Damit war ein – offensichtlich beabsichtigtes – Missverständnis bei vielen Wählern vorprogrammiert: Wer zum Projekt «Nein» sagen wollte, durfte mit «Ja», stimmen, wer «Ja» sagen wollte, musste «Nein» ankreuzen. Zudem machte sich diese Formulierung die psychologische Erkenntnis zunutze, dass es Menschen generell leichter fällt, zuzustimmen als abzulehnen. Zustimmung ist mit Harmonie und Akzeptanz, Ablehnung mit Isolation, Einsamkeit und Außenseitertum assoziiert.

War schon die Formulierung der Frage tendenziös, war die Abgrenzung der Stimmberechtigten noch viel problematischer. Das Bahnhofsprojekt Stuttgart hat, anders als der Ausbau des Münchner Flughafens, kaum regionalpolitische Auswirkungen.

Betroffen ist allenfalls das Remstal und die Alb, wo eine Neubaustrecke den neuen Bahnhof mit Ulm verbinden soll. Oder es hat nationale Bedeutung, weil Stuttgart auf wichtigen ICE-Strecken liegt und Fahrzeitverkürzungen allen zugutekommen, die auf diesen Strecken reisen. Entscheidend für das Neubauprojekt waren aber die ausgedehnten und wertvollen Flächen, die von dem historischen Kopfbahnhof noch mit Gleisanlagen belegt sind und mit dem Neubau für profitablere Entwicklungsprojekte freiwerden sollen.

Gerettet hat das Projekt eine Mehrheit in weit entfernten ländlichen Kreisen. Gerade die aber sind am allerwenigsten von Stuttgart-21 betroffen. Der Alb-Donau-Kreis und der Hohenlohekreis und viele andere ländliche Kreise haben mit hoher Mehrheit für das Projekt gestimmt. Alle sind von den negativen Folgen dieses Projektes weder betroffen noch können sie hoffen, nennenswert davon zu profitieren. Letztlich haben also die am wenigsten Betroffenen ein Projekt gerettet, das noch weniger Betroffene zu Fall bringen wollten.

Die Stuttgarter selbst waren klar in ihren Präferenzen: Sie haben bei einer Beteiligung von 67,8 % zu 52,9 % (Quote 36 %) für die Fertigstellung des Projekts gestimmt.

Bei der Volksabstimmung über den Ausbau des Münchner Flughafens wurde das abstimmungsberechtigte Volk zu eng gefasst, bei der über Stuttgart-21 zu weit. Mit demokratischen Verfahren oder einer Legitimation durch eine Mehrheit der Betroffenen hatten beide Abstimmungen wenig zu tun.

4.3.3 Das Kernkraftwerk Zwentendorf: Wer ist betroffen?

Noch fragwürdiger war das Ergebnis des Volksentscheids vom 5. November 1978 über die Inbetriebnahme des Kernkraftwerks bei Zwentendorf an der Donau in Österreich. Bei einer Beteiligung von 64,1 % stimmten 50,5 % mit Nein. Das Ergebnis war knapp. Der nach damaligem Geldwert über 1 Mrd. teure Siedewasserreaktor ging nie in Betrieb und wurde zur kostspieligen Investitionsruine.[24]

Aufschlussreich an dem Votum war die regionale Verteilung: Die im Windschatten von Zwentendorf gelegenen und daher bei einem Störfall am stärksten betroffenen Gebiete Wien, Burgenland und Niederösterreich stimmten zu. Die westlichsten und am weitesten vom Standort des Kernkraftwerks entfernten Landesteile Tirol und Vorarlberg stimmten massiv dagegen. Das negative Stimmgewicht dieser beiden Landesteile gab schließlich den Ausschlag für das knappe Gesamtergebnis. Diese Landesteile lagen weit über zweihundert Kilometer westwärts vom Kernkraftwerk und wären aufgrund der vorherrschenden Windverhältnisse von einem Störfall wenig betroffen gewesen. Die weniger als hundert Kilometer entfernt im Windschatten des Kernkraftwerks lebenden Einwohner

Brünns oder Bratislavas, die im Störfall mit am meisten betroffen gewesen wären, hatten hingegen überhaupt keine Stimme, weil sie in der Slowakei wohnen und deshalb kein Stimmrecht bei einer Abstimmung in Österreich haben. Wie bei der Abstimmung über den Ausbau des Münchner Flughafens haben letztlich diejenigen den Ausschlag gegeben, denen das Projekt am wenigsten hätte nutzen oder schaden können.

Gerade bei grenzüberschreitenden Umwelteinflüssen verlieren Volksentscheide, die innerhalb nationaler Grenzen stattfinden, ihre sinnvolle Legitimationskraft. Hier sollte die Frage, wer potenziell am stärksten betroffen sein könnte, im Vordergrund stehen – allerdings sollten dann nicht nur diejenigen berücksichtigt werden, die negativ, sondern auch diejenigen, die positiv betroffen sein könnten. Diese Personengruppen zuverlässig zu identifizieren, dürfte in den meisten Fällen sehr schwierig sein.

4.3.4 Willkürliche Ein- und Ausgrenzungen

Das zeigt in beispielhafter Widersprüchlichkeit das Brexit-Referendum vom 23. Juni 2016. Für diese Abstimmung waren im Vereinigten Königreich stimmberechtigt: britische Bürger, die nicht länger als 15 Jahre dauerhaft im Ausland lebten, Iren und Bürger aus Commonwealth-Ländern mit Wohnsitz im Inland sowie Einwohner von Gibraltar. Nicht stimmberechtigt waren die Kanal-Inseln und die Isle of Man (als Krondomänen gehören sie nicht zum Vereinigten Königreich und nicht zur EU, wohl aber zum Binnenmarkt) und Bürger der EU-Staaten (außer Irland und den Commonwealth-Staaten Malta und Zypern).

Das bedeutet: Ein Malaysier, Pakistani oder Zimbabwer mit Wohnsitz in Großbritannien war stimmberechtigt, ein Niederländer, Deutscher oder Franzose nicht. Beim Brexit ging es um den Lebensnerv der Kanalinseln – aber sie hatten keine Stimme. Gibraltar stimmte mit überwältigender absoluter Mehrheit für einen Verbleib in der EU,[25] seine geringe Einwohnerzahl (30.000) fiel jedoch nicht ins Gewicht. Das Empire, das Commonwealth und nostalgische *imperial preferences* wirkten aus einer weit zurückliegenden Vergangenheit stärker nach als die jüngsten 44 Jahre der EU-Mitgliedschaft.

Das Referendum ging knapp aus: Insgesamt 52 % stimmten für den Austritt aus der EU, 48 % dagegen. Wären EU-Bürger, die damals dauerhaft im Vereinigten Königreich lebten, in dieser Abstimmung stimmberechtigt gewesen, wäre das Ergebnis mit hoher Wahrscheinlichkeit anders ausgefallen.[26]

4.3.5 Nicht das Volk, die Bevölkerung stimmt ab: Unabhängigkeitsreferendum in Schottland

Noch eigenartiger war das Stimmrecht im Referendum über die Unabhängigkeit Schottlands 2014 geregelt.[27] Wahlberechtigt waren britische Staatsangehörige und Bürger aus Commonwealth- und EU-Ländern, sofern sie in Schottland ansässig und 16 Jahre alt waren. Das schloss alle nicht-schottischen Studenten an schottischen Universitäten ein. Da der Besuch einer schottischen Universität kostenlos ist, wohingegen Universitäten in England exorbitant hohe Gebühren erheben, sind in Schottland überproportional viele Studenten aus England eingeschrieben. Nicht stimmberechtigt waren Schotten, die in Schottland geboren waren, aber in England, Wales oder Nordirland lebten. Nicht stimmberechtigt waren britische Bürger schottischer Abstammung, die im Ausland lebten.

Da Schottland traditionell ein armes Land ist, waren Schotten schon früh überproportional im Dienst des Empire in aller Welt tätig. Schottland war in der Neuzeit ein klassisches Auswanderungsland. Viele Schotten sind auf der Suche nach besser bezahlten Tätigkeiten in die Wirtschaftsmetropolen Englands abgewandert. Schotten gehören zu den Völkern, bei denen die weltweite Diaspora zahlenmäßig der Bevölkerung im Herkunftsland überlegen ist. Gerade in der schottischen Diaspora ist die Sympathie für eine nationale Eigenständigkeit ihres Herkunftslands besonders ausgeprägt.[28] Diese Menschen bekennen sich überwiegend auch heute noch überwiegend als Schotten und hätten vermutlich für die Unabhängigkeit gestimmt. Bürger aus EU- und Commonwealth-Ländern dürften hingegen eine Unabhängigkeit und neue Staatsgrenzen eher verworfen haben. In Schottland hat die mehr oder weniger zufällig territorial ansässige Bevölkerung abgestimmt, nicht aber das Volk, das sich durch Abstammung und Geschichte, Lebensgewohnheiten und Traditionen verbunden fühlt.

4.4 Schlussfolgerungen

Volksabstimmungen stoßen somit auf drei grundlegende Probleme:

- Sie schließen einen bedeutenden Teil des Staatsvolkes, nämlich alle Unter-18-Jährigen, allein aufgrund ihres Alters aus; Volksabstimmungen gestehen im Ausland lebenden Mitbürgern oft unter willkürlichen Bedingungen ein Stimmrecht zu oder verweigern es ihnen.
- Sie verwehren einem bedeutenden Teil der Menschen auf dem eigenen Territorium die Bürgerrechte, obwohl diese dauerhaft bleiben wollen (und meist auch können) und unmittelbar von politischen Entscheidungen mitbetroffen sind.

- Bei Abstimmungen über regionale oder lokale Projekte kommt einer vernünftigen Abgrenzung der Stimmberechtigten entscheidende Funktion zu. Denn über diese Abgrenzung lässt sich das Abstimmungsergebnis geschickt manipulieren.

Anmerkungen

1. Die Inschrift wurde vom Architekten Paul Wallot beim Bau des Reichstags 1894 vorgeschlagen. Wilhelm II. verzögerte die Anbringung um über zwanzig Jahre, weil ihm die Inschrift das Volk als Träger der Souveränität zu sehr betonte. Sie wurde erst 1916 angebracht. Sie war und blieb umstritten, obwohl an ihrem Weihegedanken wenig Zweifel aufkommen konnten. Die Staatsoper unter den Linden trägt die Inschrift *Apollini et Musis* und will damit weder etwas über Besitz, noch über Schenkung oder Repräsentation aussagen. Eine solche Inschrift bedeutet das säkulare Äquivalent zur Weihe eines religiösen Gebäudes. Sie besagt nur, dass dieses Gebäude zu Nutzen und Ehre des deutschen Volks errichtet worden ist.
2. Die Installation wurde von Hans Haake entworfen und imitiert in der Form ihrer Buchstaben die Giebelinschrift. Sie irritiert in doppelter Weise: Demokratie bedeutet Herrschaft des Volkes und nicht der Bevölkerung. Diese Bevölkerung wird aber nicht einmal eingegrenzt. Es bleibt offen, ob die Bevölkerung Berlins, Deutschlands, Europas oder der ganzen Welt gemeint ist.
3. *Mehr Fortschritt wagen, Bündnis für Freiheit Gerechtigkeit und Nachhaltigkeit* (Koalitionsvertrag 2021): «Wir wollen das Grundgesetz ändern, um das aktive Wahlalter für die Wahl zum Deutschen Bundestag auf 16 Jahre zu senken.»
4. BVerfG: Entscheidung vom 29. Januar 2019 (2 BvC 62/14; https://www.bundesverfassungsgericht.de/SharedDocs/ Entscheidungen/DE/2019/01/cs20190129_2bvc006214.

html;jsessionid=1E6E9C1E54A52D2FC887B5903 C5A42DE.internet971; abgerufen am 20.1.1.2023)); Bundesministerium für Arbeit und Soziales: *Studie zum aktiven und passiven Wahlrecht für Menschen mit Behinderungen,* Juli 2016/ISSN 0174-4992 (https://www.bmas.de/SharedDocs/Downloads/DE/Publikationen/Forschungsberichte/fb470-wahlrecht.pdf?__blob=publicationFile&v=2, abgerufen am 20.11.2023), S. 178: «Der Grundsatz der Allgemeinheit der Wahl soll sicherstellen, dass grundsätzlich alle deutschen Staatsbürger aktiv und passiv wahlberechtigt sind, es sollen also alle Bürger an der Wahl teilnehmen können... Die Allgemeinheit aller Staatsbürger bezüglich der Fähigkeit, zu wählen und gewählt zu werden, stellt eine der wesentlichen Grundlagen der Staatsordnung dar. Sie sichert die vom Demokratieprinzip vorausgesetzte Egalität der Staatsbürger und realisiert die Volkssouveränität.» Hier wird mit keinem Wort auf den Ausschluss der Staatsbürger eingegangen, denen wegen Unmündigkeit das Wahlrecht vorenthalten bleibt, und auf die Problematik einer allgemeinen, willkürlichen Altersschranke.
5. Diese Formulierung fand sich auf einer inzwischen gelöschten Internetseite auf dem Höhepunkt der Kampagne für Inklusives Wahlrecht. Dort stand auch: «Wahlrecht ist Menschenrecht!»
6. § 1805 BGB
7. Die Experten unterscheiden subtil zwischen Wahlhilfe und Stellvertreterwahl. Das eine soll zulässig sein, das andere nicht. Faktisch dürfte im konkreten Fall eine Abgrenzung unmöglich sein. Da Eltern generell eine umfassende Vertretungsvollmacht für ihre Kinder haben, weshalb sollen sie nicht auch das vornehmste und wichtigste Recht ihrer Kinder stellvertretend für diese ausüben können? Sie üben dieses Recht beispielsweise in einer ebenso fundamentalen Frage stellvertretend aus, nämlich der Wahl der Religionszugehörigkeit. Wer die Taufe ernst nimmt, kommt nicht umhin, den Eltern ein stellver-

tretendes Entscheidungsrecht in Fragen der jenseitigen Ewigkeit einzuräumen, das er ihnen in Fragen, die das politische Diesseits für die nächsten vier Jahre bestimmen, verweigert.
8. In England ist diese tiefgreifende Veränderung landwirtschaftlicher Eigentumsrechte als *enclosures* bekannt.
9. Die Lega Nord hatte sich eine Sezession Norditaliens (Piemont, Lombardei, Friaul, Ligurien, Emilia-Romagna, Toskana) auf die Fahnen geschrieben. In Venezien besteht seit Jahren eine Initiative, die in immer erneuten Anläufen eine regionale Selbständigkeit der Stadt Venedig fordert.
10. Eritrea erlangte nach langem Bürgerkrieg 1991 seine Unabhängigkeit, gilt aber als eine der brutalsten Diktaturen Afrikas. Der Südsudan ist 2011 unabhängig geworden, gilt aber als gescheiterter Staat., der gegenwärtig in einem blutigen Bürgerkrieg versinkt. Gescheitert sind frühere Sezessionsbewegungen in Katanga (Kongo) und Biafra (Nigeria). Der Status der Westsahara bleibt umstritten.
11. Ein soziologisch faszinierendes Beispiel bieten die Chinesen, die oft seit Generationen im Ausland leben, aber ihre kulturellen Traditionen und ihre Sprache in kompakten Siedlungen, den China-Towns, bewahrt haben. Bei diesen Auslandschinesen lässt sich schwer ausmachen, welche nationale Identität sie pflegen. Kulturell betrachten sie sich als Chinesen, politisch-wirtschaftlich sind sie in ihren neuen Gastländern oft erfolgreich integriert.
12. In der Ukraine und in Berg Karabach drohen sich politisch erzwungene Umsiedlungen ganzer Bevölkerungsteile zu wiederholen.
13. Das stark homogene Japan mit seiner eigenständigen Kultur zählt zu den wenigen Völkern, die keine nennenswerte Diaspora im Ausland hat: Nur 0,1 % aller Japaner leben längerfristig im Ausland (125.000 von einer Gesamtbevölkerung, die bei 125 Mio. liegt).

14. Abstimmungsberechtigt am Brexit-Referendum vom 23. Juni 2016 waren britische Staatsbürger, sofern sie nicht länger als 15 Jahre im Ausland gelebt hatten. Das Problem stellt sich besonders dringlich für Staaten, die hohe Quoten von Auswanderern hatten. Die Kehrseite dieses Problems ist das Rückkehrrecht («Heimatrecht») von Vertriebenen. Nicht nur Palästinenser beanspruchen ein solches Recht über mehrere Generationen hinweg. Selbst in Deutschland gab es nach dem Fall des Eisernen Vorhangs Rufe nach Rückkehr und Restitution von Schlesiern und Sudetendeutschen, obwohl die tatsächlich von Vertreibung betroffene Generation weitestgehend gestorben war.

15. BWahlG § 12, (1), 2 und 3. Die zweite Bestimmung ist ungewöhnlich schwammig gefasst und geradezu ein Beispiel für schlechte Gesetzgebung. Weder Vertrautheit noch Betroffenheit haben einen objektiven Maßstab, an denen sie sich messen lassen. Zudem ist die Beweislast nicht geregelt. Muss ein Antragsteller seine Vertrautheit und Betroffenheit nachweisen – und wie? Oder muss die Behörde einen eventuell ablehnenden Bescheid auf gerichtsfeste Beweise stützen? Faktisch wird es darauf hinauslaufen, dass die Behörden stillschweigend das Wahlrecht gewähren, allein schon um sich und ihren Mitarbeitern lästige Auseinandersetzungen zu ersparen, die in peinlichen Gerichtsurteilen enden könnten.

16. Das entspräche dem alten Grundsatz: *Quod omnes tangit, ab omnibus approbetur* (Was alle betrifft, sollte von allen gebilligt werden). Dieser Grundsatz lässt sich in zweierlei Weise deuten: Er kann Einstimmigkeit verlangen oder allen Betroffenen zumindest ein Mitbestimmungsrecht sichern, wenn Einstimmigkeit nicht erreichbar ist. Er steht somit im Widerspruch zum Prinzip, das das Stimmrecht ungeachtet des Wohnorts oder der Betroffenheit allein von der nationalen Zugehörigkeit herleitet.

17. Als Nicht-Bürger gilt in Lettland jeder, dessen Vorfahren nicht schon vor 1940 die lettische Staatsbürgerschaft

besaßen. Eingebürgert werden kann nur, wer Grundkenntnisse der lettischen Sprache und der lettischen Geschichte und Kultur nachweist (allerdings in der lettischen, nicht der sowjetisch-russischen Version). Nicht-Bürger genießen uneingeschränktes Aufenthalts-, aber weder aktives noch passives Wahlrecht.
18. Der Bund hält 23 %, die Stadt München 26 %, der Freistaat Bayern 51 % der Anteile am Flughafen München-Erding.
19. Der Schwellenwert liegt für Bürgerbegehren in bayerischen Kommunen mit mehr als 500.000 Einwohnern bei 3 % der Bevölkerung.
20. Hierbei sind die Anteile des Landes Bayern und der Bundesrepublik Deutschland nach ihren Geschäftsanteilen gewichtet. Legt man hier die Einwohnerzahlen zugrunde, schrumpft die angebliche Mehrheit der 175.000 Münchner auf 0,2 %.
21. Ähnliche Probleme warfen die Berliner Volksabstimmungen über die Flughäfen Tempelhof (25. Mai 2014) und Tegel (24. September 2017) auf. Die Verhinderung einer Bebauung des Tempelhofer Felds lag primär im Interesse der unmittelbar benachbarten Wohngebiete. Dort lag die Zustimmung zum Gesetzentwurf, der die Bebauung verhindern sollte, mit 70 % am höchsten. Mit diesem Ergebnis haben knapp 30 % der wahlberechtigten Berliner eine Entscheidung durchgesetzt, die vom Abgeordnetenhaus mehrheitlich verworfen worden war. Die Zustimmung zum Weiterbetrieb Tegels kam umgekehrt überwiegend aus dem Berliner Süden, der am wenigsten von den Auswirkungen eines solchen Weiterbetriebs, allerdings stärker vom Fluglärm von Schönefeld, dem Alternativflughafen, betroffen war. Sämtliche Bezirke, die auf der Anflug- und Abflugroute von Tegel lagen, haben gegen einen Weiterbetrieb gestimmt.
22. Wahlbeteiligung 68 %; Zustimmungsquote 36 %.
23. Freiburg im Breisgau stimmte beispielsweise mit über 66 % bei einer Beteiligung von 45 % gegen Stuttgart 21.

Auch Lörrach, Emmendingen, Karlsruhe, Heidelberg und Mannheim stimmten dagegen. Es ist bezeichnend, dass das verkehrsmäßig engstens mit Stuttgart verbundene Tübingen die einzige Universitätsstadt war, die für den Ausbau des neuen Hauptbahnhofs gestimmt hat. Ebenso bezeichnend waren die Beteiligungen: Während unter den hauptbetroffenen Stuttgartern über 67,9 % ihre Stimme abgaben (in Tübingen immerhin 58,7 %), waren es in den anderen Universitätsstädten, die mehrheitlich die Weiterführung des Projektes ablehnten, zwischen 40 und 45 %, also weniger als die Hälfte. Alle übrigen Kreise haben mit hoher Beteiligung (über 60 %) und eindeutigen Mehrheiten (in der Regel nicht weniger als 60 %) dem Projekt zugestimmt (Alb-Donau-Kreis, Biberach, Calw, Freudenstadt, Heidenheim, Sigmaringen, Zollernalb, Remstal, Esslingen, Ludwigsburg, Göppingen und Ulm). Selbst das am stärksten vom Ausbau der Schnellfahrstrecke betroffene Remstal hat für den Ausbau gestimmt.

24. …zusammen mit dem Schnellen Brüter in Kalkar und dem KKW Mühlheim-Kärlich bei Koblenz.
25. Bei einer Beteiligung von 83,5 % stimmten 95,9 % für einen Verbleib in der EU (Quote: 80 %).
26. Der Vorsprung der *Leave-Campaign* betrug absolut 1,3 Mio. Stimmen (17,4 zu 16,1 Mio.). Im Vereinigten Königreich lebten am 23. Juni 2016 über 1,8 Mio. Bürger aus EU-Staaten. Hätten sie mit der allgemeinen Beteiligung von 72,2 % am Referendum teilgenommen und mit Ja gestimmt, wären diese 1,3 Mio. Stimmen zusammengekommen.
27. Das Referendum fand am 18. September 2014 statt und brachte bei einer Beteiligung von 84,5 % eine Mehrheit von 55,3 % gegen eine Unabhängigkeit. 44,7 % votierten dafür.
28. Ein prominenter Exil-Schotte, der die Unabhängigkeit energisch unterstützte, aber kein Stimmrecht besaß, war Sean Connery. Er war 1930 in Edinburgh geboren.

Literatur

Bund Naturschutz in Bayern: *8. Jahrestag Bürgerentscheid gegen die 3. Bahn Flughafen München* (https://www.bund-naturschutz.de/pressemitteilungen/8-jahrestag-buergerentscheid-gegen-die-3-bahn-flughafen-muenchen, aufgerufen 29.11.2023)

Christoph Eichenseer: *Bürgerentscheid zum Heizkraftwerk Nord in München. Nach der Abstimmung ist vor der Entscheidung*, Wiesbaden (Springer) 2020. Die Studie betrifft nicht die Volksabstimmung über den Flughafen, sondern über das Heizkraftwerk Nord, enthält aber grundsätzliche Überlegungen, die alle regionalen Volksabstimmungen betreffen.

Frank Brettschneider/Wolfgang Schuster: *Stuttgart 21: Ein Großprojekt zwischen Protest und Akzeptanz*, Wiesbaden (Springer) 2018.

Monika Böhm: *Bürgerbeteiligung nach Stuttgart 21: Änderungsbedarf und -perspektiven,* NuR 33 (2011), 614–619 (https://doi.org/10.1007/s10357-011-2130-y, aufgerufen 29.11.2023).

Landeszentrale für Politische Bildung Baden-Württemberg: *Volksabstimmung zu Stuttgart 21 am 27. November 2011* (https://www.lpb-bw.de/volksabstimmung-stuttgart21. aufgerufen 29.11.2023).

Julia Martinovsky: *Repräsentative Demokratie in Österreich am Beispiel der Volksabstimmung über das Kernkraftwerk Zwentendorf,* Wien (Diplomarbeit) 2012.

5

Das Volk und sein Wille

5.1 Die sakrale Überhöhung des Volks

Führt schon die Frage, wer zum Volk gehört und somit stimmberechtigt ist, zu schwer lösbaren Problemen, so wirft die Frage, wie dieses Volk seinen Willen kundtun kann, noch viel tiefgreifendere Schwierigkeiten auf. Ein Volksentscheid wird oft als unverfälschte, eindeutige, endgültige Äußerung eines unitarischen Souveräns idealisiert, der eine einzige Identität und einen eindeutigen Willen hat. Hier ist die Vorstellung vom Volksentscheid wesentlich von Rousseaus Konzept des Gemeinwillens, der *volonté générale,* beeinflusst: Es kann in jedem Volk nur einen einzigen, aufgeklärten Willen geben. Und dieser geradezu heilsbringende Gemeinwille ist erhabener als die bloße Summe divergierender Privatinteressen unterschiedlicher Individuen *(volonté de tous).* Hat das Volk gesprochen, so heißt es, ist eine Frage «ein für alle Mal», also abschließend, beantwortet. Jede Debatte, jede politische

Opposition, jegliche Bedenken haben zu schweigen. Der alte Spruch der katholischen Kirche ließe sich abwandeln: «*Populus locutus, causa finita* – Das Volk hat gesprochen, die Angelegenheit ist entschieden.»[1]

Ein Volk, so gilt die Annahme, kann kein Unrecht tun, seine Beschlüsse sind, wenn nicht unfehlbar, so doch unangreifbar. Sie unterliegen keiner Revision, keinen Einschränkungen. Sie sind Ausfluss der höchsten gesetzgebenden Instanz. Sie lassen sich weder korrigieren noch modifizieren. So wenig wie gegen den Willen eines absolutistischen Herrschers gibt es gegen den Willen des Volkes Widerspruch. Wenn das Volk gesprochen hat, gibt es ebenso wenig Revision oder Berufung wie gegen den Urteilsspruch eines Obersten Gerichtshofs. Gegen einen Volksentscheid versagt jede Anrufung eines Gerichts. Wie sollte ein Gericht auch im Namen des Volkes ein Urteil erlassen, das dem gerade geäußerten Willen dieses Volkes widerspricht?

5.1.1 Der unangreifbare und unumschränkte Wille des Volks als Souverän ist eine Nachwirkung des Absolutismus

Hinter dem Volkswillen verbirgt sich die romantisch verklärte Vorstellung eines organischen Volkskörpers, von einem einheitlichen Willen beseelt, in einem kompakten, geschlossenen Siedlungsgebiet lebend, dessen Grenzen gleichzeitig die Staatsgrenzen sind. Die Vorstellung vom Volkswillen entspricht dem Nationalstaat, in dem ein einheitliches, homogenes Volk auf einem geschlossenen Territorium lebt. Staatsangehörigkeit und Volkszugehörigkeit fallen in eins zusammen.

Das so verstandene Volk ist der Souverän, von dem sämtliche Staatsgewalt ausgeht.[2] Das beste Gleichnis für diese Vorstellung hat der Legende nach der Römer Menenius Agrippa geliefert, als der die Römische Republik mit einem menschlichen Körper verglich, in dem ganz verschiedene Organe unterschiedlich ausgebildet sind und jedes seine ganz spezifische Leistung erbringt, alle zusammen aber von einem einheitlichen Willen beherrscht werden, der diesen Körper lenkt, und das sei der Kopf. Allerdings ist er wohlweislich der Frage, welcher Teil des Volkes denn den Kopf bilde, ausgewichen, hat allerdings angedeutet, dass am ehesten der Senat und damit die römischen Aristokraten diesen Kopf bilden.[3]

Diese Vorstellung vom Volk als unumschränkter Herrscher ist letztlich eine Nachwirkung des Souveränitätsgedankens Jean Bodins,[4] aus dem sich der Absolutismus entwickelte. Der Grundsatz des Absolutismus lautete: Des Fürsten Wille ist Gesetz.[5] Heute heißt es: Des Volkes Wille ist Gesetz.

Der Begriff der Souveränität entstand im 16. Jahrhundert, um die Machtkonzentration absolutistischer Monarchien zu rechtfertigen. Eine derartige Machtkonzentration wurde für unumgänglich gehalten, um der Machtzersplitterung und der Rechtlosigkeit spätfeudaler Gesellschaften entgegenzuwirken. Nur eine einzige Quelle legitimer Machtausübung konnte, so dachte man damals, eine berechenbare und einheitliche Rechtsordnung gewährleisten und dem Unwesen von Privatfehden und eigenmächtigen Gewaltakten entgegenwirken. Die Übertragung des im Absolutismus entstandenen Souveränitätskonzepts auf das Volk hat damit dem Volk absolutistische Vollmachten verliehen.

Am deutlichsten wird dies in der Glorious Revolution in England von 1688: Der Souveränitätsbegriff der absolutistischen Dynastie der Stuarts wird nicht aufgegeben, sondern auf das Parlament übertragen. Zwar behält die Krone noch weitreichende Prärogativen, aber das Parlament regelt die Nachfolge in der königlichen Dynastie, legt Bedingungen für die Krönung fest und entscheidet darüber, wie viel Geld der Monarch für seine Regierungsgeschäfte erhält. Der König behält die meisten seiner Vollmachten – aber das Parlament bestimmt, wer König wird und welche Ansprüche er zu erfüllen hat.[6] Bis heute beansprucht das Westminster Parlament eine Machtfülle, die durch keine Verfassungsvorschriften eingeschränkt ist.

5.1.2 Das Volk: Allmächtig – und doch machtlos

Das Volk kann die ihm zugeschriebenen Vollmachten nicht selbst ausüben. Das Kollektiv ist aus sich heraus weder entschluss- noch handlungsfähig. Die Initiative zu Entscheidungen und ihre anschließende Umsetzung liegt immer in der Hand einiger weniger, die sich ein Mandat für ihre Vorschläge von einer Mehrheit des Volks holen und sie im Namen des gesamten Volks umsetzen. Auch Verfassungen sind das Ergebnis von konzeptionellen Arbeiten von Fachleuten – meist Juristen und Politikern –, die dann gegebenenfalls von einer Mehrheit des Volks gebilligt werden.

Wenn das Volk als Souverän Ursprung sämtlicher Staatsmacht ist, dann ist der von ihm direkt ermächtigte Herrscher in seiner Machtfülle ebenso unangreifbar wie das Volk selbst, das ihm diese Macht verliehen hat. Der Absolutismus des Volkes lässt sich so auf einen absolutistisch-unumschränkt herrschenden Autokraten übertragen. Unter Berufung auf diese Ermächtigung durch den Souverän kann der Despot sämtliche verfassungsmäßigen Beschränkungen seiner Macht beiseiteschieben.

Wer sich unmittelbar vom Volk ein Direktmandat holt, das auf ihn als Person und nicht auf ein bestimmtes

Amt mit begrenzten Befugnissen zugeschnitten ist, kann für sich eine Ermächtigung reklamieren, die keine Grenzen kennt.[7] Er wird sozusagen zur Inkarnation des Volkswillens, sei es als Führer, Duce, Kaiser, Woshd, Caudillo, oberster Rechtsgelehrter, Großer Steuermann oder wie die abenteuerlichen Titel sonst noch heißen, unter denen derartige Despoten ihre Machtambitionen verstecken. Für sie gilt keine Machtbeschränkung mehr, denn sie beanspruchen die gesamte Machtfülle der Staatsgewalt für sich, weil das Volk sie ihnen angeblich übertragen hat. Für sie gilt keine Gewaltenteilung mehr, wie sie Montesquieu für effektive Kontrolle politischer Macht gefordert hatte. Jede Opposition gegen den vom Volk ermächtigten Führer lässt sich als undemokratisch, elitär, verschwörerisch, ja als Verrat am Volk brandmarken.[8] Wer ein Feind eines solchen «Führers» ist, wird zum Feind des Volkes.

In geschickter politischer Semantik nannte sich die erste Regierung der Sowjetunion «Rat der Volkskommissare».[9] Sie beanspruchte wie die Volkstribunen Roms, die Stimme des Volkes zu sein, und konnte daher Widerspruch oder Kritik nicht dulden. Unter Hitler hieß es «Ein Volk, ein Reich, ein Führer». Heute wird dieser Spruch von Autokraten abgewandelt zu: «Ein Volk, ein Wille, ein starker Mann, der diesen Willen verkörpert».

Der Lehre von der Volkssouveränität wohnt ein absolutistisch-totalitäres Element inne, wenn es nicht mit den Grundsätzen vereint wird, die die Machtfülle dieser Souveränität auf verschiedene Staatsgewalten verteilt, damit diese sich gegenseitig kontrollieren und im Zaum halten können.

Absolutistische Herrscher leiteten ihren Machtanspruch von der Allmacht Gottes her. In einem säkularisierten Zeitalter verliert diese Herleitung an Überzeugungskraft. Heute tritt an die Stelle Gottes das Volk als Quelle schrankenloser staatlicher Macht. Wer unmittelbar vom

Volk ermächtigt ist, kann von sich sagen: «*Le peuple – c'est moi!*» Auf den akklamatorischen Volksentscheid geht die Wendung zurück, Volkes Stimme sei Gottes Stimme: *vox populi – vox dei*.[10] Die modernen Autokraten herrschen nicht von Gottes Gnaden, sondern von Volkes Gnaden. Nicht zufällig bezeichnen sich gerade die autoritärsten Regime bevorzugt als «Volksdemokratien».

Diktatoren mobilisieren ihre Anhänger, korrumpieren sie mit Geldgeschenken oder lukrativen Posten und Aufträgen und machen sich so eine doppelte Asymmetrie zunutze: Die erste liegt darin, dass ihre Anhänger gut organisiert und leicht mobilisierbar sind, ihre Gegner sich jedoch schnell zerstreiten und gegenseitig schwächen. Viele Oppositionelle resignieren oder ziehen es vor, zu schweigen, um sich nicht den Verfolgungen des Repressionsapparats auszusetzen. Die zweite Asymmetrie besteht darin, dass die offiziell mitgeteilten Abstimmungsergebnisse überwältigend wirken, weil nur die Prozentzahlen der tatsächlich Abstimmenden gezählt werden. Wenn 99 % mit «Ja» stimmen, entsteht der Eindruck, das Volk stehe geschlossen hinter seinem Führer. Wenn allerdings nur 20 % der Stimmberechtigten zur Wahl gehen und die Stimmberechtigten ihrerseits nur 60 % der Gesamtbevölkerung ausmachen, haben letztlich nur 12 % des Volkes für den Alleinherrscher gestimmt.

Deshalb ist es gerade bei Volksabstimmungen unabdingbar, die Beteiligung zuverlässig zu erfassen und die Zustimmungsschwelle unabhängig von der anstehenden Entscheidung weit im Voraus von unabhängigen und allseits geachteten Vertrauensleuten festlegen zu lassen. Die größte Schwäche von Volksabstimmungen liegt darin, dass sie meist spontan, *ad hoc* und meist eben auch mit taktischen Hinterabsichten angesetzt werden.

5.2 Proportionale und absolute Mehrheiten

Volksabstimmungen gehen selten eindeutig aus. Ein Volk ist immer ein pluralistisches Kollektiv mit zahllosen Meinungen und widersprüchlichen Interessen. Der ständige, gewaltlose und gerechte Ausgleich dieser divergierenden Interessen ist der Kern jeder Demokratie. Deshalb bevorzugen die meisten Wahlsysteme eine proportionale Repräsentation. Diese bietet größere Sicherheit, dass unterschiedliche Interessenschattierungen halbwegs zutreffend abgebildet und in politischen Entscheidungen berücksichtigt werden. Nur so kommt ein allgemein akzeptabler Interessenausgleich zustande. Die Geschichte aller Parlamente kennt eine Fülle vertrackter Fälle, in denen sich unlösbare Fragen anhäufen, dann aber in einer mehrdimensionalen Paketlösung eine allseits akzeptable Antwort finden. Wer in einer Frage unterliegt, gewinnt in einer anderen Frage, und so ergibt sich über mehrere Sachfragen hinweg eine Balance, die jeden einigermaßen zufrieden stellt. Der Weg kann so von einer anfänglichen Konfrontation über einen Kompromiss zum Konsens führen, den jeder mitträgt.

Volksabstimmungen stellen hingegen den Extremfall des Mehrheitswahlrechts dar. Hier gilt das Prinzip *winner takes all*. Die unterlegene Seite hat keinerlei Möglichkeiten mehr, ihre überstimmten Interessen zur Geltung zu bringen.

Volksabstimmungen liefern in der Regel relative Mehrheiten, die als absolute Mehrheiten ausgegeben werden. Je niedriger die Wahlbeteiligung, umso leichter lassen sich so auf dem Weg über Volksabstimmungen die Zustimmungsschwellen unterlaufen, die für parlamentarische Abstimmungen gelten. Das macht Volksabstimmungen für radikale und extreme Gruppierungen attraktiv.

Demokratische Politik besteht in Abstimmungen. Allerdings geht der Formulierung der zur Abstimmung gestellten Frage in den meisten Parlamenten eine umfassende und komplexe Debatte voraus, die die Fragestellung entsprechend den unterschiedlichen Interessenlagen der Betroffenen zuschleift. Das ist der Kern proportionaler Repräsentation und der Begrenzung der Wahlperioden auf vier bis fünf Jahre. Dadurch ist jede Mehrheit gezwungen, ein Minimum an Kooperation mit der Opposition zu suchen und ihre Machtstellung nicht zu missbrauchen, um der momentanen Minderheit diskriminierende, unbillige Belastungen aufzubürden. Jede augenblickliche Minderheit kann nach Ablauf der Wahlperiode zur Mehrheit werden. Deshalb sind regelmäßig wiederholte Wahlen und die Möglichkeit eines friedlichen Regierungswechsels Fundamente jeder Demokratie.

Beide Elemente fehlen bei Volksabstimmungen. Sie erheben den Anspruch auf unbegrenzte Gültigkeit («ein für alle Mal»), Opposition oder gar der Ruf nach Revision wird schnell als Verrat am Volkswillen angeprangert.[11] Volksabstimmungen lassen nicht wie Parlamentswahlen alle vier bzw. fünf Jahre eine Revision zu, sondern bringen Festlegungen, die sich auf Jahre, wenn nicht auf Jahrzehnte nicht mehr verändern lassen. Wenn sich das Leben von Individuen und Völkern mit einem endlosen Film vergleichen lässt, dann wollen Volksabstimmungen diesen Film an einem Bild anhalten und fixieren. Sie beanspruchen, künftige Parlamente und selbst künftige Wähler zu binden. Sie enthalten kein Verfallsdatum und keinen Korrekturmechanismus. Damit fehlen ihnen zwei wichtige demokratische Elemente: Revisibilität bzw. Anpassungsfähigkeit und Lernfähigkeit.

Sie lassen Konsens- oder Kompromissentscheidungen nicht zu. Die Fragestellung ist in der Regel auf ein einziges Problem beschränkt. Welche erwünschten Folgen und welche unbeabsichtigten Nebenfolgen eine Volksentscheidung haben kann, geht in den polemischen Slogans und im aufgeregten Getöse der Kampagnen unter. Wer Boris Johnson vor dem Brexit hörte, glaubte einem Messias zu lauschen, der sein Land zum glücklichsten, reichsten, mächtigsten und angesehensten der Welt zu machen versprach.[12] Volksabstimmungen lassen keinen Weg offen, die Interessen der unterlegenen Wähler zu berücksichtigen. Sie bilden den klassischen Fall, in dem eine Mehrheit eine Minderheit langfristig majorisieren kann ohne Aussicht auf Korrektur oder Revision.

Meist fallen Mehrheiten unabhängig von der Beteiligung knapp aus. Nur wenige der weltweit abgehaltenen Volksabstimmungen werden mit Mehrheiten von über 60 % entschieden. Von einem einheitlichen Volkswillen kann keine Rede sein. Ein knappes Abstimmungsergebnis zeigt vielmehr, dass ein Volk eben gerade keinen einheitlichen Willen hat, sondern zutiefst gespalten ist, meist zudem in einer lebenswichtigen Frage. Gerade bei einer solchen Interessenlage wäre es ratsamer, nach allseits gangbaren Wegen zu suchen, Kompromisslösungen zu finden. Im Volksentscheid hingegen prallen zwei konträre Meinungen ungebremst aufeinander, und dann folgt man der, für die sich eine momentane Mehrheit entschieden hat. Die Meinung der überlegenen Mehrheit, zumal wenn sie knapp ausfällt, für den einheitlichen, überwältigenden Willen des ganzen Volkes auszugeben, ist schlichtweg propagandistische Verdrehung von Tatsachen.[13]

5.2.1 Volksabstimmungen können spalten

Was geschieht mit der unterlegenen Minderheit? Ihr bleiben nur drei Möglichkeiten:

- Sie kann resignieren und sich mit ihrer Niederlage abfinden.
- Sie kann darauf hinarbeiten, eine erneute Volksabstimmung zur gleichen Frage herbeizuführen – was im Extremfall zu einer endlosen Kaskade von Volksabstimmungen führen kann, wenn nämlich Mehrheiten wechseln und jede ihre momentane Macht ausnutzt, um das Ergebnis der jeweils voraufgehenden Volksabstimmung erneut zur Abstimmung zu stellen.
- Sie kann revoltieren.

Volksabstimmungen können Spaltungen vertiefen. Sie können polarisieren und Antagonismen vertiefen. Mehrheitsmeinungen schwanken stark, schnell und bisweilen mit gewaltigen Ausschlägen.[14] Demagogen und Agitatoren, Aufwiegler und radikale Populisten, die Ressentiments zu bedienen und empörende Gerüchte zu verbreiten wissen, sorgen dafür, dass nicht kühle Abwägungen sondern Emotionen und Wunschdenken die Köpfe beherrschen. Wenn schon Politiker und Wirtschaftsexperten die Auswirkungen des Brexit vollkommen gegensätzlich bewerteten, wie sollte sich ein einfacher Wähler ein sachlich fundiertes, differenziertes Bild über den komplizierten Knoten aller Folgen einer so weittragenden Entscheidung machen? Dem Volk in seiner Masse sind viele Eigenschaften zugesprochen worden. Vernunft und logisch abwägende Rationalität finden sich selten darunter. Die moderne Sozial- und Massenpsychologie hat hierzu einige ernüchternde Erkenntnisse gesammelt, und die jüngsten

Erfolge von populistischen Demagogen, die mit suggestiven, simplistischen und aufhetzenden Sprüchen die Menschen hinter sich bringen, liefern hierzu reichlich empirisches und zumeist abschreckendes Material.

5.2.2 Wann kann eine Mehrheit das ganze Volk binden?

Demokratie ist nicht Volksherrschaft, sondern Herrschaft der Mehrheit. Mehrheiten werden an der Zahl der abgegebenen Stimmen gemessen. Aber die Zahl der Abstimmenden ist geringer als die des Wahlvolks, und das Wahlvolk ist nur eine Teilmenge des gesamten Volks. Volksabstimmungen definieren als repräsentativ für «das ganze Volk» die Zahl der abgegebenen Stimmen. Dieser Annahme liegt jedoch eine in sich widersprüchlich Begrifflichkeit zugrunde: Wenn die Gesamtzahl der Abstimmenden nur eine Untermenge des gesamten Volkes ist, lässt sich eine Mehrheit der Teilmenge nicht als Mehrheit der Gesamtmenge auffassen. Deshalb ist für die Aussagekraft und die legitimierende Wirkung von Volksabstimmungen die Beteiligung mindestens ebenso ausschlaggebend wie das Abstimmungsergebnis.

Volksabstimmungen sollen Grundsatzfragen langfristig beantworten. Im Prinzip kann eine Volksabstimmung jede Frage, auch Verfassungsfragen, entscheiden.[15] Gerade Verfassungen leiten ihre unbestreitbare Legitimität oft von ihrer Billigung in einer Volksabstimmung her. Bei Volksabstimmungen spielen deshalb weniger relative, sondern absolute Mehrheiten die entscheidende Rolle. Es kommt weniger darauf an, wie hoch die Zustimmung der Abstimmenden ist. Viel wichtiger ist die Beteiligung. Nur aus beiden Größen errechnet sich die Zustimmungsquote, die angibt welcher Anteil des wahlberechtigten Volkes tatsächlich zugestimmt hat. Wenn schon dem Volk ein einheitlicher Wille unterstellt wird, dann sollte dieser Wille auch vom ganzen Volk oder doch zumindest von einer unbestreitbaren Mehrheit dieses Gesamtvolkes geäußert werden.

Das bedeutet, dass eine Abstimmungsbeteiligung von 50 % Mindesterfordernis sein muss. Starke Argumente sprechen darüber hinaus dafür, dass auch die Zustimmungsquote, berechnet auf alle Stimmberechtigten, bei über 50 % liegen sollte, wenn man schon von einem einheitlichen, eindeutigen Willen eines Volkes spricht. Das scheint vor allem für grundlegende Fragen, die einen langfristigen Konsens begründen sollen, erforderlich zu sein, also für Verfassungsfragen oder Unabhängigkeitsreferenden. Entscheidungen, die mit einer geringeren Mehrheit fallen, lassen sich nicht als einheitlicher, unbestreitbarer Volkswille ausgeben. Auch Abstimmungen in Parlamenten, die nur mit der Mehrheit der Anwesenden fallen – oft weniger als ein Zehntel der tatsächlichen Abgeordneten – können nicht den Anspruch erheben, den ewigen, einheitlichen Willen des repräsentierten Volkes zum Ausdruck zu bringen. Meist betreffen sie eher technische Gesetzesmaterien und stehen ohnehin unter dem Vorbehalt, bei wechselnden Mehrheiten wieder aufgehoben zu werden. Durchschnittlich gelten moderne Gesetze unverändert kaum länger als zehn Jahre, bevor sie novelliert, revidiert, ergänzt oder von neuen Gesetzen abgelöst werden. Je schneller sich die Gegenwart und die Lebensumstände ändern, je radikaler sich unsere Kenntnisse über natürliche oder soziale Zusammenhänge erweitern, umso vermessener ist es, hier unveränderbare Wegzeichen errichten zu wollen. John Maynard Keynes hat gesagt: «Wenn sich die Fakten ändern, ändere ich meine Meinung.»[16] Wenn diese überzeugende Maxime für Individuen gilt – weshalb sollte sie nicht auch für Kollektive gelten?

5.2.3 Beteiligung und Enthaltungen

Wenn das ganze Volk aufgerufen ist, seinen Willen zu bekunden, wie sind dann Stimmenthaltungen oder ein Fernbleiben von der Abstimmung zu werten? Bei Volksabstimmungen kommt dieser Frage besondere Bedeutung zu. Bei Parlamentswahlen lässt sich argumentieren, diejenigen, die sich der Stimmabgabe enthalten haben, hätten keine Partei gefunden, die sie für sich als repräsentativ gelten lassen. Sie hätten niemanden gefunden, dem sie das Mindestvertrauen entgegenbringen, sie in politischen Fragen zu repräsentieren. Stimmenthaltung geht hier primär auf ein Repräsentationsproblem zurück.

Nicht-Wähler signalisieren, dass sie mit jeder Zusammensetzung des Parlaments zufrieden sind, weil sie sich nicht die Mühe machen, die Stärke, die sich aus dem Abschneiden der verschiedenen Parteien in den Wahlen ergeben, mit der eigenen Stimme zu beeinflussen. Ihnen fehlt der Glaube, durch ihre Stimmabgabe am etablierten «Parteienproporz» und an der Substanz der Politik etwas spürbar verändern zu können.

Anders liegen die Dinge bei Volksabstimmungen. Hier geht es nicht um Repräsentation, also um die Generalermächtigung eines Vertreters, im eigenen Namen zu handeln, sondern um eine direkte, unmittelbare Sachentscheidung. Hier muss im Grunde jeder verantwortungsbewusste Bürger eine Meinung haben. Enthaltung bedeutet hier nicht Resignation vor einem Repräsentationsangebot, in dem man sich nicht wiederfindet, sondern sie kann nur als Gleichgültigkeit, Indifferenz oder Apathie gewertet werden. Wer zu bequem oder zu desinteressiert ist, zur Wahlurne zu gehen, kann die gegenwärtigen Lebensumstände nicht unerträglich finden. Denn er schlägt die Gelegenheit, sie durch seine Stimmabgabe zu verändern, in den Wind.

Vielen Bürgern mag eine Entscheidung nicht wichtig scheinen. Sie haben wenig Interesse an Veränderung, können sich aber auch nicht aufraffen, ein eindeutiges Nein zu sagen – vielleicht weil sie sich kein klares Urteil zutrauen oder weil sie glauben, nicht genügend Ein- und Übersicht zu haben, um die Folgen ihres Votums abschätzen zu können. Wieder andere mögen resignieren, weil sie glauben, dass ihre Einzelstimme ohnehin keine Veränderung bewirkt. Sie sind nicht hinreichend entschlossen, den Status quo aktiv zu verteidigen, aber noch weniger bereit, mit ihrer Stimme eine Neuerung zu unterstützen.

Sie können eher mit den Verhältnissen leben, die sie kennen, als sich persönlich für Veränderungen stark zu machen, deren Folgen sie nicht abschätzen können. Ihr Misstrauen gegen Neuerungen und vollmundige Versprechungen ist stärker als die Abneigung gegen das Bestehende. Wie Hamlet, leben sie lieber mit Übeln, die sie kennen, als Zuflucht bei Übeln zu suchen, die ihnen unbekannt und deshalb – zu Recht? – verdächtig sind. Veränderungen sind mit schwer absehbaren Ungewissheiten verbunden, wohingegen die Gegebenheiten der Gegenwart bekannt sind.

Wie soll die Meinung dieser Bürger gewertet werden, die die Gegenwart passiv akzeptieren aber nicht bereit sind, aktiv für eine neue Zukunft auf die Barrikaden zu gehen? Auch die Passivität der schweigenden Mehrheit ist eine legitime Meinung; sie tendiert dazu, konservativ zu sein: Murrend und nörgelnd vielleicht, aber radikalen Veränderungen gegenüber ablehnend, voller Ressentiment und verbalem Radikalismus, aber zögerlich, wenn es darum geht, aus den eigenen Ressentiments und der verbalen Empörung konkrete Maßnahmen zu fordern. In einer Mischung aus Resignation und Einsicht, das Alternativen zum Bestehenden nicht unbedingt besser sind, findet sich diese schweigende Mehrheit lieber mit bestehenden Verhältnissen ab, als das Risiko unerprobter Veränderungen einzugehen und sich auf hochfliegende Versprechungen einzulassen. Wer einer Volksabstimmung fernbleibt, ist mit der Gegenwart so weit einverstanden, dass er keine Anstrengung macht, sie zu verändern.

Hier liegt ein bedeutender Unterschied zu Parlamentswahlen. Während Bürger relativ leicht bereit sind, ihre Stimme radikalen Parteien zu geben, weil sie Veränderung und Bewegung wollen und sich von den abstrakt gefassten Versprechungen dieser Parteien bzw. ihren Führungspersönlichkeiten angesprochen fühlen, tun sie sich schwer, mit ihrer Stimmabgabe eine direkte und persönliche Verantwortung für eine radikale Sachentscheidung zu übernehmen.

Es spricht viel dafür, bei Volksabstimmungen Stimmenthaltungen derjenigen Option zuzuschlagen, die Veränderungen ablehnt. Gerade wenn es um weitreichende Neuerungen geht, setzen Befürworter oft genug darauf, dass genügend Wähler der Abstimmung fernbleiben, sodass sie bei einer geringen Beteiligung leichter eine relative Mehrheit erringen können, denn sie können ihre Anhänger besser mobilisieren. Dieses Problem stellt sich noch schärfer, wenn eine Partei ihre Anhänger zum Wahlboykott aufgerufen hat. Dann beansprucht die absolute Mehrheit der Abstimmenden, die jedoch nur eine Minderheit der Stimmberechtigten darstellt, für das ganze Volk zu sprechen. Volksabstimmungen spielen leicht radikalen Wortführern in die Hände.

Wer den «Willen des Volkes» anruft, sollte eine Mehrheit dieses Volkes als Ganzem und nicht nur einer Teilmenge vorweisen können. Nur so kann der dann geäußerte Wille tatsächlich mit einiger Berechtigung als Wille des ganzen Volkes ausgegeben werden.

Passive Stimmenthaltung gilt weder im Privatrecht noch im Öffentlichen Recht als gültige Willensäußerung. Es gilt eben nicht die Vermutung, dass, wer schweigt, zuzustimmen scheint.[17] Bei Volksabstimmungen gilt viel eher die Vermutung, dass wer schweigt, eben nicht zustimmt. Deshalb ist es wichtig, bei Volksabstimmungen im Voraus festzulegen, wie Stimmenthaltungen zu werten sind. Gerade Stimmenthaltungen begünstigen die Initiatoren von Volksabstimmungen und verschieben die Gewichte zugunsten einer radikalen, wohlorganisierten Minderheit gegenüber einer amorphen, unorganisierten, heterogenen und eher phlegmatischen Mehrheit. Dass sie amorph, heterogen und phlegmatisch ist, bedingt kein Recht, sie bei der Formulierung des kollektiven Volkswillens einfach nicht zu berücksichtigen.[18]

Leider fehlen empirisch gesicherte Studien über Motive, die einer Wahlentscheidung zugrunde liegen. Umfragen ermitteln zwar sehr genau Parteipräferenzen oder vor Volksabstimmungen die voraussichtliche Stimmabgabe. Sie fragen jedoch selten oder nie danach, aus welchen Abwägungen bzw. in der Erwartung welcher Folgen diese Entscheidungen getroffen werden. Wähler werden vor und nach einem Wahlgang intensiv über ihr Wahlverhalten befragt, nicht aber über ihre Motive, Erwartungen, Befürchtungen, ob sie taktisch oder mit Vorbehalten gewählt haben.[19] Viele Wähler identifizieren sich nicht mit der Partei ihrer Wahl, sondern wollen vor allem den Sieg einer anderen Partei verhindern. Manche Wähler wählen taktisch, manche wollen Protest ausdrücken, eigentlich alle haben unterschiedliche Prioritäten. Jedenfalls ist es einer der gravierendsten Fehler, vom Ankreuzen einer Partei auf einem Wahlzettel darauf zu schließen, dass dieser Wähler ein Anhänger dieser Partei ist und sich mit ihrem Parteiprogramm identifiziert. Dass dies ein so offensichtlicher und verhängnisvoller Fehler ist, hindert Parteien und selbst distanzierte Beobachter nicht daran, ihn immer wieder zu begehen.

Über Motive, Erwartungen, Hoffnungen oder Ängste von Wahlberechtigten, die einer Wahl fernbleiben, weiß man so gut wie nichts. Das ist umso misslicher, wenn die Nicht-Wähler mehr als 30 % der wahlberechtigten Bürger ausmachen und damit stärker als die stärkste Partei sind. Wer vom Willen des Volkes spricht, kann diese 30 % nicht unberücksichtigt lassen. Es macht einen gewaltigen Unterschied für die Vitalität einer Demokratie, ob diese Wähler von ihrem Wahlrecht aus Gleichgültigkeit und Bequemlichkeit oder aus Verbitterung und Verzweiflung keinen Gebrauch machen.

Deshalb wäre es ein erster Schritt zu einem besseren Verständnis der Absichten und Erwartungen von Wählern, wenn Meinungsumfragen nicht nur nach den Parteipräferenzen fragten, sondern auch fragten, welche Sachprobleme Wähler für die drängendsten halten. Ebenso sinnvoll wäre es, nicht nur Wähler zu befragen, die ohnehin beabsichtigen zur Wahl zu gehen, sondern zumindest im Nachhinein gezielt diejenigen nach ihren Motiven zu befragen, die ihr Wahlrecht nicht wahrgenommen haben. Ist es lediglich Bequemlichkeit oder sind es valable politische Argumente? Dass die Ansichten der Nicht-Wähler in die Formulierung einer Entscheidung einfließen muss, die beansprucht, den Willen des ganzen Volkes auszudrücken, liegt auf der Hand. Umso wichtiger wäre es, mehr über diese Gruppe zu wissen.

Denn die Loyalität bzw. Akzeptanz dieser Gruppe ist für die Stabilität des Gemeinwesens nicht weniger wichtig als der in Wahlkämpfen ausgetragene Streit zwischen politischen Parteien. In den meisten Demokratien sind die Nicht-Wähler zusammen stärker als die stärkste Partei. Bei den vielgelobten Volksabstimmungen in der Schweiz liegt die Wahlbeteiligung in der Regel unter 50 %. In den USA geben nur in Präsidentschaftswahlen über 60 % der Wahlberechtigten ihre Stimme ab; bei Wahlen in einzelnen Staaten übersteigt die Wahlbeteiligung selten 50 %. Wenn ein Votum von 26 % der Wahlberechtigten[20] für den Willen des gesamten Volkes ausgegeben wird, ist dies ein Etikettenschwindel, der auf die Dauer nicht folgenlos bleiben kann.

Damit wird es zu einer existentiellen Frage der Lebensfähigkeit einer Demokratie, dieses wachsende Potential passiver Bürger besser zu verstehen und ihnen, wo immer es geht, bessere Mitwirkungsmöglichkeiten einzuräumen bzw. sie gezielter anzusprechen und zu motivieren. Dies wäre viel vordringlicher als das Wahlalter zu senken oder Randgruppen stärker an Wahlen zu beteiligen.[21]

5.3 Asymmetrische Mobilisierung

Bei Wahlen gleichen sich die Mobilisierungskampagnen und -chancen der Parteien bzw. der Kandidaten halbwegs aus. Bei Volksabstimmungen besteht die Gefahr, dass es leichter sein kann, an Unzufriedenheit und Ressentiment zu appellieren als diejenigen zur Abstimmung zu motivieren, die mit den gegebenen Umständen im Wesentlichen zufrieden sind.

Die Durchführung von Volksabstimmungen sind selten grundsätzlich und generell geregelt. In den meisten Fällen wird jede Volksabstimmung einzeln angesetzt. Für ihre Durchführung und den Abstimmungsmodus werden meist *ad hoc* spezifische Regeln erlassen, die starke Abweichungen untereinander aufweisen. In Ländern, in denen das Verfahren bei Volksabstimmungen nicht verfassungsrechtlich geregelt ist, gleicht kaum eine Volksabstimmung der anderen. Das betrifft die Quoren, die für ein gültiges Ergebnis erreicht werden müssen, das betrifft den Kreis der Abstimmungsberechtigten, das Datum der Abstimmung, die Formulierung der Fragestellung und die graphische Gestaltung des Abstimmungszettels.

Hinzu kommt, dass die Finanzierung von Parteien relativ gut gesetzlich geregelt und kontrolliert ist, die Finanzierung von Kampagnen für Volksabstimmungen jedoch zu oft starken privaten Geldgebern und somit Partikularinteressen einen überproportionalen Einfluss gewährt.[22] Da es um eine Einzelfrage geht, lassen sich viel leichter Psychogramme und emotionale Assoziationsfelder identifizieren, die mit dieser Frage verbunden sind. Solche Kampagnen bieten modernen Datenalgorithmen und psychologischen Manipulationen weiten Raum.[23] Jede Volksabstimmung setzt deshalb voraus, dass über die Finanzierung der Kampagnen und die Methoden erlaubter Werbung vorab ein Konsens erzielt wird, der dann auch gegen mögliche Verstöße noch vor dem Abstimmungstermin schnell und wirksam durchgesetzt wird.[24]

5.4 Wahlpflicht?

Deshalb spricht vieles dafür, bei Volksabstimmungen Enthaltungen als «Nein» gegenüber Veränderungen zu werten, die Zustimmungsschwelle (Quorum) sehr hoch anzusetzen oder eine Wahlpflicht einzuführen. Allerdings müsste die Ausgestaltung einer solchen Pflicht sorgfältig durchdacht werden. Wer beispielsweise in Belgien die Stimmabgabe versäumt, wird damit bestraft, bei den nächsten Wahlen nicht mitstimmen zu dürfen – keine sonderlich abschreckende Sanktion!

Wirkungsvoller wäre es, eine Prämie auf eine nachweisliche Stimmabgabe auszusetzen. Dies wäre ein positiver Anreiz. Er würde zwar zu höheren Kosten führen. Die lägen aber immer noch niedrig im Vergleich mit anderen Staatsausgaben, sogar mit den Kosten eines Wahlkampfes.[25] Welches höhere, wertvollere, kostbarere Ziel könnte eine Demokratie haben, als den Willen des Volks möglichst vollständig und exakt zu erfassen? Wenn Abgeordnete bezahlt werden, weil sie eine Aufgabe im Interesse der Allgemeinheit erfüllen, weshalb sollte ein Wähler für seine Stimmabgabe nicht auch honoriert werden? Immerhin nimmt er Mühen auf sich und opfert Zeit für diese Bürgerpflicht. Er leistet der Allgemeinheit, der Demokratie einen Dienst. Keine Demokratie ohne Demokraten! Kein Bürger kann sich bei einem Volksentscheid darauf berufen, er habe keine Meinung über die zu entscheidende Frage, sofern ihm vorher die Chance geboten wurde, sich über die Frage und ihre möglichen Folgen zu informieren. Das spricht für eine Wahlpflicht bzw. für einen wirksamen Anreiz, die eigene Stimme abzugeben.

Alternativ könnte im Voraus festgelegt werden, dass Stimmenthaltungen als stummes Votum gegen Veränderung des Status quo gewertet werden. Wenn Wähler dies im Voraus wissen, werden sie stärker motiviert sein, sich an der Abstimmung zu beteiligen, vor allem wenn sie diese Unterstellung ablehnen. Neben den alten Spruch, dass Schweigen keine Zustimmung bedeuten kann, träte die zweite Version, dass Schweigen in diesen Fällen Ablehnung bedeutet – was eigentlich nichts weiter als eine logische Implikation des alten Spruchs ist: Wenn Schweigen keine Zustimmung bedeutet, muss sie Ablehnung bedeuten.

Politische Kampagnen ähneln in ihren Strategien immer mehr kommerziellen Werbefeldzügen. Der Konsument wird mit Imperativen, Suggestionen, positiv aufgeladenen Worten und Bildern geködert. Aber er kann all dieses Werbematerial schlichtweg ignorieren. Sein Schweigen bedeutet Ablehnung. Wenn politische Werbekampagnen immer mehr mit ähnlichen Methoden arbeiten, weshalb soll nicht auch da ein Schweigen als Ablehnung gewertet werden? Immerhin geht die Initiative zu Volksentscheiden von einer kleinen, von ihrem politischen Anliegen besessenen Minderheit aus.[26] Weshalb sollen Bürger, denen die von einer engagierten Minderheit erzwungene Volksabstimmung nichts bedeutet, sich zu einer Stimmabgabe nötigen lassen?

Hier gilt es, den demokratietheoretischen und juristischen Grundsatz, dass niemandem ein Wille zugeschrieben werden darf, ohne dass er ihn bewusst geäußert hat, mit dem Grundsatz in Harmonie zu bringen, wonach der Wille eines Volkes verlangt, dass alle Angehörigen dieses Volkes sich auch tatsächlich äußern. Sonst wird denjenigen, die der Abstimmung ferngeblieben sind, ein Wille zugeschrieben, den sie nicht gehabt haben.

Bei der Wahl zum Parlament wäre die Zuschreibung einer solchen Willensäußerung unzulässig, weil es hier um eine persönliche Identifikation mit einem Repräsentanten geht. Anders ist die Lage bei Volksabstimmungen. Hier gibt es keine Auswahl von Personen und Programmen, sondern nur «Ja» oder «Nein» zur Sache. Da scheint es weniger problematisch, demjenigen, der stumm bleibt, eine Ablehnung von Veränderungen zuzuschreiben.

Solche Veränderungen im Abstimmungsmodus verschöben die Ergebnisse der meisten Volksentscheide in entscheidender Weise, weil Enthaltungen als Negativstimmen gewertet würden, weil eine Wahlpflicht eingeführt werden könnte und weil alle Angehörigen eines Staatsvolks tatsächlich eine Stimme hätten.

5.5 Wahlberechtigte sind nur eine Teilmenge des Staatsvolks

Der beste, leider viel zu selten begangene Weg, über Volksabstimmungen tatsächlich den Willen einer unbestreitbaren Mehrheit des Volkes zu ermitteln, bietet eine klare, am besten weit vor jeder konkreten Abstimmung festgelegte Quorumsregelung. Jede Mehrheit setzt die Definition des Ganzen voraus, von dem es die Mehrheit bildet. Die gängige Praxis definiert das Ganze als die Summe der abgegebenen Stimmen und leitet von da die prozentualen Wahlergebnisse ab. Nicht-Wähler bleiben unberücksichtigt. So werden Mehrheiten vorgespiegelt, die an strikten demokratietheoretischen Maßstäben gemessen gar keine sind.

Gerade für Volksabstimmungen wäre es wichtig, das Abstimmungsergebnis nicht wie sonst üblich zu berechnen, indem die Zahl der abgegebenen Stimmen, sondern vielmehr die Zahl der Stimmberechtigten als 100 % ansetzt wird. Aussagekräftiger im Verhältnis zum Gesamtvolk als einem organischem Körper mit einem einheitlichen Willen ist die Zustimmungsquote, also der Anteil aller Angehörigen des Staatsvolks, die tatsächlich zugestimmt haben. Wer für mehr und saubere Demokratie kämpft, sollte für klare und überzeugende Mehrheiten kämpfen; wer sich sonst der Belange der Schwachen und Zurückgesetzten annimmt, sollte das auch bei Abstimmungen tun und diejenigen, die ihre Stimme nicht abgeben wollen oder nicht abgeben können, angemessen berücksichtigen.

5.5.1 Der Volkswille ist eine Fiktion. Das Problem der Minderheiten

Volksentscheide sind nie unvermittelte und eindeutige Äußerungen eines einheitlichen Volkswillens. Das Volk ist aus sich heraus zu keiner spontanen Willensäußerung fähig. Es muss von außen oder von einer entschlossenen Gruppe intern angestoßen werden. Regierungen oder starke Partikularinteressen innerhalb eines Volks werfen bestimmte Fragen auf, verstärken sie durch öffentliche Debatten und Medien und suchen über gut organisierte, heutzutage meist hochprofessionelle Kampagnenmanager und Werbespezialisten Meinungsführerschaft zu erringen. Selbst sogenannte spontane Demonstrationen sind in der Regel im Hintergrund gut organisiert oder werden spätestens auf dem Demonstrationsplatz von einigen Anführern («Einpeitscher», «Aktivisten», «Rädelsführer») übernommen und gelenkt. Es sind diejenigen, die mit dem Megaphon vor dem Mund voranmarschieren und den Übrigen die Stichworte zum Skandieren der meist nicht sonderlich intellektuellen, rhythmisierten oder gereimten Forderungen geben. Die Fahnen, Transparente, Trillerpfeifen sind schon lange im Voraus organisiert. Demonstranten werden oft mit Bussen herangekarrt, in manchen Fällen erhalten sie sogar ein Tagegeld von den Veranstaltern.

Während in Parlamentswahlen der Wähler in freier Entscheidung seinen Vertreter benennen kann und an Mehrheitsentscheidungen gebunden, aber nicht in ihnen repräsentiert ist, gilt im Volksentscheid die Mehrheit als repräsentativ selbst für die Minderheit, die explizit dagegen gestimmt hat. Im Parlament behält die Opposition ihre Stimme und ihre Legitimität auch nach einer Abstimmungsniederlage. Wer nach einer Volksabstimmung noch Opposition betreibt und das Ergebnis kritisiert, wird schnell zum Volksverräter, zum Volksfeind, zum Häretiker und wird entsprechend behandelt. Volksabstimmungen haftet etwas Totalitäres, Inquisitorisches an. Sie wollen Uniformität und Einstimmigkeit vorgaukeln, wo es keine Einheitlichkeit geben kann; sie vereinnahmen selbst die Opposition und machen sie mundtot.

Wenn die Willensäußerung der Mehrheit eines Volkes als Wille des ganzen Volkes ausgegeben wird, wird die überstimmte Minderheit für diesen Gesamtwillen vereinnahmt, weil sie ja der Theorie nach Teil dieses einheitlichen Volkswillens ist. Volksabstimmungen führen leicht zu manichäischen Frontstellungen.

5.5.2 Wann kann eine Mehrheit beanspruchen, repräsentativ für das ganze Volk zu sein?

Das demokratische Mehrheitsprinzip ist weder ethisch noch staatstheoretisch, sondern rein pragmatisch begründet: Einen Konflikt wird eine überstimmte Minderheit schwerlich gewinnen, also sollte sie sich gewaltlos fügen. Mehrheitsentscheidungen sind weder unfehlbar noch können sie höhere Einsicht beanspruchen. Sie bieten lediglich die größte Gewähr, dass das, was die unterlegene Minderheit an Verlusten hinzunehmen hat, rein utilitaristisch geringer zu bewerten ist als das, was die siegreiche Mehrheit hinzugewinnt. Rein mathematisch hat damit das Kollektiv insgesamt etwas hinzugewonnen, weil die Zahl der Gewinner die der Verlierer übersteigt. Mehrheitsentscheidungen verhindern in letzter Konsequenz Bürgerkriege – aber eben nur solange, wie die unterlegene Minderheit sich fügt.

Es hat in früheren Epochen komplexe Mehrheitsbestimmungen gegeben, die aus verschiedenen Komponenten bestanden; auch ist es erst eine Errungenschaft des 20. Jahrhunderts, dass jeder Bürger eine Stimme hat und jede Stimme gleich viel wiegt. Bis 1918 waren Wahlprivilegien für bestimmte soziale Klassen, für bestimmte Gruppen wie den Adel oder den Klerus oder nach Einkommen und Besitz unterschiedlich gewichtete Stimmen weit verbreitet. Gleichwohl wurden solche Entscheidungen als repräsentativ und damit verbindlich für das ganze Staatsvolk gewertet.

Gemeinhin wird in Volksabstimmungen mit doppelten einfachen Mehrheiten gearbeitet: Stimmen mehr als 50 % der Abstimmenden einer Frage zu bei einer Mindestbeteiligung von 50 % der Stimmberechtigten, gilt dies als Wille des gesamten Volkes. Damit gilt der Wille, den 25,1 % der Stimmberechtigten äußern, als Wille des ganzen Volks. Das ist weder demokratietheoretisch, staatsrechtlich, ethisch noch sozial akzeptabel. In keinem anderen Lebensbereich, weder im Vereinswesen noch in irgendeinem Bereich des Zivilrechts wird der Wille eines Viertels der Mitglieder oder der Anteilseigner als Wille des Vereins oder des Unternehmens insgesamt gewertet.

Gerade in Grundsatzfragen ist dies unbefriedigend. Für Verfassungsänderungen sind in den meisten parlamentarischen Demokratien Zweidrittelmehrheiten, meist sogar in zwei unterschiedlichen repräsentativen Kammern und zwar nicht nur der Anwesenden, sondern der Anzahl sämtlicher Mitglieder dieser Kammern vorgeschrieben.[27] Diese hohen Zustimmungsschwellen sollen verhindern, dass momentane Mehrheiten ihre Dominanz ausnutzen, um durch Verfahrensänderungen die eigene Mehrheit zu perpetuieren. Sie soll sicherstellen, dass eine Verfassung, die das Konsensfundament jeder Demokratie darstellt, nicht zulasten einer Minderheit geändert werden können.

Deshalb müsste die Zustimmungsquote in Volksabstimmungen in solchen Grundsatzfragen auf mindestens 50,1 % angehoben werden. Denn nur dann hat nachweislich eine Mehrheit des Wahlvolks und nicht nur der jeweils Abstimmenden seine Meinung geäußert.

Das wären Ergebnisse, bei denen die Beteiligung zwischen 55 und 62 % und die Zustimmung zwischen 90 und 80 % liegt: Eine 55 %ige Beteiligung mit einem Ja-Ergebnis von knapp über 90 % ergibt eine Zustimmungsquote von knapp über 50 %; bei 62 %iger Beteiligung und einem Ja-Ergebnis von 80 % beträgt die Zustimmungsquote ebenfalls knapp über 50 %. Wer solche Zustimmungsschwellen für übertrieben hoch und unrealistisch erklärt, muss begründen, weshalb sie für Abstimmungen in Parlamenten vorgeschrieben sind.

Auf diese Weise wäre ein Zustimmungskorridor zwischen mindestens 44 und 56 % aller Stimmberechtigten vorgegeben. Selbst unter diesen stringenten Vorgaben läge dann der Anteil des Gesamtvolks, das zugestimmt hat, zwischen 26 bis 35 % und 34 bis 45 %, je nach dem Anteil derjenigen, die das Wahlalter noch nicht erreicht haben.[28]

Solche Ergebnisse sind selten, aber nicht unmöglich. Am 23. Oktober 1955 haben sich am Referendum über das Saarstatut 97,5 % der Wahlberechtigten beteiligt; 67,7 % lehnten die vorgeschlagene völkerrechtliche Sonderregelung des Saarstatut ab. Das ergibt eine Ablehnungsquote von ziemlich genau Zweidritteln, obwohl das «Ja» – also die Billigung eines europäischen Statuts und die Absage an eine Integration in die Bundesrepublik Deutschland – an erster Stelle stand und sowohl Bonn wie Paris für dieses «Ja» warben.[29]

Es mag dieses überzeugende Votum gewesen sein, dass die unterlegene Minderheit sowie die Regierungen in Bonn und Paris bewog, dieses Ergebnis zu akzeptieren. Dass zwei Jahre später mit der Gründung der EWG Deutschland und Frankreich sich auf ein gesamteuropäisches Projekt unter Einschluss der Benelux-Staaten und Italiens einigen konnten, trug wesentlich zur Beruhigung der Gemüter an der Saar bei.

Die Liste von Volksabstimmungen, die eine Zustimmungsquote von deutlich über 50 % geliefert haben, ist lang und eindrucksvoll.[30] Darunter finden sich bemerkenswerte Abstimmungen über existentielle Fragen (Unabhängigkeit, Eigenstaatlichkeit) und Fragen der territorialen Zugehörigkeit.

Diese Beispiele zeigen, dass vor allem Existenzfragen in kleineren Staaten mit homogener Bevölkerung (Slowenien, Norwegen, Litauen) eindeutige und unbestreitbare Ergebnisse liefern. In Staaten mit heterogener Bevölkerung wie beispielsweise der Ukraine, Bosnien-Herzegowina oder vielen afrikanischen Staaten dürften derartige Ergebnisse kaum zu erzielen sein. Und selbst wenn sie sich erzielen ließen, bliebe fraglich, ob die unterlegene Volksgruppe solch eindeutige Ergebnisse akzeptieren würde. In Bosnien-Herzegowina hat die serbische Volksgruppe lieber mit Massenmord und erzwungenen Umsiedlungen versucht, die Mehrheitsverhältnisse in der Bevölkerung gewaltsam zu verändern, als die eigenen territorialen Forderungen aufzugeben.

5.5.3 Demokratische Stabilitätskriterien und die verlorenen Stimmen

Volksabstimmungen gelten in vielen Staaten selbst dann als gültig und verbindlich, wenn sie deutlich niedrigere Zustimmungsschwellen als in repräsentativen Parlamenten vorweisen können. Volksentscheide geraten in Gefahr, radikalen Strömungen einen bequemen Weg mit wesentlich niedrigeren Hürden zu bieten, um die eigenen politischen Vorstellungen durchzusetzen. Die Klippen parlamentarischer Verfahren lassen sich mit dem direkten Appell an das Volk elegant umschiffen.

Die Geschichte von Volksentscheiden ist eine Reihe von fragwürdigen Ergebnissen, wenn beide Erfolgskriterien, Mehrheit und Beteiligung, zusammen betrachtet werden. In einer erschreckend hohen Zahl von Fällen erweisen sich Volksabstimmungen als Einfallstor, durch das eine gut organisierte, agitatorische Minderheit einer Mehrheit ihren Willen aufzudrücken vermag. Die schweigende Mehrheit wird zu ihrem besten Verbündeten. Denn zunächst verhilft sie durch ihre Abstinenz der Minderheit zu einer Abstimmungsmehrheit, und nach deren Sieg findet sie sich mit der neuen Lage resigniert-apathisch ab. Nirgends stellt sich die Frage nach den verlorenen Stimmen so dringlich wie in einem Volksentscheid.

Das Bundesverfassungsgericht hat die 5 %-Sperrklausel bei Wahlen zum EU-Parlament aufgehoben, weil dadurch die Stimmen, die unter dieser Hürde bleiben, einfach wegfallen und bei Abwägung politischer Entscheidungen im Parlament nicht mehr berücksichtigt werden. Die Wähler, die diesen Parteien ihre Stimme gegeben haben, werden ihrer Erfolgschance beraubt.[31]

Wie ist es mit einer solchen Theorie von Chancengleichheit der abgegebenen Stimmen zu vereinbaren, wenn Volksentscheide die unterlegene Seite dauerhaft zum Schweigen bringen und jeglicher Chancen berauben, das Ergebnis nachträglich zu revidieren oder zumindest zu modifizieren? Im Volksentscheid werden nicht nur Wähler, die weniger als 5 % der Abstimmenden ausmachen, ihrer Stimme beraubt; dort wird die ganze unterlegene Seite ihrer Stimme beraubt, weil sie buchstäblich nicht mehr zählt. Das können bis zu 49,9 % aller Wähler sein. Die Stimmen, die gegen die Mehrheit abgegeben worden sind, werden spurlos beseitigt, als ob es sie niemals gegeben hätte. Im Gegenteil, sie müssen sich sogar noch anhören, sie seien Teil eines Volkes, das seinen einheitlichen Willen im Sinne der überlegenen Seite geäußert habe, und sie könnten nun nicht bekämpfen, was sie selbst mitbeschlossen haben. Das heißt, die so Angesprochenen unwiderruflich zu übergehen und sie anschließend zu beschuldigen, sie hätten doch zugestimmt. Wer es für einen Skandal hält, dass Stimmanteile, die unter 5 % bleiben, nicht berücksichtigt werden, sollte dem viel größeren Skandal, dass im Volksentscheid im äußersten Fall 49,9 % der Stimmen einfach verfallen, ebenso konsequent entgegentreten.

Anmerkungen

1. Der mittelalterliche Spruch lautete auf Latein: *Roma locuta, causa finita* (Rom hat gesprochen, die Angelegenheit ist entschieden).
2. GG Art. 20 (2): Alle Staatsgewalt geht vom Volk aus.
3. Die berühmte Legende bei Livius: *Ab urbe condita* 2, 32, 9.
4. Jean Bodin: *Les six livres de la République* (1572).
5. *Quod principi placuit, legis habe vigorem,* Ulpian, Digesta I 4, 1.
6. Noch bis vor kurzem musste jeder Monarch Englands der Anglikanischen Kirche angehören, anglikanisch heiraten und seine Kinder anglikanisch erziehen lassen.
7. Ulpian ergänzt den vorstehenden Satz: *utpote cum lege regia, quae de imperio eius lata est, populus ei et in eum omne suum imperium et potestatem conferat* – da nämlich das Volk mit dem königlichen Gesetz, das über seine Machtbefugnisse ergangen ist, seine eigenen Machtbefugnisse und Zuständigkeiten sämtlich ihm und auf ihn überträgt.
8. Bei Volksabstimmungen wird immer wieder gern auf den Ausdruck «Volksfeind» zurückgegriffen – ein Ausdruck, den Robespierre und Stalin gern benutzten, um jegliche Opposition gegen ihre totalitäre Herrschaft zu diskriminieren oder Rufe nach erneuten Volksabstimmungen zu unterdrücken. Roland Dumas benutzte diesen Ausdruck in der Kampagne vor der Volksabstimmung zum Vertrag von Maastricht am 20. September 1992. Nach dem Brexit-Referendum wurden diejenigen, die die Durchführung und das Ergebnis der Abstimmung infrage stellten, als Volksfeinde tituliert.

Noch weiter ging die Daily Mail, die am 4. November 2016 mit *Enemies of the People* aufmachte und dazu die Portraits der drei Richter am Obersten Gerichtshof abdruckte, die entschieden hatten, dass vor einer Kündigung der EU-Verträge das Parlament zu befassen sei (https://en.wikipedia.org/wiki/Enemies_of_the_People_(headline). abgerufen am 22.11.2023). Im November 2023 ließ Brendan Clark-Smith, konservativer Abgeordneter für Bassetlaw, diese Schlagzeile nachdrucken, um gegen das Urteil des Obersten Gericht vom 15. November 2023 zu protestieren, mit dem es den Plan der britischen Regierung abgelehnt hatte, Asylsuchende nach Uganda abzuschieben. Donald Trump benutzt die Vokabel gern.

9. Die Semantik ist eng verwandt mit dem «Rat der Volksbeauftragten», der als provisorische Regierung die Geschäfte in Deutschland zwischen November 1918 und den Wahlen zur Weimarer Nationalversammlung im Januar 1919 führte.

10. Lucius Annaeus Seneca schrieb: *crede mihi, sacra populi lingua est* – glaube mir, was das Volk sagt, ist heilig (L.A. Seneca: Controversiae I, 1, 10). Daraus wurde die verkürzte Version *Vox populi – vox dei*, die im Mittelalter beliebt war. Neben zahlreichen zustimmenden Zitaten, gab es allerdings auch skeptische Stimmen wie die von Alkuin, einem der engsten Berater von Karl dem Großen, der diesen warnte, das tumultgeneigte Volk streift immer den Wahnsinn – *Nec audiendi qui solent dicere, Vox populi, vox Dei, quum tumultuositas vulgi semper insaniae proxima sit* (Brief 164). Der Ausspruch diente vor allem dazu, eine eigene sakrale Weihe des Königtums durch Akklamation unabhängig von einer kirchlichen Weihe zu begründen. Eine letzte Nachwirkung dieses Gedankens lebt bis heute fort, wenn Gerichtsurteile «im Namen des Volkes» ergehen, womit keine Straßenjustiz gemeint ist, sondern womit ausgedrückt werden soll, dass das Gericht lediglich die vom Souverän formulier-

ten Gesetze und damit die Grundsätze der Gerechtigkeit anwendet.
11. Schon diese fast eschatologische Vorstellung einer unumkehrbaren, mit Ewigkeitsanspruch auftretenden Entscheidung sollte jeden historisch bewanderten Menschen skeptisch gegenüber allen Verheißungen machen, die etwas «ein für alle Mal» versprechen. Die Kriege, die geführt werden, um den Krieg als solchen zu überwinden *(the war to end all wars)*, sind meist die blutigsten, zerstörerischsten und bringen in der Regel nur kurzlebige Resultate.
12. Boris Johnson: *Rede auf dem Parteitag der Konservativen Partei in Manchester am 2. Oktober 2019.* (Text: https://www.politicshome.com/news/article/read-in-full-boris-johnsons-speech-to-the-2019-conservative-party-conference, aufgerufen 29.11.2023, Video: https://www.youtube.com/watch?v=SReLiNyMNQ0, aufgerufen am 29.11.2023).
13. Klassisches Beispiel hierfür war das Weißbuch zum Brexit vom 2. Februar 2017, in dessen Vorwort Premierministerin Theresa May behauptete: *«The strength and support of 65 million willing us to make it happen.»* Das war eine kecke Verdrehung der Tatsachen, denn die Stimmen gegen den Brexit und die Enthaltungen wurden hier einem angeblich unitarischen Volkswillen zugeschlagen, der jedoch nur von 17,4 Mio. Bürgern geäußert worden war – gegen 16,1 Mio., die dagegen gestimmt hatten. Faktisch hatten 33,6 Mio. Bürger an der Abstimmung teilgenommen – von 46,6 Mio. Stimmberechtigten und 65 Mio. Staatsangehörigen. Ein ähnliches Beispiel bewusster Verdrehung der Tatsachen ist auf der Seite des Bund Naturschutz in Bayern zu finden. Dort wird behauptet, fast 55 % der Münchner und Münchnerinnen hätten sich gegen den Bau der 3. Startbahn ausgesprochen. Das wäre nur zutreffend, wenn mindestens 550.000 Münchner dagegen gestimmt hätten. Es waren aber nicht mehr als 175.000. Diese Verdrehung der

Mehrheitsverhältnisse ist leider nicht untypisch für diejenigen, die auf diese Weise mit fragwürdigen Mehrheiten ihren Anliegen eine falsche Legitimation verschaffen wollen.

14. In den sechs Monaten vor dem Brexit-Referendum vom 23. Juni 2016 ergaben Meinungsumfragen im Abstand von wenigen Tagen abwechselnd bis zu 56 % für *Remain* und 54 % für *Leave*. In Deutschland sind Parteien binnen weniger als einem Jahr von Zustimmungswerten von knapp 30 % auf weniger als die Hälfte abgestürzt.
15. Fragen, die Finanzen, Verteidigung oder Sicherheit berühren werden selten durch Volksentscheide geregelt. Die Gefahr einer tendenziösen Fehlentscheidung ist hier zu hoch.
16. Die Zuschreibung an John Maynard Keynes ist bis heute umstritten. Unstrittig ist, dass Keynes sich mehrfach in diesem Sinn geäußert hat, wenn auch nicht in dieser sentenzartig zugespitzten Formulierung.
17. Der Grundsatz aus dem Römischen Recht *Qui tacet, assentiri videtur* (Wer schweigt stimmt offensichtlich zu) galt nur in Gremien, die einstimmig abstimmen mussten. Er kann nicht eine individuelle Willensäußerung ersetzen.
18. In der Volksabstimmung, mit der der Kanton Luzern 1848 die föderale Verfassung der Schweiz billigte, wurden Stimmenthaltungen als Ja-Stimmen gewertet.
19. So entstehen Wahlprognosen und *exit polls*.
20. Das ist das gängige Quorum der meisten Volksabstimmungen: 50 % Mindestbeteiligung und 50 % Mindestzustimmung.
21. Einer der wenigen, der sich mit dieser Frage intensiv, wenn auch auf unkonventionelle Weise befasst hat, ist Werner Peters (Werner Peters: *Nichtwähler ins Parlament – Auffrischung der Demokratie*, Köln (Edition Steffan) 2022; (https://www.drwernerpeters.de/partei-der-nichtwaehler. abgerufen am 30.11.2023).

22. Bei der Finanzierung des Brexit-Referendums ist es zu umfänglichen finanziellen Unregelmäßigkeiten gekommen, die bislang nicht restlos aufgeklärt sind.
23. In der Kampagne vor dem Brexit-Referendum wurden Wähler nach solchen rein assoziativen und emotionalen Mustern sehr gezielt mit Werbematerial versorgt und persönlich angesprochen. In dieser Kampagne wurden die geltenden Regeln zur Finanzierung und die Pflicht zur Offenlegung der Finanzquellen massiv unterlaufen.
24. Die Aufarbeitung der Verstöße gegen die Regeln der Brexit-Abstimmung begannen schleppend und haben erst Jahre später zu einigen Sanktionen geführt. Wenn eine Kampagne damit rechnen kann, gegen Regelverstöße erst lange nach gewonnener Abstimmung belangt zu werden, kann sie eventuelle Strafzahlungen von vornherein in ihrem Kampagnenbudget verbuchen. Es ist schwierig genug, einen Sieger zu bestrafen.
25. Eine Bundestagswahl durchzuführen kostet etwa 100 Mio. €. Eine Prämie von 20 € pro abgegebener Stimme würde bei etwa 50 Mio. wahlberechtigten Bundesbürgern rund 1 Mrd. € kosten. Das würde den Bundeshaushalt über vier Jahre verteilt mit 250 Mio. € pro Jahr belasten. Zum Vergleich: Der Etat des Bundesministeriums für Arbeit und Soziales beläuft sich auf fast 170 Mrd. € pro Jahr. Der Schuldendienst des Bundes verschlingt jedes Jahr (abhängig vom geltenden Zinssatz) über 20 Mrd. € (also das 80-fache dieses Betrags!). Im letzten Wahlkampf für den Bundestag haben die Parteien knapp 70 Mio. € für Werbung ausgegeben.
26. Die Schwellen, um einen Volksentscheidung oder ein Volksbegehren zu initiieren, liegen erstaunlich niedrig. Meist genügen weniger als 5 % des Wahlvolks.
27. So beispielsweise in Artikel 79 (2) des Grundgesetzes.
28. Den Annahmen liegt ein Anteil nicht-stimmberechtigter Staatsbürger von 20 % bzw. 40 % zugrunde. In manchen Ländern sind auch andere Personenkreise vom Wahlrecht ausgeschlossen, z. B. Strafgefangene oder

Bankrotteure. In Deutschland kann das aktive Wahlrecht nur in besonders schweren Fällen politischer Straftaten (Hochverrat, Wahlfälschung, Wählerbestechung) durch richterliches Urteil entzogen werden.

29. Vor der Volksabstimmung über die Zugehörigkeit des Saarlandes unterstützten die deutsche wie die französische Regierung den zwischen ihnen ausgehandelten Vertrag über das europäische Statut des Saarlandes. Der Wortlaut dieses Vertrags wurde zwar publiziert, nicht aber jedem Wahlberechtigten individuell zugestellt. Die völkerrechtlichen, wirtschaftlichen und kulturellen Implikationen dieser Frage wurden nirgends systematisch und verständlich dargelegt. Die meisten Wähler mussten ihre Stimme abgeben, ohne einen Überblick über die Problematik zu haben, über die sie abstimmen sollten. Der Wahlkampf war leidenschaftlich, stellenweise gewalttätig; diejenigen, die für die Rückgliederung an die Bundesrepublik Deutschland eintraten, mussten sich als Nationalisten und Nationalsozialisten titulieren lassen. Umso erstaunlicher war das eindeutige, überzeugende Abstimmungsergebnis.

30. Beispielhaft seien aufgeführt:

EU-Beitritt in Dänemark am 2.10.1972: Beteiligung 90,1 %, Ja 63,3 %, Quote 57 %.

Unabhängigkeit Estlands am 3.3.1991: Beteiligung 82,9 %, Ja 78,4 %, Quote 65 %.

Selbstbestimmung Algeriens in Frankreich am 8.1.1961: Beteiligung 92,2 %, Ja 75 %, Quote 69 %. Ein ganz ähnliches Ergebnis lieferte die Volksabstimmung ein Jahr später über die Einigung von Evian am 8.4.1962: Beteiligung 75,3 %, Ja 90,8 %, Quote 68,3 %.

Unabhängigkeit/Verfassung Islands 20.-23.5.1944: Beteiligung 98,4 %, Ja zur Aufhebung der Personalunion mit Dänemark 99,5 % (Ja zur neuen republikanischen Verfassung 98,5 %), Quote 98 % (97 %)

Unabhängigkeit Litauens am 9.2.1991: Beteiligung 84,7 %, Ja 93,2 %, Quote 79 %.

EU-Beitritt Litauens am 10./11.5.2003: Beteiligung 63,4 %, Ja 91,1 %, Quote 57,7 %.

Annahme einer neuen Verfassung in Portugal am 19.3.1933: Beteiligung 97,7 %, Ja 99,5 %, Quote 97 %.

Unabhängigkeit Sloweniens am 13.12.1990: Beteiligung 90.8 %, Ja 95,7 %, Quote 87 %.

EU-Beitritt Sloweniens am 23.3.2003: Beteiligung 60,4 %, Ja 89,6 %, Quote 54 %.

Unabhängigkeit der Ukraine am 1.12.1991: Beteiligung 84,2 %, Ja 92,3 %, Quote 77,7 %.

Nordschleswig am 10.2.1920: Beteiligung 90,1 %, für Dänemark 74,4 %, Quote 67 %.

Mittelschleswig am 14.3.1920: Beteiligung 90,7 %, für Deutschland 80,05 %, Quote 72,5 %.

Abstimmungen in Ost- und Westpreußens am 11. Juli 1920 ergaben eine Quote von über 80 % für Deutschland.

Eine frühere Abstimmung über die Zugehörigkeit des Saarlandes ergab 1935 bei einer Beteiligung von 98 % ein Votum von 90,35 % für Deutschland (Quote 88,4 %).
31. BVerfG, Urteil vom 9. November 2011 (https://www.bundesverfassungsgericht.de/SharedDocs/Pressemitteilungen/DE/2011/bvg11–070.html. abgerufen am 29.09.2023).

Literatur

Andrè Kaiser/Thomas Zittel: *Demokratietheorie und Demokratieentwicklung, Festschrift für Peter Graf Kielmannsegg*, Wiesbaden (VS Verlag für Sozialwissenschaften) 2004

Bernd Guggenberger/Claus Offe: *An den Grenzen der Mehrheitsdemokratie*, Opladen (Westdeutscher Verlag) 1984.

Claus Offe (Hrsg.): *Demokratisierung der Demokratie: Diagnosen und Reformvorschläge*, Frankfurt (Campus) 2003.

Christian Hillgruber: *Die Herrschaft der Mehrheit: Grundlagen und Grenzen des demokratischen Majoritätsprinzips,* Archiv des öffentlichen Rechts, Vol. 127, No. 3 (2002), pp. 460–473

Eike-Christian Hornig: *Die Parteiendominanz direkter Demokratie in Westeuropa,* Baden-Baden (Nomos) 2011.

Tom Mannewitz (Hrsg.): *Die Demokratie und ihre Defekte, Analysen und Reformvorschläge,* Wiesbaden (Springer) 2018.

6
Formen des Volksentscheids

6.1 Was ist ein Volksentscheid?

Die Problematik von Volksentscheiden beginnt mit der Begrifflichkeit: Plebiszit, Volksabstimmung, Volksentscheid, Volksinitiative, Volksbegehren, Volksbefragung, Volksgesetzgebung, Referendum – alle diese Begriffe schwirren durcheinander.[1]

Volksbegehren und Volksinitiativen gehen von Wählergruppen aus und werden mithilfe von Unterschriftensammlungen angestoßen.

Volksbefragungen sind rechtlich unverbindlich. Seit dem Aufschwung von Meinungsumfragen haben sie ihren Sinn verloren. Weshalb eine aufwendige formale Volksbefragung organisieren, wenn die öffentliche Meinung zu allen erdenklichen Fragen ständig von Meinungsforschungsinstituten sondiert wird?[2] Meinungsumfragen liefern inzwischen ein fast tägliches Lagebild der Stimmung unter den Wählern, ihren Parteipräferenzen, ihren Sorgen,

Nöten und Hoffnungen. Was fehlt, sind äquivalente Untersuchungen über das Denken und Fühlen derjenigen, die nicht wählen wollen oder nicht gewählt haben.

Volksabstimmungen, Volksentscheide und Referenden werden in der Regel von den Organen einer repräsentativen Demokratie autorisiert, auch für den Fall, dass sie von nicht-Regierungsorganisationen initiiert sind. In vielen Fällen sind die Bedingungen, unter denen Volksabstimmungen angesetzt werden können oder angesetzt werden müssen, verfassungsrechtlich geregelt. Man unterscheidet dann zwischen obligatorischen (vom Gesetz vorgeschriebenen) und fakultativen (nach Ermessen angesetzten), zwischen verbindlichen und unverbindlichen Volksabstimmungen. Das Grundgesetz sieht neben Wahlen ausdrücklich Abstimmungen als Mittel vor, über die das Volk seine Staatsgewalt ausüben kann.[3] Es ist auf Bundesebene jedoch bislang noch nie zu einer Volksabstimmung gekommen. Auf Landesebene nehmen Volksabstimmungen weiterhin zu.

Eine besondere Rolle spielen Volksentscheide, wenn es um das Selbstbestimmungsrecht der Völker geht.

Um dem ausfransenden Begriff Volksentscheid schärfere Konturen zu verleihen, sollte man sich nicht mit semantischen Nuancen aufhalten, sondern Volksentscheide nach ihrer Funktionalität kategorisieren. Im Folgenden wird deshalb der Begriff Volksentscheid oder Volksabstimmung generisch für alle Formen politischer Sachfragen verwendet, über die nicht in Parteien oder gewählten Organen abgestimmt wird, sondern die direkt allen Stimmberechtigten zur Entscheidung vorgelegt werden.

Volksentscheide fallen in drei Kategorien, die sich in ihren Verfahren und Funktionen grundsätzlich unterscheiden und ganz unterschiedliche legitimatorische Folgen nach sich ziehen:

- Akklamatorische Volksentscheide
- Dezisive oder spontane Volksentscheide
- Approbatorische oder abrogative Volksentscheide

Dass diese drei bzw. vier Typen nicht in unterschiedlichen Begriffskategorien unterschieden werden, sondern unter den ihre Unterschiede verwischenden Sammelbegriff «Volksabstimmung» fallen, führt leicht zu Fehlschlüssen. Gerade bei einem so machtvollen Instrument wie einer Volksabstimmung ist begriffliche Präzision aber eine Grundvoraussetzung. Wer von Volksabstimmungen spricht, sollte unbedingt konkretisieren, welche dieser Kategorien er im Auge hat.

6.2 Die vier (bzw. drei) Typen von Volksabstimmungen

6.2.1 Akklamatorischer Volksentscheid

Der akklamatorische Volksentscheid ist die ursprünglichste Form, das Volk unmittelbar politisch mitbestimmen zu lassen. Für ihn gilt der spezifische Unterbegriff des Plebiszits.[4] Akklamatorische Volksentscheide setzen voraus, dass eine politische Instanz Entscheidungen getroffen und Fakten geschaffen hat, die nachträglich vom Volk gebilligt werden sollen, um ihnen ein Mäntelchen von Legitimität umzuhängen.[5] Wann immer ein Monarch sich dem Volk zeigt und dieses ihm zujubelt, ist dies ein informelles Plebiszit. Nicolae Ceausescu wurde diese Akklamation während seiner fatalen Rede am 21. Dezember 1989 verweigert. Die damaligen Buh-Rufe leiteten seinen Sturz ein und führten zu seiner Hinrichtung vier Tage später.

Plebiszite sind das bevorzugte Instrument in den Händen von Diktatoren und autoritären Regierungen, die auf diese Weise einem rechtlich fragwürdigen Vorgehen eine unbestreitbare Legitimation verschaffen oder unter Berufung auf den Volkswillen die Verfassung umgehen oder anpassen.

Die Tradition demokratischer Plebiszite beginnt mit der Französischen Revolution. Es liegt auf der Hand, dass eine Revolution, die der herrschenden Dynastie die Macht entreißt und sie in die Hände der Bürger einer neugegründeten Republik legt, die neue Verfassung durch eben diese Bürger billigen lässt. 1793 wird die erste Verfassung der Französischen Republik in einem Plebiszit angenommen. Diese Verfassung war vom Nationalkonvent, einer Versammlung von 750 in allgemeinen Wahlen bestimmten Deputierten ausgearbeitet worden; faktisch hatten drei Autoren, Marie-Jean Hérault de Séchelles, Georges Couthon und Louis-Antoine de Saint Just, sie konzipiert.[6] 1795 und 1800 wurden Änderungen an dieser Verfassung auf gleichem Weg durch Plebiszite legitimiert.[7] Die Verfassung wurde durch diese Plebiszite allerdings sukzessive in ihr Gegenteil verkehrt: Aus einer Bürgerrepublik wurde ein Kaiserreich.

Ermutigt von diesen Vorbildern, lässt Louis Napoleon seinen Staatsstreich vom 2. Dezember 1851 in einem Plebiszit am 20./21. Dezember 1851 nachträglich legitimieren.[8]

Diese frühen Plebiszite belegen drei bedenkliche Aspekte:

- Sie dienten dazu, bereits von einem kleinen Zirkel von politisch Mächtigen gesetzte Vorgaben nachträglich zu legitimieren. Keiner der Abstimmenden konnte hoffen, mit seiner Stimme die Macht des Faktischen aushebeln zu können. Niemand durfte hoffen, dass Napoleon Bo-

naparte seine Vollmachten als Erster Konsul niederlegen oder sein Neffe Louis Napoleon reumütig das Ergebnis seines Staatsstreichs vom 2. Dezember 1851 rückgängig machen würde.
- Sie ergaben zwar überwältigende Mehrheiten[9], die Beteiligung war jedoch bis auf wenige Ausnahmen erschreckend niedrig. Stimmberechtigt war ohnehin nur ein geringer Bruchteil des *peuple français,* des französischen Volks. Die Stimmberechtigten machten deutlich weniger als 25 % der Gesamtbevölkerung aus. Selbst eine deutlich über 50 % liegende Mehrheit bedeutete im Hinblick auf eine wirksame demokratische Legitimation wenig. Die Zustimmungsquoten des Gesamtvolks lagen bei allen diesen Abstimmungen extrem niedrig.
- Sie waren begleitet von massiven Propagandakampagnen, die darauf angelegt waren, Wähler einzuschüchtern bzw. solche, die mit Nein stimmen wollten, als Verräter und Saboteure zu brandmarken. Die Stimmabgabe war dem damaligen Stand der Kommunikation entsprechend schwierig; sich umfassend zu informieren, praktisch unmöglich. Vor allem in Regionen, die weit von Paris entfernt waren, war außer der offiziellen Propaganda der Regierung und diffusen Gerüchten kaum etwas zu erfahren. Oft mussten die Stimmen öffentlich und handschriftlich abgegeben werden. Wie weit die Auszählung korrekt war, lässt sich heute kaum noch nachprüfen.

Diese Taktik, ein *fait accompli* nachträglich durch ein Plebiszit billigen zu lassen, hat Schule gemacht. Sie hat immer wieder Anwendung gefunden, wenn Diktatoren oder Aggressoren nachträglich ihren Machtgelüsten ein Mäntelchen von Legitimität umzuhängen versuchten.

Der Volksentscheid, den Adolf Hitler am 10. April 1938 über den einen Monat zuvor vollzogenen Anschluss Österreichs ansetzte, war ein klassischer Fall plebiszitärer Akklamation. Die Fragestellung war nicht nur suggestiv (sie verband eine außenpolitische Frage mit einer Vertrauensfrage),[10] die Abstimmungszettel legten mit einem mittigen, übergroßen «Ja» und einem kleinen, an den Rand gedrängten «Nein» dem Wähler nahe, wo er sein Kreuz zu machen hatte.

Ein ähnliches Plebiszit sollte am 16. März 2014 die im Februar vollzogene militärische Annexion der Krim durch Russland legitimieren. Auch hier waren die Fragen suggestiv. Sie schlossen eine Rückkehr zum *status quo ante* aus und ließen nur die Billigung der Annexion oder die Rückkehr zu einer überholten Verfassung von 1992 zu. Kein Wunder, dass Hitler eine Zustimmung von 99,75 %, Putin immerhin von 95,5 % vorweisen konnte – wobei offen bleibt, wie weit diese Auszählungen korrekt waren.

Beiden Referenden war gemeinsam, dass sie nach einer militärisch längst abgeschlossenen Operation durchgeführt wurden. Niemand konnte ernsthaft glauben, ein negativer Ausgang dieser Plebiszite könnte dazu führen, die mit überlegener militärischer Gewalt geschaffene geopolitische neue Lage zu revidieren, die Besatzungstruppen wieder abzuziehen und die längst vollzogene Annexion rückgängig zu machen. Beide Plebiszite waren begleitet von massiver Propaganda, Drohungen und Einschüchterungen. Auf der Krim standen bewaffnete russische Soldaten in und vor den meisten Wahllokalen.

Plebiszite sind ein beliebtes Mittel für Diktatoren, Verfassungsbrüche und willkürliche Amtszeitverlängerungen vom Volk absegnen zu lassen. Präsident Lukaschenko hat es auf diese Weise auf fast dreißig Amtsjahre gebracht,[11] obwohl er 1994 unter einer Verfassung angetreten war, die die Amtszeit des Präsidenten auf acht Jahre beschränkte.

Auch Putin hat seinen Verfassungsbruch bzw. seine Novellierung der Verfassung durch ein Plebiszit nachträglich absegnen lassen.[12]

In Subsahara-Afrika war und ist es ein beliebter Kunstgriff dortiger Despoten, sich zunächst unter einer demokratischen Verfassung mit darin fest verankerten *checks and balances* wählen zu lassen, um dann diese institutionalisierten *checks and balances* Schritt für Schritt auszuhöhlen bzw. ins Leere laufen zu lassen, jeweils unter direkter Anrufung des Volkes.

Jedes Plebiszit bietet weitreichende Möglichkeiten manipulativer Beeinflussung. Da Plebiszite *ad hoc* angesetzt werden, werden für ihre Durchführung auch *ad hoc* neue Gremien ernannt. Wer ein Plebiszit ansetzt, behält Kontrolle über den Auszählungsmechanismus. Er ist in den meisten Fällen völlig ungebunden, was die Formulierung der Fragestellung, die grafische Gestaltung des Stimmzettels, die Terminierung der Abstimmung, in viel zu vielen Fällen sogar die Definition der Abstimmungsberechtigten und der Festlegung einer Mehrheitsschwelle angeht. Damit ist ein staatsrechtlich bedenklicher Freiraum für Willkür und Parteilichkeit geschaffen. Die jeweilige Regierung hat hier weitgehend freie Hand, ihr genehme Leute einzusetzen, die wissen, welche Ergebnisse von der Auszählung erwartet werden. Von Stalin wird die Äußerung überliefert, entscheidend sei nicht, wer wählt, sondern wer zählt. Wenn eine Regierung ein Plebiszit ansetzt, wird sie in der Regel den gesamten Regierungsapparat für Propaganda in ihrem Sinn in Gang setzen und die Kampagne oppositioneller Kräfte behindern.

Gemeinsam ist akklamatorischen Plebisziten, dass sie keine echte Wahlmöglichkeit zulassen. Meist sind Fragen und Stimmzettel so angelegt, dass sie ein bestimmtes Votum suggestiv nahelegen. Die Mobilisierungs- und Wahlkampagnen werden von den faktischen Machthabern dominiert, Opposition wird eingeschüchtert oder kommt nicht zu Wort. Vor den Plebisziten, die die Annexionen der Krim und der östlichen Gebiete der Ukraine durch Russland legitimieren sollten, wurden Wortführer, die dagegen aufzubegehren versuchten, verhaftet oder ermordet.

Selten unterliegt die Auszählung einer objektiven Nachprüfung. Es kommt häufiger vor, dass die Abstimmungsunterlagen verloren gehen, spurlos verschwinden oder bewusst vernichtet werden. Jeder Wähler weiß ohnehin, wenn er seinen Abstimmungszettel ausfüllt, dass es keinen gangbaren Weg zurück gibt. Es gibt bei Plebisziten auch kein Quorum. Eine Mehrheit, selbst wenn die Wahlbeteiligung weit unter 50 % sinken sollte, gilt in jedem Fall als Mehrheit und damit als Willenserklärung des Volkes.[13] Akklamatorische Plebiszite sind Feigenblatt-Veranstaltungen, die nackter Machtpolitik nachträglich eine Pseudolegitimation und gewaltsam erzwungenen Fakten den Anschein von Rechtmäßigkeit verschaffen sollen. Sie sind gefährlich und dienen der Zementierung anti-demokratischer Gewaltpolitik. Sie haben in gefestigten Demokratien keinen Platz.

6.2.2 Dezisiver (spontaner) Volksentscheid

Dezisive Referenden unterbreiten dem Volk eine allgemeine Frage von grundsätzlicher Bedeutung ohne eine festlegende Vorentscheidung getroffen zu haben. Die Antwort des Volkes gilt als verpflichtende Vorgabe für künftige Politik. Die politische Entscheidung wird vom Volk im Voraus gefällt und gibt den Handlungskorridor für künftiges Regierungshandeln vor. Die Alternativen und ihre absehbaren Folgen müssen allerdings im Vorhinein klar formuliert und allen Wählern bekannt sein, die Konsequenzen der Entscheidung sollten verständlich sein.

6 Formen des Volksentscheids

Das Hauptproblem derartiger Volksentscheide liegt zum einen in der Vorbereitung der Frage, über die abgestimmt werden soll, und zum anderen in der Entscheidung, welche Teilmenge des Volkes als Mehrheit für das gesamte Volk sprechen und es damit verbindlich auf eine Option festlegen kann.

Eine Frage kann suggestiv formuliert sein, sie kann die zur Wahl stehenden Optionen verengen oder verzerren. In jedem Fall ist eine Volksabstimmung immer eine hochemotionale Angelegenheit. In der Frage können semantisch oder emotional stark konnotierte Ausdrücke erscheinen, die die Wähler besonders ansprechen, sie können emotionale Adjektive enthalten, die die Antwort vorstrukturieren. Allein schon ob die Frage so formuliert ist, dass sie nach Zustimmung oder Ablehnung fragt, hat erhebliche psychologische Bedeutung. Zustimmung fällt Menschen leichter als Ablehnung.

Von der Bedeutung der Frage hängt ab, welche Mehrheit ausreicht, um sie für das ganze Volk verbindlich zu machen und, sofern sie regional begrenzte Bedeutung hat, wie der Kreis der Stimmberechtigten zu ziehen ist. Auch hier bieten sich weite Manipulationsmöglichkeiten, das Ergebnis zu beeinflussen, wenn die Zustimmungsschwelle willkürlich niedrig (oder hoch) angesetzt wird und wenn in die Abstimmung Wähler einbezogen werden, die von der Entscheidung gar nicht betroffen sind, oder andere, die existenziell betroffen sind, von der Abstimmung ausgeschlossen werden.

Im schlimmsten Fall kann ein zu starker Rückgriff auf Volksentscheide Politik ihrer Konsistenz und Kalkulierbarkeit berauben. Denn das Volk kann seine Meinung schnell ändern – von «Hosianna» zu «Kreuziget ihn!» vergehen oft nur Tage.[14] Oft entscheidet allein der Zeitpunkt über den Ausgang eines Referendums. Im Vereinigten Königreich durchliefen die Meinungsumfragen in den Monaten vor dem Abstimmungsdatum über den Austritt aus der EU am 23. Juni 2016 eine regelrechte Achterbahnfahrt.[15] Bei vielen Volksentscheiden hätte ein anderes Datum ein anderes Ergebnis geliefert. Das spricht nicht für die Rationalität und vor allem nicht für die langfristige Verbindlichkeit von Volksentscheiden.

Dezisive Volksentscheide fallen ihrerseits in drei Kategorien:

- Sie können der Regierung verbindliche Vorgaben machen.
- Sie können Eckpunkte bzw. Prinzipien eines allgemeinen Vorschlags der Regierung (oder politischer Gruppierungen) grundsätzlich billigen und die Regierung beauftragen, im Sinne des Entscheids konkrete Gesetze auszuarbeiten.[16] Diese Gesetze werden dann vom Parlament gebilligt.
- Sie können ohne irgendwelche Vorgaben richtungsweisende Grundsatzentscheidungen für die Zukunft treffen, die später von Fachleuten und Politikern mit konkreten Details einer konsistenten Politik ausgefüllt werden müssen.

Wer das Volk abstimmen lässt, muss es zuvor über absehbare Folgen, Rückwirkungen, Kosten und Risiken eines Für und Wider informieren. Eine dezisionistische Entscheidung aus einer Laune heraus wäre unverantwortliches, letztlich willkürliches Handeln. Ein Souverän, der nicht weiß, was er will, und noch weniger weiß, was er tut, wäre schlimmer als ein Tyrann. Er gliche einem Despoten, gegen den Widerstand nicht nur erlaubt, sondern geboten wäre. Gerade dezisionistische Volksabstimmungen geraten schnell in Gefahr, sich von voluntaristischem Wunschdenken, Nostalgie oder Ideologie leiten zu lassen und das komplexe Geflecht widerstreitender Interessen und unvereinbarer Prinzipien schlicht zu leugnen. Viele sind so angelegt, dass wirtschaftlich-finanzielle Folgen einer solchen Entscheidung bewusst heruntergespielt werden.

Ein Vergleich des schottischen Referendums von 2014 mit dem Brexit-Referendum von 2016 verdeutlicht den Unterschied zwischen einem verantwortlichen und einem unverantwortlichen dezisiven Referendum. Die schottische Regionalregierung hatte sämtliche Fragen, die eine schottische Unabhängigkeit aufwerfen könnte, untersucht und die Ergebnisse in einem umfassenden Dossier 2013, ein Jahr vor dem Referendum, publizieren lassen. Dieses Dossier wurde ins Internet gestellt und war damit im Prinzip jedermann zugänglich.[17]

Es deckte alle erdenklichen Fragen ab, die eine Unabhängigkeit Schottlands aufwerfen könnte: Verteidigung, Mitgliedschaft in internationalen Organisationen, Landwirtschaft, Handel, Wirtschaft, Währung, Finanzen, Gesundheit und soziale Fürsorge, Grenzregime bis hin zu Telefonverbindungen und Briefmarken. Die Alternative zum bekannten Status quo war bis ins kleinste Detail beschrieben. Freilich galt auch hier der Vorbehalt, dass niemand die Zukunft exakt vorhersehen konnte. Aber es war zumindest eine bis ins kleinste Detail ausgearbeitete Wegbeschreibung in die Zukunft. Jeder, der 2014 seine Stimme abgab, konnte wissen, was auf dem Spiel stand und was die Folgen seiner Stimmabgabe sein würden.

Anders das Brexit-Referendum vom 23. Juni 2016. Die Frage lautete: «*Should the United Kingdom remain a member of the European Union or leave the European Union?*» In dieser Frage war eine logische Asymmetrie versteckt, die weitreichende Folgen haben sollte: Der erste Teil der Frage war klar. Er bestand in einer unbefristeten Fortschreibung der bekannten Gegenwart. Der zweite Teil der Frage hingegen enthielt nur ein Nein zu dieser Gegenwart, ohne aufzuzeigen, was an seine Stelle treten sollte. Es war auf diese Weise möglich, gegen den Status quo – und die ihn befürwortende Regierung – zu protestieren, ohne gezwungen zu sein, sich auf eine realistische Alternative festzulegen. Wer für den zweiten Teil der Frage stimmte, verneinte die Vergangenheit der letzten 44 Jahre und die Gegenwart, brauchte sich aber keine Gedanken zu machen, wie die Zukunft aussehen sollte. Viele hofften mit einem Anflug von Nostalgie, dass das Nein zur EU-Gegenwart in die gloriosen Zeiten von Großbritanniens Weltmachtstellung zurückführen werde. Jedenfalls hat Boris Johnson mit seiner sich überschlagenden Rhetorik derartige nationalistische Träume von einer Rückkehr zu einer globalen Machtstellung *(Global Britain, take back control)* eifrig geschürt.

So waren die Motive derjenigen, die damals für *leave* votierten, völlig unterschiedlich. Sie reichten von einer Zukunft, die eine Position ähnlich derjenigen von Norwegen und der Schweiz vorsah, bis hin zu den radikalen Brexiteers, die keinerlei weiterbestehende Sonderbeziehungen zur EU wollten.

In der Kampagne traten die Wortführer von *leave* mit allen möglichen Versprechungen auf: Man werde ungehinderten Zugang zum Binnenmarkt behalten, man werde allein die lästigen Zahlungen an und die bürokratische Bevormundung aus Brüssel endlich los. Das eingesparte Geld (£ 350 Mio. pro Woche!) solle in den staatlichen Gesundheitsdienst fließen und werde diesen auf Jahre hinaus sanieren. Gleichzeitig würden sich unabsehbare Handelschancen eröffnen, man werde ein wahrhaft globales Britannien werden. Die britische Fischerei werde frisch aufblühen und man werde vor allem die lästige, ständig steigende Immigration endlich los.

Welche Folgen mit einem Austritt aus der EU verbunden sein werden, wie weit ein solcher Austritt gehen sollte *(hard or soft Brexit)*, wie die EU und die übrige Welt auf einen solchen Austritt reagieren würden, blieb für diejenigen, die am 23. Juni 2016 zu den Urnen eilten, völlig im Dunkeln. Gewissenlose Demagogen warfen mit Zahlen und vollmundigen Versprechen um sich, die bewusst falsch und irreführend waren und von denen sie sich schon wenige Tage nach dem Referendum distanzierten.

Dagegen wirkte die *remain*-Kampagne unbeholfen und operierte hauptsächlich damit, die Folgen eines Austritts aus der EU in schwärzesten Farben zu malen. «Die EU-Mitgliedschaft ist eine lästige Fessel, aber ohne diese Fessel drohen Absturz, Armut, Elend!» – so etwa kam die Botschaft der *remain*-Kampagne in der Bevölkerung an. Dagegen lautete der Kern der *leave*-Kampagne im Kern etwa so: «Sprengt einfach diese Fesseln, und ihr werdet endlich wieder frei sein, Euer Schicksal selbst in die Hand zu nehmen und Chancen wahrzunehmen, die euch jetzt bürokratisch versperrt sind!» Ist es ein Wunder, dass die stolzen, selbstbewussten Engländer Freiheit und Chancen wählten und sich von der übertriebenen Schwarzmalerei der Regierung Cameron nicht beeindrucken ließen? Die Vorteile einer EU-Mitgliedschaft wollte niemand ins rechte Licht rücken.

Das Brexit-Referendum war ein Negativbeispiel, wie ein Volksentscheid keinesfalls durchgeführt werden sollte: Keiner der Abstimmenden hatte eine klare Vorstellung davon, welche Folgen sein Votum auslösen und auf welche Probleme und Widerstände ein Brexit stoßen könnte. In voreiliger Siegesgewissheit hatte Cameron sogar verboten, Eventualplanungen für den Fall vorzubereiten, dass das von ihm angesetzte Referendum gegen ihn ausgehen könnte. Dieser Fehler wurde vergrößert durch die überstürzte offizielle Erklärung des Austrittswillens gegenüber den Brüsseler Institutionen, ohne dass die Regierung unter Theresa May ein Konzept für Ziel oder Taktik der Austrittsverhandlungen, geschweige denn einen Konsens im Kabinett für einen solches Konzept erreicht hatte. Sie setzte sich damit unter einen Handlungsdruck, an dem sie schließlich scheiterte. Dreimal musste die eigentlich im März 2019 auslaufende Austrittsfrist verlängert werden, weil Großbritannien nicht wusste, was es eigentlich wollte.

Der gravierende Unterschied zu dem Referendum von 1975, in dem über zwei Drittel der Abstimmenden den EU-Beitritt guthießen, lag darin, dass das Parlament 1975 zuvor mit einer klaren Mehrheit beschlossen hatte, zu den von Premierminister Harold Wilson nachträglich ausgehandelten Sonderbedingungen in der EU zu bleiben. Das Volk hatte also eine eindeutige Empfehlung seiner Vertreter. Es war lediglich aufgefordert, diese Entscheidung des Repräsentativorgans zusätzlich zu billigen – oder zu verwerfen, wobei unklar blieb, welche rechtlichen Folgen es gehabt hätte, wenn das Volk als höchste demokratische Instanz gegen seine Vertreter gestimmt hätte. Glücklicherweise stellte sich dieses Problem nicht – es hätte zu schweren Verwerfungen führen können, denn nach damals unbestrittener Verfassungsdoktrin lag die Souveränität des Vereinigten Königreichs nicht beim Volk, sondern beim Parlament – eine späte Nachwirkung des Bürgerkriegs, der im Grunde das Parlament an die Stelle des absolutistischen Königs geschoben hatte.

1975 gewannen die EWG-Befürworter mit überwältigender Mehrheit: 67 % zu 33 % (Beteiligung: 65 %, Zustimmungsquote: 43,5 %). Vierzig Jahre später wird die gleiche Frage gestellt und mit deutlich geringerer Zustimmungsquote anders beantwortet.[18] 2016 war das Parlament selbst verunsichert, obwohl noch Ende 2015 eine Umfrage bestätigt hatte, dass mehr als 70 % der Abgeordneten im Unterhaus und nahezu 90 % der Mitglieder im House of Lords ein *remain* unterstützten.

Die beiden Referenden im Vereinigten Königreich, das über die Unabhängigkeit Schottlands und das über die EU-Mitgliedschaft des ganzen Landes, zeigen beispielhaft den Unterschied zwischen einer Entscheidung mit realistisch durchdachter Alternative und faktisch abgesicherten Argumenten und einem Votum, das von Wunschdenken und Nostalgie bestimmt war und in dem die Alternative zum Status quo unzureichend beschrieben war und völlig unseriösen Versprechungen viel zu weiten Raum bot.

6.2.3 Approbatorischer oder abrogativer Volksentscheid

Ein approbatorischer (bestätigender) bzw. abrogativer (aufhebender) Volksentscheid ist verfassungsmäßig verankert und definiert. Er gibt dem Volk die Prärogative, ein Gesetz, das im normalen Verfahren repräsentativer Gesetzgebung zustande gekommen ist, entweder durch seine konstitutive Zustimmung erst in Kraft treten zu lassen (approbativ) oder ein bereits in Kraft getretenes Gesetz wieder aufzuheben (abrogativ). Im ersten Fall tritt der Volksentscheid zwischen die Zustimmung des Parlaments und die Ausfertigung des Gesetzes durch das Staatsoberhaupt. In beiden Fällen kommen Gesetze zunächst auf den prozedural vorgeschriebenen Wegen der repräsentativen Demokratie zustande, treten aber erst mit Unterzeichnung durch das Staatsoberhaupt und die darauffolgende Veröffentlichung im Gesetzblatt in Kraft oder verlieren mit der Verkündigung des Abstimmungsergebnis ihre Kraft.

In Italien konnte Matteo Renzi die von ihm angestrebte Verfassungsänderung erfolgreich durch beide Parlamentskammern (Deputiertenkammer und Senat) bugsieren. Sie hätte aber erst in Kraft treten können, wenn sie in einem Volksentscheid von einer Mehrheit der Abstimmenden gebilligt worden wäre. Renzis Projekt ist in einem approbatorischen Volksentscheid am 4. Dezember 2016 gescheitert.[19]

Abrogative Volksentscheide können von einer Oppositionspartei oder einer Bürgerinitiative[20] erzwungen werden. Sie sind häufig in Staaten zu finden, die wiederholt autoritäre Regierungen erlebt haben und deshalb über das direkte Votum dem Volk eine Bremse an die Hand geben, um zu verhindern, dass eine funktionierende, repräsentative Demokratie unversehens formal-legalistisch in eine Diktatur abgleitet. Empirisch ist jedoch der vom Volk getragene Tribun, der seine Popularität und seine Autorität direkt aus dem Volk schöpft, häufiger als der starke Mann, der gegen eine Mehrheit im Volk mithilfe parlamentarischer Verfahrenskniffe schrittweise seine Macht ausweitet.

Viele Verfassungen sichern sich gegen willkürliche Veränderungen, indem sie jede Verfassungsänderung an einen obligatorischen, approbatorischen Volksentscheid knüpfen (Schweiz, Türkei, einige deutsche Bundesländer wie z. B. Bayern, Brandenburg und Hessen). Selbst das Grundgesetz erkennt in Art. 146 den Volksentscheid als einzige Autorität über sich selbst an und stellt sich unter den Vorbehalt des souveränen Willens des deutschen Volkes.[21]

Das ist empirisch nicht unbedingt geboten. Einige der besten und stabilsten Verfassungen sind niemals in einer Volksabstimmung angenommen worden. Das deutsche Grundgesetz ist von einer kleinen Gruppe von Politikern und Juristen in wenigen Wochen in einer Klausur auf Herrenchiemsee erarbeitet und dann mit geringfügigen Änderungen vom Parlamentarischen Rat beschlossen worden.[22] Die Weimarer Verfassung war das Werk einer eigens für diesen Zweck gewählten Nationalversammlung, die 423 Mitglieder umfasste. Sie hat die Verfassung in Ausschüssen erarbeitet und dann in eigener Zuständigkeit in Kraft gesetzt. Keine der beiden Verfassungen ist in einem Volksentscheid gebilligt worden. Trotzdem gilt das Grundgesetz als vorbildlich. Es wurde 1990 ohne Volksabstimmung zur verfassungsmäßigen Grundlage des vereinigten Deutschlands. Stimmen, die nach der Vereinigung eine neue Verfassung forderten, fanden kein Gehör.

6 Formen des Volksentscheids

Die italienische Verfassung hingegen war das Werk einer nach allgemeinem, gleichem Wahlrecht gebildeten Verfassungsgebenden Versammlung *(Assemblea Costituente)*, die von 1946 bis 1947 tagte und die neue Verfassung der Repubblica Italiana in ihrer abschließenden Plenarsitzung am 22. Dezember 1947 annahm und in Kraft setzte. Diese Verfassung Italiens ist demnach von einer vom Volk direkt für diesen Zweck gewählten repräsentativen Versammlung, nicht aber vom Volk selbst gebilligt worden.

Die Versammlung, die Russland nach Abdankung der Zarendynastie eine neue Verfassung geben sollte, wurde erst nach der Oktoberrevolution gewählt (25. November 1917).[23] Sie wurde aber schon wenige Stunden nach ihrem ersten Zusammentreten auseinandergejagt. Die Verfassung der russischen Föderation von 1993 wurde von einer kleinen Gruppe von Politikern und Rechtsexperten formuliert und am 12. Dezember 1993 in einer Volksabstimmung bei einer Beteiligung von 54,8 % von 58,4 % der Abstimmenden gebilligt (Quote: 32 %).[24]

Die amerikanische Unabhängigkeitserklärung wurde weitgehend von einem einzigen Mann Thomas Jefferson, verfasst, die Articles of Confederation von weniger als einem Dutzend Männer, die Verfassung der USA von der Constitutional Convention, die weitgehend den Ideen James Madisons folgte, den die besondere Sorge trieb, eine «Tyrannei der Mehrheit» zu verhindern. Keines dieser Dokumente ist jemals einer Volksabstimmung unterbreitet worden. Generell kennt die Verfassung der USA keine Volksabstimmungen auf Bundesebene. Dafür erlauben die Präsidentschaftswahlen dem gesamten Wählervolk der USA, einen mit weitreichenden Vollmachten ausgestatteten Präsidenten zu wählen. Aber selbst diese Wahl ist nicht direkt. Die Wähler beauftragen ein Wahlmännergremium, und nur bei denen liegt die Befugnis, den Präsidenten zu wählen.²⁵ Man könnte die Präsidentenwahlen in den USA als personalisierte Volksabstimmung bezeichnen, wäre das Wahlmännergremium nicht dazwischen geschoben, dessen Votum immer wieder zu anderen Ergebnissen führt als die Mehrheitsverhältnisse der *popular vote*.

Anmerkungen

1. Allen diesen Begriffen ist gemein, dass das Volk direkte politische Entscheidungen trifft ohne die Zwischenstufe eines Repräsentativorgans, das im Namen und in Vertretung des Volkes handelt. Deshalb werden diese Begriffe im Folgenden im Wesentlichen unterschiedslos verwendet, auch wenn ihnen unterschiedliche Bedeutungsnuancen zufallen.
2. Wer entscheidet, welcher Querschnitt von Befragten repräsentativ ist? Gerade in heftig umstrittenen Fragen dürfte die Fehlermarge hoch liegen. Unbestreitbar ist, dass Meinungsumfragen in kardinalen Fragen ein Meinungsbild vorhergesagt haben, das von dem tatsächlichen Abstimmungsergebnis erheblich abweicht. Das galt für das Brexit-Referendum vom Juni 2016, wo weder Meinungsumfragen noch die beiden Protagonisten der Kampagne mit einem Sieg der *Leave*-Kampagne gerechnet hatte, das galt auch für Renzis Verfassungsreferendum. Angesichts zunehmender Volatilität im Wählerwillen kann diese Ungenauigkeit nicht überraschen.
3. Art. 20 (2) GG: Alle Staatsgewalt geht vom Volke aus. Sie wird vom Volke in Wahlen und Abstimmungen und durch besondere Organe der Gesetzgebung, der vollziehenden Gewalt und der Rechtsprechung ausgeübt.
4. Das Plebiszit entstand in der Römischen Republik, wo es der Plebs, den nicht-adeligen Bürgern Roms, das Recht einräumte, gesetzgeberisch mitzuwirken und Gesetze zu initiieren oder zu verwerfen. Die Proklamation der römischen Soldatenkaiser erfolgte meist in der

Weise, dass ein in geheimen Absprachen bestimmter Kandidat von der Heeresversammlung durch Akklamation bestätigt wurde. Die Feudalgesellschaft im Mittelalter kannte die Akklamation, die z. B. eine Königswahl in der Heeresversammlung bestätigte.

5. Das können entweder *faits accomplis* sein, die sich nicht mehr rückgängig machen lassen, oder eine Bestätigung von Machtverhältnissen, die mit Repression, Einschüchterung und Ungleichheit der Kampagnenmittel eine Selbstbestätigung erzwingen. Wenn Alexander Lukaschenko sich seine Amtszeit durch Plebiszit verlängern lässt, gibt es keine realistische Aussicht, dass ein solches Plebiszit anders als mit einem überwältigenden Sieg für den Amtsinhaber ausgeht. Ähnliche Situationen finden sich in vielen weiteren Staaten. Die einzige Möglichkeit besteht in solchen Situationen in öffentlichen Protesten, die sich allerdings meist entweder ergebnislos totlaufen oder brutal zerschlagen werden. Man denke nur an die bis heute erfolglose Reihe von Massenprotesten und Demonstrationen gegen Nicolás Maduro in Venezuela. Der Versuch Juan Gaidós, sich 2019 zum Gegenpräsidenten ausrufen zu lassen, erhielt zwar starke internationale Unterstützung, blieb aber im Lande selbst folgenlos.

6. Diese an sich schon sehr liberale Verfassung trat nie in Kraft. Sie wurde schon im Herbst 1793 vom Terror des Wohlfahrtsausschusses verdrängt.

7. Diese Plebiszite ergaben jeweils extrem hohe Zustimmungsraten: Die Zustimmungsraten lagen 1793 bei 99 %, 1795 bei 95 %, 1800 bei 99,9 %. Die Beteiligung lag allerdings auffällig niedrig: 1793 bei unter 30 %, 1795 bei unter 20 % und 1800 bei ca. 28 %. 1800 lag die Gesamtbevölkerung Frankreichs bei etwa 30 Mio. Davon waren weniger als 8 Mio. stimmberechtigt. Nimmt man beide Zahlen zusammen, haben etwa 2 Mio. Franzosen die Verfassungen in Kraft gesetzt, die den politischen Rahmen für das politische Leben ihrer 30 Mio. Landsleute von Grund auf neu regelte. Trotz-

dem heißt es beispielsweise bei Wikipedia: «Die Verfassung wurde am 24. Juni 1793 vom Nationalkonvent verabschiedet und am 10. August 1793 in einer Volksabstimmung mit großer Mehrheit angenommen.» Diese angeblich «große Mehrheit» umfasste etwa 7 % der damaligen Bevölkerung Frankreichs – ein weiteres Beispiel, wie oberflächliche Interpretationen von Volksabstimmungen zu verzerrten Bewertungen führen können.
8. Das Referendum, mit dem Louis Napoleon die gewaltsam erzwungene Verlängerung seiner Amtszeit als Präsident nachträglich vom Volk billigen ließ, ergab eine Zustimmung von 92 % bei einer Beteiligung von 81,2 % (Quote: 74,7 %). Allerdings waren erneut lediglich 8 Mio. Franzosen stimmberechtigt bei einer Gesamtbevölkerung von über 40 Mio. Hier haben also etwa 6 Mio. Franzosen im Namen von 40 Mio. gehandelt.
9. Mit Ausnahme des zweiten Verfassungsreferendum von 1795. Dort stimmten lediglich 65 % für die Vorlage. Allerdings lag die Beteiligung bei weniger als 5 % (Quote: 3 %).
10. Die Frage lautete: «Bist Du mit der am 13. März 1938 vollzogenen Wiedervereinigung Österreichs mit dem Deutschen Reich einverstanden und stimmst Du für die Liste unseres Führers Adolf Hitler?». Die österreichische Bundesregierung hatte einen noch suggestiveren Text vorgeschlagen: «Bekennst Du Dich zu unserem Führer Adolf Hitler und damit zu der am 13. März 1938 vollzogenen Wiedervereinigung Österreichs mit dem Deutschen Reich?» In Österreich waren Juden und Inhaftierte (insgesamt mehr als 5 % der Bevölkerung) von der Abstimmung ausgeschlossen. Die Abstimmung fand im gesamten Reichsgebiet statt – womit eine Mehrheit für die bereits seit fünf Jahren uneingeschränkt in Deutschland herrschende NSDAP von vornherein gesichert war. Auch hier stellt sich die Frage, ob der Kreis der Abstimmenden damit nicht zu weit gezogen war: Wenn in einer Sezession allein das Votum des nach Unabhängigkeit stre-

benden Gebiets ausschlaggebend ist, sollte das Gleiche spiegelbildlich auch bei der Aufgabe der Unabhängigkeit gelten.
11. Er ist damit der einzige europäische Staats- und Regierungschefs, der noch fünf Jahre länger im Amt ist als Wladimir Putin. Lukaschenko wurde 1994 zum Präsidenten Weißrusslands gewählt. Mit einem Referendum ließ er 2006 die Verfassung ändern und die Beschränkung auf eine einmalige Wiederwahl aufheben. Zu dem Zeitpunkt hatte er sich bereits für eine dritte Amtszeit in massiv gefälschten Wahlen wählen lassen, befand sich rechtlich also bereits im Verfassungsbruch. In ähnlicher Weise hat Erdogan in der Türkei die ursprüngliche Amtszeitbegrenzung für sich selbst durch einen Volksentscheid über eine neue Verfassung am 16. April 2017 außer Kraft gesetzt. Auch Putin hat die Verfassung ändern lassen, um sich eine potenzielle Amtszeit bis 2036 zu sichern.
12. Zwischen dem 25. Juni und dem 1. Juli 2020 ließ Präsident Putin eine Volksbefragung durchführen, um die bereits von der Duma, dem Föderationsrat und dem Verfassungsgericht gebilligten Verfassungsänderungen durch das Volk bestätigen zu lassen. Das offizielle Ergebnis lautete: 78,56 % Zustimmung, 21,44 % Ablehnung, Beteiligung: 67,88 % (Quote: 51,29 %).
13. Für die Beteiligung an dem Plebiszit über die Zukunft der Krim vom März 2014 liegen keine offiziellen Angaben vor. ITAR-TASS gab 83 % an. Der Vertreter der Gemeinde der Krim-Tataren schätzte die tatsächliche Beteiligung auf weniger als 40 %. Sämtliche Unterlagen der Abstimmung sind inzwischen vernichtet. Eine objektive Nachprüfung ist unmöglich. Für die Beteiligung an der Volksabstimmung über den Anschluss Österreichs liegen ebenfalls keine zuverlässigen Angaben vor. Die offizielle Propaganda schätzte sie auf 90 %, kritische Beobachter auf unter 60 %. Selbst das Deutsche Historische Museum versäumt es, auf diese fragwürdige Beteiligung

hinzuweisen (https://www.dhm.de/lemo/kapitel/ns-regime/aussenpolitik/anschluss-oesterreich-1938.html#:~. aufgerufen am 23.11.2023).
14. Ein literarisch berühmtes Beispiel ist die Grabesrede, die Marcus Antonius vor dem Leichnam Caesars hält. William Shakespeare, Julius Cesar, Dritter Akt, Zweite Szene.
15. Zu Jahresbeginn 2016 waren 48 % für den Brexit, danach fiel der Wert auf 31 %, stieg aber schnell wieder auf 42 %. Für *remain* sprachen sich Anfang Februar 55 % aus, Anfang März waren es nur noch 35 %, Ende April wieder 51 %. Danach erreichten die Befürworter eines Verbleibs in der EU kurzzeitig ein Hoch von 60 %, lagen aber kurz vor der Abstimmung knapp unter 50 %. Unentschieden zeigten sich Ende April 10 %, zwei Wochen später 25 %.
16. Die beiden Volksentscheide von 1804 und 1852, mit denen Napoleon Bonaparte und Louis Napoleon sich zu Kaisern machten, waren Vorab-Ermächtigungen durch das Volk für die darauffolgende Krönung. Auch der Brexit war eine weitgehend unbestimmte Richtungsentscheidung, die von der Regierung in konkrete gesetzliche Form zu gießen war.
17. Das Weißbuch *(White Paper)* ist über 600 Seiten stark und im Internet abrufbar unter: http://www.gov.scot/resource/0043/00439021.pdf
18. Während es staatsrechtlich sinnvoll ist, jeder neuen Generation die Möglichkeit offen zu halten, Volksentscheide der vorigen Generation zu revidieren, ist es problematisch, wenn die Folgen solcher Entscheidungen mehr als nur eine Generation betreffen und sich nur schwer oder gar nicht revidieren lassen. Rein pragmatisch wird es unmöglich, unter solchen Bedingungen eine langfristig konsistente Politik zu garantieren und kalkulierbare vertragliche Bindungen einzugehen.
19. Die Verfassungsänderung musste gemäß Art. 138 der italienischen Verfassung einem Volksentscheid unter-

breitet werden, weil sie in beiden Parlamentskammern die vorgeschriebene Zweidrittel-Mehrheit verfehlt hatte. Renzi verlor das Referendum mit 41 % zu 59 % bei einer Beteiligung von 65 % (Quote: 38,4 %). Dabei fällt auf, dass die Ablehnung in Süditalien, auf Sizilien und Sardinien mit etwa 70 % überdurchschnittlich hoch lag, wohingegen der industrialisierte und urbane Norden überwiegend dafür stimmte (Toskana, Emilia Romagna, Trentino/Alto Adige). Lombardei und Piemont stimmten jedoch auch dagegen, zum großen Teil deswegen, weil hier die Lega Nord und andere, lokal verwurzelte Oppositionsparteien mit starker parteitaktischer Propaganda die Regierung Matteo Renzi unbedingt stürzen und seine Partei nachhaltig schwächen wollten. Beides ist ihnen gelungen. Die «Denkzettelreaktion» vieler Wähler gegenüber einer unbeliebten Regierung war stärker ausgeprägt als der sachlich gut begründete Versuch, die Blockaden der italienischen Verfassung zu lockern und stabilere Regierungen zu ermöglichen. Wäre dieses Referendum anders verlaufen, wäre es nämlich im Parlament gescheitert und dann doch durch eine Volksabstimmung in Kraft gesetzt worden, hätte es einen weiteren bedenklichen Beweis dafür geliefert, wie leicht sich mithilfe eines Referendums die verfassungsmäßig vorgeschriebenen Mehrheiten im Parlament umgehen lassen. Hätten bei gleicher Beteiligung 52 % der Wähler Renzis Verfassungsänderung gutgeheißen, hätten 33 % der wahlberechtigten Bürger genügt, um etwas durchzusetzen, was an der von der Verfassung vorgeschriebenen Mehrheit von 66 % ihrer gewählten Repräsentanten in beiden Parlamentskammern gescheitert wäre.
20. In Italien sind für ein abrogatives Referendum 500.000 Unterschriften von Wahlberechtigten (das entspricht ziemlich genau 1 % der insgesamt knapp 50 Mio. Wahlberechtigten) oder eine gemeinsame Initiative von fünf Regionen erforderlich.

21. Grundgesetz, Artikel 146: «Dieses Grundgesetz... verliert seine Gültigkeit an dem Tage, an dem eine Verfassung in Kraft tritt, die von dem deutschen Volke in freier Entscheidung beschlossen worden ist.» Diese «freie Entscheidung» wird von den meisten Staatsrechtlern als Umschreibung eines Volksentscheids aufgefasst.
22. Der Verfassungskonvent, der vom 10. bis 25. August 1948 den Entwurf zum Grundgesetz erarbeitete, der dann mit nur geringfügigen Änderungen zum Grundgesetz wurde, bestand aus elf stimmberechtigten Männern und einem nicht stimmberechtigten Mitglied (Otto Suhr, Berlin). Die Arbeiten wurden vom (nicht stimmberechtigten) Vorsitz gelenkt, vom Sekretariat unterstützt und dokumentiert. Beide Positionen lagen in der Hand von Bayern. Die elf stimmberechtigten Delegierten wurden von zwanzig juristischen und administrativen Fachleuten unterstützt. Unter den insgesamt 33 Mitgliedern befand sich keine Frau. Insgesamt war der Verfassungskonvent eine reine Veranstaltung der neugegründeten Bundesländer. Das deutsche Volk war in keiner Weise beteiligt. Auch die Mitglieder des Parlamentarischen Rates, die in Bonn das Grundgesetz beschlossen, waren von den Landtagen nominiert. Hier waren unter den 65 Mitgliedern vier Frauen. Das Grundgesetz wurde vom Parlamentarischen Rat im Mai 1949 mit Zustimmung der westlichen Alliierten beschlossen und in Kraft gesetzt. Es ist nie dem Volk zur Billigung unterbreitet worden.

Angesichts der auffällig starken Stellung Bayerns im Verfassungskonvent ist es umso kurioser, dass der Bayerische Landtag das Grundgesetz ablehnte, nachdem er Anfang Mai 1949 der Bestimmung der Alliierten zugestimmt hatte, dass das Grundgesetz mit einer Zweidrittelmehrheit des Parlamentarischen Rats in Kraft treten sollte. Am 20. Mai 1949 lehnte der Bayerische Landtag mit 101 (58 %) zu 64 (36 %) Stimmen bei 9 Enthaltungen (5 %) das Grundgesetz ab, bekräftigte jedoch kurz

darauf die Zugehörigkeit Bayerns zur Bundesrepublik Deutschland, was implizit die Annahme des Grundgesetzes bedeutete.
23. Zur Wahl stellten sich fast hundert Parteien bzw. politische Gruppierungen; allein aus Estland sechs. Dominiert wurde die Versammlung von den Sozialrevolutionären, den Bolschewiken und den Sozialisten der Ukraine. Diese drei Gruppierungen stellten 617 der insgesamt 767 Delegierten.
24. Bis heute bleibt die Frage unklar, ob die Auszählung korrekt verlaufen ist.
25. Dieses indirekte System wurde vor allem von Madison befürwortet, der befürchtete, radikale Populisten könnten eine Mehrheit des Volks aufstacheln und so an die Macht gelangen. Das System bringt fragwürdige Resultate zuwege, weil die Wahlmänner eines Bundesstaates geschlossen ihre Stimme abgeben. Das kann dazu führen, dass die Stimmenmehrheit der direkt abgegebenen Stimmen einem anderen Kandidaten gilt als dem, der vom Wahlmännergremium gewählt wird (Diese Situation trat 2001 ein, als Al Gore zwar 48,38 % der Stimmen, aber nur 266 Wahlmännerstimmen erhielt – gegenüber 47,84 % der Stimmen und 271 Wahlmännerstimmen für George W. Bush). Donald Trump hat im Januar 2021 versucht, die Abstimmung im Wahlmännergremium zu beeinflussen und schließlich die Bestätigung des Wahlergebnisses durch den Kongress zu verhindern. Eine fundamentale demokratische Schwäche dieses System beruht darauf, dass jeder Wahlmann eine ganz unterschiedliche Zahl von Wählern repräsentiert. Während Wyoming für knapp 200.000 Wähler einen Wahlmann hat, liegt diese Zahl bei bevölkerungsreichen Staaten wie Kalifornien oder Texas bei weit über 600.000. Eine solche Diskrepanz ist mit dem Grundsatz *one man – one vote* nicht zu vereinbaren.

Literatur

Aileen McHarg/Tom Mullen/Alan Page/Neil Walker (Hrsg.): *The Scottish Independence Referendum, Constitutional and Political Implications*, Oxford (OUP) 2015.

Michael Geistlinger: *Der Beitritt der Republik Krim zur Russländischen Föderation aus der Warte des Selbstbestimmungsrechts der Völker*, Archiv des Völkerrechts, 52. Bd., No. 2 (Juni 2014), S. 175–204.

Luigi Ceccarini/Fabio Bordignon: *Referendum on Renzi: The 2016 Vote on the Italian Constitutional Revision*, South European Society and Politics, 22/3 /2017, S. 281–302.

Otmar Jung: *Plebiszit und Diktatur: Die Volksabstimmungen der Nationalsozialisten*, Tübingen (J.C.B. Mohr/Siebeck) 1995.

Rudolf G. Adam: *Brexit. Eine Bilanz*, Wiesbaden (Springer) 2019.

Rudolf G. Adam/Gill Mertens: *Brexit-Revolution*, Wiesbaden (Springer) 2020.

Ulrich K. Preuß: *Plebiszite als Formen der Bürgerbeteiligung*, Zeitschrift für Rechtspolitik, 26. Jahrg., H. 4 (April 1993), S. 131–138.

7

Problematische Aspekte von Volksabstimmungen – Praktische Beispiele

7.1 Ein Volk oder vier Völker? Das Brexit-Referendum

Nichts kann die vielschichtig Problematik von Volksabstimmungen besser beleuchten als einige empirische Beispiele aus jüngster Zeit. 2016 stimmten 72,2 % aller stimmberechtigten Briten über den Brexit ab.[1] Für den Austritt aus der EU stimmten 52 %. Faktisch haben damit 37,5 % aller stimmberechtigten Briten den übrigen 62,5 % ihren Willen aufgezwungen. In absoluten Zahlen: Bei 46,5 Mio. Wahlberechtigten und einer Gesamtbevölkerung von 65 Mio. stimmten 17,4 Mio. für den Austritt, 16,1 Mio. dagegen. 13 Mio. enthielten sich der Stimme. Fast 20 Mio. waren nicht stimmberechtigt. Ein solches Ergebnis lässt sich ehrlicherweise nicht als «Willen des Volkes» ausgeben. Hier wird eine relative Mehrheit der Abstimmenden, die eine absolute Minderheit der Wahlberechtigten und erst recht des ganzen Volkes war, als stellvertretend für das gesamte Volk betrachtet, und diesem Volk wird ein einheitlicher Wille unterstellt, dem diese Minderheit angeblich Ausdruck verlieh.

Zwar schafft das britische Mehrheitswahlrecht auch bei Parlamentswahlen die Möglichkeit, schon mit einem Anteil von knapp über 40 % der abgegebenen Stimmen eine absolute Mehrheit der Sitze im Unterhaus zu gewinnen. Aber erstens hat sich eine dermaßen legitimierte Regierung täglich gegen eine starke Opposition zu behaupten, und zweitens steht jede Regierung unter dem Vorbehalt, spätestens nach fünf Jahren sich einem erneuten Votum der Wähler zu stellen. Beides trifft auf Volksabstimmungen nicht zu.[2]

Aber selbst das ist falsch: Schottland und Nordirland, nach offiziellem Verständnis eigene, wenn auch nicht selbständige Nationen innerhalb des Vereinigten Königreichs, haben deutlich anders gestimmt: In Schottland stimmten 62 % gegen den Brexit (Beteiligung: 67,2 %; Ablehnungsquote: 41,7 %). In Nordirland lauteten die entsprechenden Zahlen: 55,7 % gegen den Brexit, Beteiligung: 62,7 %, Ablehnungsquote: 35 %. In Gibraltar wichen die Mehrheiten noch eklatanter vom Gesamtergebnis ab: Dort gaben 83,5 % aller Wähler ihre Stimme ab, knapp 96 % stimmten für den Verbleib in der EU, eine Ablehnungsquote von über 80 %. Eigentlich sind derartige Abweichungen die Vorstufe eines Unabhängigkeitsbegehrens. In Schottland wird weiterhin ein zweites Unabhängigkeitsreferendum erwogen, in Nordirland wird es mit jedem Tag wahrscheinlicher, dass es noch vor 2050 zu einem Referendum über den Anschluss an die Republik Irland kommen wird.

7.2 Welche Mehrheit gilt? Volksabstimmungen in Quebec

Die Provinz Quebec hat 1980 und 1995 über ihre Unabhängigkeit abgestimmt. Das Ergebnis 1980 lautete 60 % zu 40 % gegen eine staatliche Unabhängigkeit von Kanada (Beteiligung 85,6 %, Ablehnungsquote: 51,3 % und damit absolute Mehrheit). Trotz dieser eindeutigen Mehrheit folgte fünfzehn Jahre später eine erneute Abstimmung mit dem Ergebnis: 50,6 % zu 49,4 % (Beteiligung: 93,5 %, Ablehnungsquote: 47,3 %). Die eine Seite beharrt auf ihrem zweimaligen Sieg, die Gegenseite weist auf das knappe zweite Ergebnis, die gesunkene Ablehnungsquote und den Trend zu ihren Gunsten. Welche Sicht ist gültig?

7.3 Willkürliche Quoren: Volksabstimmungen in Ungarn

Viktor Orban hat das Wahlvolk Ungarns am 2. Oktober 2016 aufgerufen, über die Frage abzustimmen: «Wollen Sie, dass die EU befugt ist, verbindlich die Ansiedlung von nicht-Ungarn in Ungarn vorzuschreiben, auch wenn das nationale Parlament sich dagegen ausspricht?» Das Ergebnis der Abstimmung ergab für Ja: 1,66 %, für Nein: 98,34 %, Beteiligung: 43,42 %, Zustimmungsquote: 42,7 %. Weil die Beteiligung nicht 50 % erreichte, galt dieser Volksentscheid als ungültig. Betrachtet man die faktischen Zustimmungsquoten, haben jedoch mehr Ungarn die Flüchtlingspolitik der EU abgelehnt, als in einem früheren Referendum für den Beitritt zur EU gestimmt haben.

Am 12. April 2003 hatte die damalige ungarische Regierung das ungarische Volk[3] aufgerufen, den ausgehandelten

Beitrittsvertrag zur EU in einer Abstimmung zu billigen. Alle Parteien in Budapest wollten den EU-Beitritt, waren sich aber einig, dass der zum 1. Mai 2004 vorgesehene Beitritt nur rechtswirksam vollzogen werden konnte, wenn ihm das Volk in einem bindenden Referendum zustimmte. Für diese Volksabstimmung wurde die Mindestbeteiligungsschwelle deshalb einfach von 50 % auf 25 % herabgesetzt. Das Ergebnis zeigte eine Zustimmung von 83,8 % für den Beitritt – allerdings bei einer Beteiligung von nur 45,6 %. Die Zustimmungsquote lag demnach bei 38 %. Diese Quote genügte damals für den EU-Beitritt; zwölf Jahre später wurde eine um fast 5 % höhere Zustimmungsquote für ungültig erklärt – man hatte die Mindestbeteiligung einfach wieder auf 50 % hinaufgesetzt.[4] Dabei dürfte es unbestreitbar sein, dass die Grundsatzentscheidung über die EU-Mitgliedschaft weitaus bedeutsamer und weittragender war als die Abstimmung über eine punktuelle und höchst spezifische Einzelfrage. Bei der Wahl zum EU-Parlament stimmten in Ungarn 2014 sogar nur 29 % der Wahlberechtigten ab, aber diese miserable Beteiligung hatte keinen Einfluss auf die Gültigkeit des Wahlergebnisses und auf die Sitzverteilung im EU-Parlament.

7.4 Offener Konflikt zwischen Parlament und Volk: Kolumbien

Ebenfalls am 2. Oktober 2016 unterbreitete die Regierung Kolumbiens unter Präsident Juan Manuel Santos ein mit der Rebellenorganisation FARC ausgehandeltes Friedensabkommen dem Wahlvolk Kolumbiens in einem approbativen Referendum. Dem Abkommen waren vierjährige, komplizierte Verhandlungen vorausgegangen. Das Verfassungsgericht Kolumbiens hatte das Abkommen am

18. Juni 2016 gebilligt. Für die Gültigkeit der Volksabstimmung war festgesetzt worden, dass mindestens 13 % aller Stimmberechtigten zustimmen und die Ja-Stimmen die Nein-Stimmen überwiegen sollten. Die Schwelle lag bei 4,4 Mio. Ja-Stimmen. Diese Schwelle wurde klar überschritten. Die Ja-Stimmen verfehlten jedoch knapp die Mehrheit. 50,2 % der abgegebenen Stimmen verwarfen das Friedensabkommen, 49,8 % stimmten dafür bei einer Beteiligung von 37,43 %. Demnach haben 18,8 % des stimmberechtigten Volks gegen das Abkommen gestimmt, 18,6 % dafür, in absoluten Zahlen: 6.438.552 Stimmen dagegen standen 6.382.901 dafür – eine Differenz von 55.651 Stimmen – bei rund 35 Mio. registrierten Wahlberechtigten. Prozentual betrug die Differenz 0,16 %. Sollte eine Frage von Krieg und Frieden, von Leben und Tod von Hunderten nicht mit einer deutlicheren Mehrheit entschieden werden?

Auffällig war, dass die Zustimmung in denjenigen ländlichen Regionen am höchsten war, in denen der Konflikt am ärgsten gewütet hatte, während die ablehnende Mehrheit aus den großen Städten kam, wo die Einwohner sich vor der FARC sicher fühlen konnten.[5] Die einen wollten endlich Frieden um jeden Preis, die anderen wollten Strafverfolgung und Gerechtigkeit und fürchteten, dass die FARC sich als legale politische Kraft konsolidieren könnte. Die einen wussten, dass sie von den staatlichen Sicherheitsorganen keinen wirksamen Schutz gegen revolutionären Terror zu erwarten hatten, die anderen wussten sich in den relativ gut polizeilich überwachten Großstädten vor Terrorattacken weitgehend sicher. Wessen Interessenlage, wessen Gefährdung sollte Vorrang haben? Diese Volksabstimmung zeigt überdeutlich, dass politische Interessenunterschiede nicht nur sozial, wirtschaftlich oder ideologisch, sondern auch regional begründet sein können. Der Versuch, diese widerstreitenden, keineswegs unbegründeten

Interessengegensätze in das Prokrustesbett eines einheitlichen Volkswillens zu pressen, wirkt weder demokratisch noch stabilisierend. Gerade eine solche Lage erforderte eine sorgsam austarierte Lösung, wie sie die Regierung anbot, wie sie aber an der urbanen Mehrheit scheiterte.

Der Volksentscheid blieb folgenlos: Am 24. November 2016 unterzeichneten Regierung und FARC ein leicht modifiziertes Abkommen, das am 29. November 2016 vom Senat (Oberhaus) mit 75 zu 0 und vom Repräsentantenhaus (Unterhaus) mit 130 zu 0 Stimmen angenommen und in Kraft gesetzt wurde.

Hier zeigte sich in geradezu grotesker Weise das Spannungsverhältnis zwischen repräsentativer und direkter Demokratie und die Fragwürdigkeit einer Volksabstimmung: Warf schon die äußerst knappe Mehrheit einen tiefen Zweifel auf die Opportunität, einen historisch so bedeutungsvollen und prekären Vertrag, der einen über 50-jährigen Bürgerkrieg mit über 400.000 Opfern beenden sollte, einem so ungewissen Prozess zu unterwerfen, so zeigten die singulären 100 %igen Mehrheiten in beiden Häusern des Parlaments, dass die Repräsentanten des Volkes tatsächlich einen einheitlichen Willen für das ganze Volk, einschließlich der Guerilla, ausdrücken wollten.

Das Abkommen hat bis heute gehalten. Im Juni 2022 wurde der Bericht der Wahrheitskommission über die Gewalttaten des Bürgerkriegs vorgelegt. Die Gewalt ist geringer geworden, auch wenn sie nicht vollkommen verschwunden ist. Eine der letzten Nachricht lautete: «Auf dem Land werden immer noch große Gebiete von bewaffneten Banden kontrolliert. Entführungen, Erpressungen und Massaker gehen abseits der großen Städte weiter.» Allerdings scheinen radikale ehemalige FARC-Mitglieder neue revolutionäre Gruppen gebildet zu haben, die sich nicht durch den Vertrag gebunden fühlen.[6]

7.5 Volksabstimmungen in Föderationen: Republika Srpska

Wenige Tage vor diesen Abstimmungen in Ungarn und Kolumbien hatte die Republika Srpska einen Volksentscheid angesetzt. Die Republika Srpska ist eine konstitutive Entität der Föderation Bosnien und Herzegowina. Sie verfügt über ein eigenständiges politisches System mit unabhängiger Legislative, Judikative und Exekutive. Lediglich Außen-, Handels- und Verteidigungspolitik liegen auf Bundesebene. Das Verfassungsgericht des Bundes und der international ernannte Hohe Repräsentant in Sarajevo haben Vetobefugnisse.

Am 25. September 2016 ließ die Regierung der Republika Srpska in Banja Luka die Bevölkerung auf ihrem Territorium abstimmen, ob der 9. Januar als «Tag der Unabhängigkeit» gefeiert werden solle.[7] 99,8 % gaben ihre Stimme dafür ab bei einer Teilnahme von 55,8 %. Diese Zahlen ergeben eine Zustimmungsquote von 55,7 %. Auch wenn massive Zweifel an der verdächtig hoch liegenden 99,8 % Prozent angebracht scheinen, bleibt das Ergebnis ein Stimmungsbild im serbischen Bevölkerungsteil Bosniens. Sowohl der Hohe Repräsentant wie das Verfassungsgericht hatten das Referendum im Voraus für illegal und illegitim erklärt, die westliche Gebergemeinschaft protestierte. Selbst Serbien vermied es, das Referendum offen zu unterstützen. Das Referendum war deshalb zwar offiziell illegal, doch es schuf eine neue Legitimitätsgrundlage. Prompt wurde der 9. Januar 2017 als «Tag der Unabhängigkeit» feierlich begangen – auch wenn etwas gefeiert wurde, was noch gar nicht existierte. Diese Zeremonie wird seither jedes Jahr mit steigendem rituellnm Aufwand wiederholt. Die Führung der Republika Srpska will auf diese Weise das Unabhängigkeitsbewusstsein in der Bevölkerung stärken, um eines Tages, wenn die Umstände günstig sind, tatsächlich ein Unabhängigkeitsreferendum anzusetzen. Der «Tag der Unabhängigkeit» ist gewissermaßen der Windmesser, der Aufschluss gibt, woher und wie stark der Unabhängigkeitswind in der Bevölkerung und der Gegenwind in der internationalen Gemeinschaft weht.

Hier gerät das Selbstbestimmungsrecht der Völker in einen klassischen Widerspruch zu den Geboten von Frieden und Stabilität. Nach den Gewaltexzessen, die mit den Namen Ratko Mladić und Radovan Karadžić verbunden sind, sind Vorbehalte gegenüber einem ungezügelten Selbstbestimmungsrecht der serbischen Volksgruppe verständlich. Dennoch bleibt es ein ungelöstes Problem, dass in Bosnien-Herzegowina unterschiedliche und historisch verfeindete Nationen gezwungen sind, unter einem Dach zu leben, obwohl an ihrem mehrheitlichen Willen, eigene Wege zu gehen, wenig Zweifel bestehen. Ob der formale Hinweis auf das Abkommen von Dayton auf die Dauer genügt, wird mit jedem Tag zweifelhafter.

7.6 Machtsicherung durch Volksabstimmungen: Mexiko

Der mexikanische Präsident Andrés Manuel López Obrador hat Volksabstimmungen durchführen lassen, deren Durchführung und Ergebnisse die Idee, den Willen des Volkes zu ermitteln, auf den Kopf stellen.

2014 hatte die mexikanische Regierung beschlossen, für die Hauptstadt Mexiko City einen neuen Flughafen bauen zu lassen (Nuevo Aeropuerto Internacional de la Ciudad de México, NAICM). Die Bauarbeiten begannen im gleichen Jahr und waren weit fortgeschritten, als am 1. Juli 2018 Obrador zum neuen Staatspräsidenten gewählt wurde. Er hatte das Neubauprojekt immer abgelehnt. Er beauftragte eine Nicht-Regierungsorganisation (Fundación Arturo Rosenbleuth), eine Volksabstimmung über den Weiterbau des Flughafens durchzuführen. Die Volksabstimmung fand zwischen dem 25. und 28. Oktober 2018 statt, allerdings nur in 538 der insgesamt 2463 Gemeinden Mexikos. Die beteiligten Gemeinden lagen alle in der Nähe des neuen Flughafens. Das hätte sich rechtfertigen lassen, wenn es sich ausdrücklich um eine regionale Volksabstimmung gehandelt hätte, bei der nur die negativ betroffenen Gemeinden befragt werden sollten. Obrador proklamierte die Volksabstimmung jedoch ausdrücklich als nationales Referendum.

War schon die Auswahl von nur einem Fünftel aller Gemeinden fragwürdig, denn immerhin ist der Flughafen Mexiko City einer der wenigen internationalen Flughäfen Mexikos, so war das Abstimmungsergebnis noch fragwürdiger. Bei einer Beteiligung von 1,067 Mio. Wählern lehnten 69 % den Neubau ab. Das Wählerverzeichnis Mexikos hatte damals 100 Mio. Namen. Die Beteiligung lag demnach bei 1 %, in Mexiko-Stadt stieg sie auf 3,1 %. Gleichwohl berief sich Obrador auf diese vorgebliche «Willensäußerung des mexikanischen Volkes» und stoppte den Weiterbau, weil «dem Willen des Volkes Folge geleistet werden» müsse. Er selbst und leider auch sämtliche internationalen Medien erwähnten nur, dass in einer Volksabstimmung 70% das Flughafenprojekt verworfen hätten. Inzwischen sind die Ruinen des Rohbaus von der üppig wuchernden Vegetation überwachsen. Das Gelände einschließlich der beiden fertiggestellten Landebahnen wurde zu einem Erholungs- und Vergnügungspark umgewidmet. Ein neuer Zivilflugplatz ist seit 2019 auf der ehemaligen Militärbasis Santa Lucia etwa 15 km weiter nördlich entstanden; er wurde 2022 auf den Namen Felipe Angeles getauft und eingeweiht.

Noch bizarrer war eine Volksabstimmung, die der gleiche Präsident am 1. August 2021 durchführen ließ. Es ging um die Frage, ob aus dem Amt geschiedene Präsidenten für im Amt begangene Straftaten wie Korruption nachträglich gerichtlich belangt werden können. Im Grunde war das Referendum überflüssig, weil unter Juristen kein Zweifel bestand, dass sich ehemalige Präsidenten wie jeder andere Bürger vor Gericht auch für im Amt begangene Straftaten nach Ablauf ihrer Amtszeit (und der damit verbundenen Immunität) zu verantworten haben. Das Referendum ergab erneut eine überwältige Zustimmung (98,44 %), allerdings lag die Beteiligung bei 7,11 %. Obrador wertete dieses Ergebnis gleichwohl als «überwältigende Zustimmung des mexikanischen Volkes».

Am groteskesten war die Volksabstimmung vom 10. April 2022. Auch sie war von Präsident Obrador initiiert worden. Es war im Grunde ein Volksbegehren zur Abberufung des Präsidenten. Ein solches Begehren konnte nach der mexikanischen Verfassung von 3 % der Wahlberechtigten beantragt werden. Es hätte zum Erfolg geführt, wenn 40 % der Wahlberechtigten sich beteiligt und mit einer absoluten Mehrheit (mehr als 50 %; Quote: 20 %) für eine Abberufung gestimmt hätten. Ein Präsident, der 2018 mit einer absoluten Mehrheit von 54,7 % bei einer Wahlbeteiligung von 63,43 %, also mit Zustimmung von 34,7 % aller Wahlberechtigten ins Amt gewählt worden war, hätte von 20 % dieser Wahlberechtigten aus dem Amt entfernt werden können; welche Logik oder welche politische Theorie hinter einer solchen Asymmetrie steht, ist schwer nachzuvollziehen. Obrador sorgte dafür, dass die notwendigen 2,7 Mio. Unterschriften zusammen kamen, um das Volksbegehren in Gang zu setzen. Schon diese Genese zeigt eine gewisse Verdrehung des Geistes dieser Bestimmung. Sie war als Notausgang gedacht gegen einen Präsidenten, der für eine Mehrheit der Wähler untragbar geworden war, nicht hingegen für ein Gefälligkeitsplebiszit eines unangefochtenen Amtsinhabers, der damit seine eigene Stellung gegenüber den verfassungsmäßigen Kontrollorganen stärken wollte. Für die Abberufung votierten 6,55 %, für einen Verbleib im Amt 93,45 %. Die Wahlbeteiligung lag bei 17,78 %.

Damit war die Abberufung doppelt gescheitert. Aber das war genau das Ergebnis, das Obrador beabsichtigt hatte. Er interpretierte das Ergebnis sofort als überwältigende Zustimmung des mexikanischen Volkes zu seiner Person. Die deutsche Wochenzeitung DIE ZEIT titelte am 11. April 2022: «Mehr als 90 % der Menschen stimmen dafür, dass Andrés Manuel López Obrador im Amt bleiben soll»[8] – ein Zeichen dafür, wie groß die Verführung ist, Volksentscheide zu überinterpretieren. Tatsächlich haben nicht mehr als 16,3 % des Wahlvolkes (14,5 Mio.) bzw. 11,5 % des Gesamtvolks Mexikos (126 Mio.) Obrador das Vertrauen ausgesprochen – nach vier Jahren Amtszeit kein sonderlich eindrucksvolles Ergebnis – jedenfalls nicht die frenetische Zustimmung, die die Überschrift der deutschen Zeitung suggerierte.

Die ungewöhnlichen Zustimmungsraten bei diesen drei von Präsident Obrador initiierten Volksabstimmungen wecken zudem erhebliche Zweifel an einer manipulationsfreien Durchführung. Derartige Volksabstimmungen erinnern eher an die von jubelnden Massen gesäumten Straßen und an die Fähnchen schwenkenden und fanatisch klatschenden Massen in einem gut inszenierten politischen Theater, das aus sogenannten Volksrepubliken des Sowjetblocks noch in zu guter Erinnerung ist: Dann gehen Bilder um die ganze Welt, die den Eindruck eines Volks hinterlassen sollen, das geschlossen und begeistert hinter dem solchermaßen gefeierten starken Mann steht. In Deutschland sind derartige Inszenierung in Filmen aus der Zeit zwischen 1933 und 1945 festgehalten.

7.7 Volksabstimmung als Ermächtigung: Tunesien

Ein ähnliches Muster zeigt die Volksabstimmung, die der tunesische Präsident Kais Saied am 25. Juli 2022 über eine Änderung der Verfassung durchführen ließ. Bei einer Wahlbeteiligung von 30,5 % stimmten angeblich 94,5 % für eine Verfassungsreform, die dem Präsidenten weitreichende Vollmachten einräumt und die Machtbalance zwischen Parlament und Staatspräsident zugunsten des letzteren verschiebt. Für diese Volksabstimmung gab es kein Quorum. Es wäre auch gültig gewesen, wenn die Wahlbeteiligung noch weit geringer ausgefallen wäre. Damit wurde die Konsensgrundlage für das politische Zusammenleben des tunesischen Volkes von 28,8 % der Wahlberechtigten grundlegend verändert. Wie weit die Durchführung der Abstimmung (dominierende Regierungspropaganda, Einschüchterung, nicht-geheime Stimmabgabe, Auszählung) korrekt war, lässt sich insbesondere in den ländlichen Landesteilen nicht mehr feststellen.

Nach der seit 2014 geltenden Verfassung Tunesiens ist für jede Verfassungsänderungen eine Zweidrittelmehrheit im Parlament (Repräsentative Versammlung) erforderlich. Diese hohe Abstimmungshürde wurde mit dieser Abstimmung, für die es nicht einmal ein Gültigkeitsquorum gab, bequem unterlaufen. Mit Anrufung des Volks konnte der Präsident seine Machtposition ausbauen, ohne Einspruch der Legislative oder Judikative fürchten zu müssen. Die niedrige Zustimmungsquote wird dadurch verschärft, dass in Tunesien etwa 30 % der Gesamtbevölkerung von knapp 12 Mio. weniger als 18 Jahre alt und somit vom Wahlrecht ausgeschlossen sind. Rechnet man das ohnehin schon beschämende Ergebnis des Verfassungsreferendum nicht nur auf die Zahl des Wahlvolks, sondern auf das tatsächliche

Staatsvolk Tunesiens um, kommt man auf eine Zustimmungsquote von kaum mehr als 20 % – und das in einer Frage, in der im Parlament eine Zweidrittelmehrheit vorgeschrieben gewesen wäre! DIE ZEIT jubelte abermals: «Große Mehrheit bei Referendum für umstrittene Verfassungsreform».[9]

7.8 Volksabstimmungen in der Sowjetunion

In der Sowjetunion verstand sich die Kommunistische Partei als Avantgarde des Proletariats, und dieses Selbstverständnis schloss Volksentscheide grundsätzlich aus. Denn die Funktion als Avantgarde beinhaltet Vollmachten, wie sie Eltern gegenüber ihren Kindern haben. Wie in China betrachtete sich die Kommunistische Partei als Vormund, nicht als Repräsentant des Volkes. Dennoch kam es zu einer Volksabstimmung in der Sowjetunion. Sie war von Gorbatschow angesetzt worden, um die zentrifugalen Tendenzen in der multiethnischen sowjetischen Föderation wieder einzufangen. Am 17.03.1991 wurden alle Sowjetbürger gefragt: «Soll die Sowjetunion als einheitlicher Staat bestehen bleiben?» Die Volksabstimmung ergab das in Tab. 7.1 dargestellte Ergebnis.

Tab. 7.1 Ergebnisse der Volksabstimmung über den Fortbestand der Sowjetunion vom 17. März 1991

	Beteiligung (%)	Ja-Stimmen (%)
Gesamte Sowjetunion	80	78
Ukraine	84	71
Weißrussland	83	84
Kasachstan	88	95
Aserbaidschan	75	94

In allen übrigen zentralasiatischen Republiken lagen Beteiligung und Zustimmung weit über 90 %. In Turkmenistan erreichten beide Werte sogar 98 %. In Südossetien lag die Beteiligung bei 96 %, die Zustimmung bei 99,98 %! Es hatten also offiziellen Angaben zufolge nahezu alle Wähler ausnahmslos zugestimmt.

Die Eindeutigkeit dieser Ergebnisse, vor allem derjenigen aus Zentralasien, lassen keinen Zweifel daran, dass hier massiv gefälscht wurde. Die zuständigen Behörden waren von der Moskauer Parteizentrale angewiesen worden, dass es keineswegs darum ging, den authentischen Willen des Volkes, bzw. die Willen der Völker zu ermitteln, sondern dem in Bedrängnis geratenen Generalsekretär der KPdSU Michail Gorbatschow ein Druckmittel in die Hand zu geben, mit dem er die anwachsende Flut von Unabhängigkeitserklärungen der Parlamente einzelner Sowjetrepubliken zurückdrängen konnte. Er appellierte an den Souverän selbst, um dessen Repräsentanten zu diskreditieren.

Das Manöver war zu offensichtlich Augenwischerei, die zudem dilettantisch durchgeführt war. Die Bevölkerung war in Bewegung geraten und schenkte keinem dieser Resultate Glauben. Die offensichtlichen und eklatanten Fälschungen bei der Auszählung und der massive Druck, der die Abstimmenden in den Wahllokalen begleitete, verstärkte die Unruhe und goss Öl in das Feuer der überall aufflammenden Unabhängigkeitsbewegungen. Inzwischen tobte ein regelrechter Krieg von Volksabstimmungen. Denn die Regierungen bzw. die Parlamente der einzelnen Sowjetrepubliken veranstalteten nun ihrerseits Unabhängigkeitsreferenden in ihren Territorien, die völlig andere Ergebnisse lieferten. Dieser Kampf zwischen Volksabstimmungen zeigt überdeutlich, wie viel davon abhängt, wie ein Volk definiert wird: Es zeigte sich, dass es ein Sowjetvolk eben nicht gab (und vermutlich niemals gegeben hat, ebenso wenig wie den *homo sovieticus*), sondern dass die Sowjetunion aus vielen Völkern bestand, die jetzt eigene Wege suchten.

In der Ukraine stimmten am 1. Dezember 1991 92 % der Wähler für die staatliche Unabhängigkeit (Beteiligung: 84 %, Quote: 77 %). Das war ein Ergebnis, das dem der gesamtsowjetischen Abstimmung vom März des gleichen Jahres, also weniger als neun Monate zuvor, diametral widersprach. Hatte das Volk der Ukraine seine Meinung in dieser Zeit so grundlegend und so radikal geändert? Oder war lediglich eine anders zusammengesetzte Kommission mit der Auszählung beauftragt worden?

Allerdings zeigten sich damals schon in der Ukraine auffällige regionale Abweichungen, die später zu politischen und militärischen Problemen führen sollten. In der Westukraine (Lviv, Ternopil) stiegen die Ja-Stimmen auf bis zu 95 %; in Donezk und Luhansk bleiben sie um die 65 %, auf der Krim ergab sich mit nur 37 % Zustimmung sogar ein Übergewicht der Nein-Stimmen. Diese regionalen Differenzen sprechen dafür, dass dieses Referendum nicht so stark verfälscht wurde wie das voraufgehende.

Zeitlich noch näher am Allunionsreferendum lag das Unabhängigkeitsreferendum in Georgien: Nur 14 Tage später, am 31. März 1991, sollen 99 % der Georgier bei einer Beteiligung von 90 % für die Unabhängigkeit ihrer Republik gestimmt haben. Kurz zuvor hatte die Lokalregierung in Abchasien über den künftigen Status ihres Territoriums abstimmen lassen. Bei einer Beteiligung von 52 % sollen damals 99 % für einen Verbleib in einer reformierten Sowjetunion gestimmt haben. Keine dieser Abstimmungen wurde sorgfältig vorbereitet. Es waren improvisierte Reaktionen von in Panik geratenen politischen Führungen, die ihre Machtkämpfe austrugen, indem sie sich auf Volksabstimmungen beriefen. Keine dieser Abstimmungen dürfte halbwegs ordentlich abgelaufen sein, keines dieser Ergebnisse ist glaubwürdig.

Noch bizarrer war die Volksabstimmung, die die Regionalregierung in Südossetien am 19. Januar 1992, also zehn Monate nach den Allunions-Referenden vom März 1991, durchführen ließ. Zunächst sticht ins Auge, dass nach offiziellen Angaben über 53.000 Stimmen abgegeben wurden. Niemand kann bis heute erklären, woher die zusätzlichen 8000 Stimmberechtigten gekommen sind im Vergleich zum Allunionsreferendum vom 17. März 1991. Damals waren nach offiziellen Angaben 45.000 Bürger stimmberechtigt.

Der Bevölkerung in Südossetien wurden zwei Fragen vorgelegt:

- Soll Südossetien unabhängig werden?
- Soll Südossetien sich Russland anschließen?

Dass beide Fragen in einem logischen Widerspruch standen und sich gegenseitig ausschlossen, scheint die Abstimmenden in ihrer Euphorie nicht gestört zu haben. Jedenfalls wurde als offizielles Ergebnis bekannt gegeben, bei einer Beteiligung von 97 % hätten 99,9 % beide Fragen bejaht. Dass diese Volksabstimmung in jeder Hinsicht eine Farce war, spricht aus jeder der angegebenen Zahlen.

Dennoch sollten diese Volksabstimmungen in Abchasien und Südossetien nicht außer Acht gelassen werden, wenn es um die Einheitlichkeit der Republik Georgien geht. Denn Russland argumentiert bis heute, dass es nur im Einklang, mit dem demokratisch geäußerten Willen der Völker bzw. der Bevölkerung in Abchasien und Südossetien diese gegen eine militärische Einvernahme

Georgiens schützt. Eine Volksabstimmung, und sei sie noch so offensichtlich gefälscht, schafft zunächst ein starkes politisches Argument, das erst einmal wirksam entkräftet werden muss, bevor man dagegen vorgehen kann. Zudem hinterlassen diese Abstimmungen den Eindruck, dass, selbst wenn die offiziellen Ergebnisse maßlos übertrieben sind, in Abchasien, Südossetien und auch auf der Krim die Frage nationaler Identität komplexer und widersprüchlicher ist, als es Außenstehenden auf den ersten Blick erscheinen mag. Jedenfalls ist es schwierig, vor dem Hintergrund dieser Volksabstimmungen, allein mit dem Argument der territorialen Integrität der Ukraine und Georgiens zu argumentieren.

Welche Ergebnisse diese Volksabstimmungen tatsächlich geliefert haben, wird sich niemals mehr zuverlässig ermitteln lassen. Die meisten Abstimmungsunterlagen wurden vernichtet oder sind auf unerklärliche Weise verschwunden. Weniger als zehn Monate nach Gorbatschows Referendum trat genau das ein, was die Allunionsabstimmung hatte verhindern sollen: Die Sowjetunion löste sich auf. Die Einheit der Sowjetvölker wurde von vier Politikern zerstört, die am 8. Dezember 1991 in der Waldhütte auf der Bialowjeser Heide in Belarus beschlossen, in ihren Republiken jeweils eigene Wege zu gehen. Die betroffenen Völker waren an dieser Entscheidung nicht mehr beteiligt.

Wer in Volksabstimmungen ein zuverlässiges Korrektiv gegen unrepräsentative Parlamente oder eigenmächtige Regierungen sieht, tut gut daran, diese Phase sowjetischer und post-sowjetischer Geschichte genau zu analysieren. Nirgendwo tritt der Missbrauch dieses Instruments in all seinen verschiedenen Variationen deutlicher zutage als in dieser historischen Phase.

7.9 Volksabstimmungen und theokratische Diktatur: Der Iran

Nach dem Sturz des Schahs und der Rückkehr Ayatollah Khomeinis ließ dieser die Islamische Republik Iran ausrufen. Zwei Volksabstimmungen sollten diese Verfassungsänderung legitimieren. Die erst fand am 30./31. März 1979 statt, zwei Monate nach Khomeinis Rückkehr aus seinem Pariser Exil. Schon am nächsten Tag, noch bevor die Auszählung abgeschlossen war, proklamierte Khomeini eine neue theokratische Verfassung. Das offizielle Ergebnis bestätigte ihn einen Tag später: Angeblich hatten 20 Mio. Iraner von einer Gesamtbevölkerung von etwa 35 Mio. ihre Stimme abgegeben (das ergäbe eine Beteiligung von 57 %); davon sollen 98,6 % mit Ja gestimmt haben (damit läge die Zustimmungsquote mit 56 % immer noch im Bereich einer absoluten Mehrheit). Alle Zahlenangaben wurden damals heftig bezweifelt. Plausible Berechnungen legten nahe, dass den Zahlen der Wahlberechtigten und der tatsächlich Abstimmenden willkürliche Annahmen zugrunde gelegt wurden.

Den Sommer über wurde nach Vorgaben von Khomeini der Text einer neuen Verfassung ausgearbeitet, die am 2./3. Dezember dem Volk erneut zur Abstimmung vorgelegt wurde. Dieses Mal sollen knapp 16 Mio. Iraner abgestimmt haben, von denen 99,5 % diese revidierte Verfassung angeblich gebilligt haben.

Beide Volksabstimmungen sind Paradebeispiele dafür, wie sich mit gefälschten Daten angebliche politische Präferenzen unrevidierbar in Stein meißeln lassen. Die von Khomeini geschaffene Verfassung prägt bis heute, über vierzig Jahre hinweg, das politische und öffentliche Leben im Iran. Die heutige Regierungspraxis des Iran erinnert in manchem an die kurze Herrschaft der Wiedertäufer in Münster, in der sich ebenfalls basisdemokratische Elemente mit eschatologisch-dogmatischen, religiös inspirierten Elementen verbanden. Auch Jan Bockelson leitete das Gottesgnadentum, auf das er seine Herrschaft gründete, von der einstimmigen Unterstützung der Stadtbevölkerung von Münster her. Natürlich hat er eine freie Abstimmung über diese Frage niemals zugelassen. Seine Herrschaftsmethoden waren brutal genug, um jedes Aufmucken der Einwohner von vornherein zu unterdrücken. Gestürzt wurde die Herrschaft der Wiedertäufer durch eine militärische Intervention von außen.

7.10 Volksabstimmung als Rechtfertigung für einen Angriffskrieg

Am gefährlichsten entfremdete der venezolanische Präsident Maduro das Instrument der Volksabstimmung seiner ursprünglichen Zweckbestimmung. Er benutzte es als Vorwand, um eine Pseudolegitimation für einen Angriffs- und Eroberungskrieg und für entsprechende Annexionsabsichten gegen ein Nachbarland zu schaffen. Er rief die Bevölkerung von Venezuela am 3. Dezember 2023 auf, über fünf Fragen abzustimmen, die darauf hinausliefen, den Westteil des Nachbarlandes Guyana für Venezuela zu beanspruchen, diesen Anspruch notfalls gewaltsam durchzusetzen, die fraglichen Gebiete zu annektieren und den dort Lebenden venezolanische Pässe zu geben.

Die Fragen waren suggestiv und tendenziös formuliert, sie enthielten sachliche Fehler und beriefen sich auf historische Tatsachen, die den wenigsten Wählern geläufig waren. Es ist höchst fraglich, ob die Mehrheit der Abstimmenden den völkerrechtlichen Gehalt, geschweige denn die politisch-militärischen Folgen dieser Fragen durchschauen konnten.[10]

Der Fragenkatalog war zuvor vom Parlament und vom Obersten Gerichtshof gebilligt worden. War es schon eigenartig genug, die Bevölkerung des Staates mit Annexionsabsichten abstimmen zu lassen und nicht die Bevölkerung des umstrittenen Territoriums, wurde die Abstimmung zusätzlich dadurch entwertet, dass kein Wähler eine Erklärung erhielt, was denn der Inhalt des Pariser Schiedsspruchs von 1899 und des Genfer Übereinkommens von 1966 war, auf die sich der Text der Fragen bezog. Beide Ereignisse lagen weit vor der Erinnerung aller Wähler. Sie konnten ohne eingehende Erläuterungen also gar nicht wissen, was diese völkerrechtlichen Vereinbarungen bedeuteten. Es hatte zwar Probeabstimmungen gegeben, aber auch da verloren die Wahlleiter kein Wort zur Erklärung der Fragen.

Die Wähler waren somit aufgefordert, auf suggestive, falsch gestellte Fragen in einer Materie abzustimmen, von der sie wenig oder nichts verstanden. Wohlweislich waren die Worte «Annexion», «Militäroperation», «Intervention» vermieden worden. So klangen die fünf Fragen harmlos, als handele es sich eher um verwaltungstechnische Fragen. Maduro baute darauf, dass die Fragen einen sehr emotionalen Punkt des venezolanischen Nationalbewusstseins trafen und dass auch die Opposition diese Irredenta-Ansprüche im Prinzip mittrug.

Der Hintergrund war allen Beobachtern klar: Die Grenzen, die die Kolonialmächte damals zwischen ihren Territorien meist höchst willkürlich gezogen hatten, waren auch in Südamerika häufig umstritten. So blieb auch der genaue Grenzverlauf zwischen der britischen Kolonie Guyana und dem benachbarten Venezuela strittig, als Guyana 1966 unabhängig wurde. Die Genfer Übereinkunft besagte nur, dass der Grenzverlauf noch einvernehmlich, friedlich und pragmatisch festgelegt werden müsse. Als vor kurzem reiche Erdöl- und Erdgasfelder vor der Küste Guyanas entdeckt wurden und die Regierung in Georgetown begann, Konzessionen für die Ausbeutung dieser Vorkommen zu vergeben, weckte das die Begehrlichkeit des verarmten Venezuela, das, obwohl selbst keineswegs arm an eigenem Erdöl, seine Staatsausgaben nicht mehr finanzieren kann.

Maduro will offensichtlich nicht auf das von dichtem Urwald bewachsene, von weniger als 200.000 Einwohnern bewohnte Land zugreifen, sondern auf die seewärtige exklusive Wirtschaftszone, die er zudem noch zu eigenen Gunsten auf Kosten von Guyana auszuweiten gedenkt, wenn man den offiziellen Karten Venezuelas glaubt.

Maduro scheint bei Wladimir Putin gelernt, seinen Meister allerdings noch übertroffen zu haben. Der hatte immerhin die betroffene Bevölkerung der annektierten ukrainischen Gebiete abstimmen lassen, nicht die Bevölkerung des annektierenden Russlands. Maduro dreht dies um und lässt sich von der eigenen Bevölkerung ein Mandat geben, ein Nachbarland zu überfallen und zu berauben.

Die Abstimmungsergebnisse waren offensichtlich gefälscht. Bei einer Wahlbeteiligung von 51,01 % haben angeblich 96 bis 98 % alle fünf Fragen bejaht. Unabhängige Beobachter schätzten die Wahlbeteiligung auf kaum mehr als 10 %. Aber selbst wenn man die offiziellen Zahlen zugrunde legt, haben 10.555.000 Venezolaner abgestimmt, bei einer Gesamtbevölkerung von 28,2 Mio. Angeblich haben vom gesamten Volk demnach 37,5 % Prozent abgestimmt, 36,75 % die Fragen bejaht.[11] Für Fragen, bei denen es um Leben und Tod, Krieg und Frieden geht, ist das ein fragwürdiges Ergebnis. Präsident Maduro scheint entschlossen zu sein, diese Ermächtigung des Volkes zu benutzen, um ein militärisches Vorgehen vorzubereiten. Er sieht sich darin von Russland und China ermutigt.

Wie diese gefährliche Farce ausgehen wird, lässt sich derzeit noch nicht absehen. Sollte Maduro tatsächlich militärisch gegen Guyana vorgehen, wird er mit dem Eingreifen Brasiliens, der USA und der ehemaligen Kolonialmacht Großbritannien zu rechnen haben. Südamerika, das bei allen seinen wirtschaftlichen und sozialen Problemen zwar ständig Bürgerkriege, aber selten einen zwischenstaatlichen Krieg erlebt hat,[12] hätte dann seinen ersten klassischen Krieg seit den Befreiungskriegen des 19. Jahrhunderts.

Kein Beispiel kann die zahlreichen Schwachstellen und die Anfälligkeiten von Volksabstimmungen, vor allem aber ihre Missbrauchsmöglichkeiten besser ins Rampenlicht rücken als dieses Zerrbild eines Volkswillens.

7.11 Volksabstimmungen: Rückenwind für radikale Parteien

In der Weimarer Republik fanden wiederholt Volksentscheide statt.[13] Sie konnten verbindlich beantragt werden, wenn 10 % der Wahlberechtigten dies auf Unterschriftenlisten verlangten. Die meisten dieser Abstimmungen betrafen territoriale Grenzfragen und Verfassungsfragen, nachdem aus dem Verbund von Dynastien, die das Deutsche Reich der Hohenzollern gebildet hatten, ein föderativ gegliederter Staat mit allerdings höchst ungleichgewichtigen Föderationssubjekten geworden war. Einige Volksabstimmungen verfolgten eindeutig agitatorische Ziele.

7.11.1 Enteignung der Fürstenhäuser

KPD und SPD erzwangen am 20. Juni 1926 ein Volksbegehren über die entschädigungslose Enteignung der Fürstenhäuser. Sie wollten über die Volksabstimmung ihre Anhänger mobilisieren und Propaganda für die eigene Sache machen. Obwohl klar war, dass dieses Volksbegehren scheitern würde, diente es dazu, eine linke Einheitsfront zu präsentieren und die Wähler nach der Hyperinflation zu mobilisieren. Die Reichsregierung, die diesen Mobilisierungseffekt befürchtete, erklärte, dass sich mindestens 50 % aller Stimmberechtigten zu beteiligen hätten, wenn dieser Volksentscheid die vom Reichstag zuvor gebilligte gesetzliche Regelung, die auf eine ausgehandelte Abfindung hinauslief, überstimmen sollte (abrogativer Volksentscheid). Die Beteiligung erreichte 39,26 %, die Zustimmung lag bei eindrucksvollen 92,66 % (Quote: 36,4 %). Damit blieb die Abstimmung trotz der auffällig hohen relativen Zustimmung ungültig. Fast 15 Mio. Deutsche hatten für den Vorschlag von KDP und SPD gestimmt. Bei den letzten Reichstagswahlen vom Dezember 1924 hatten beide Parteien zusammen nur 10 Mio. Stimmen erhalten. Es war ein eindrucksvoller und nachhaltiger Mobilisierungserfolg für beide Parteien. Allerdings gab es auffällige regionale Diskrepanzen: Am höchsten lag die Zustimmungsquote in Berlin und in den Industriegebieten des Reiches, am niedrigsten in Bayern, wo die Beteiligung unter 20 % blieb und in manchen Gegenden sogar unter 12 % fiel.

7.11.2 «Gegen die Versklavung des Deutschen Volkes (Freiheitsgesetz)»

Noch eklatanter war der Missbrauch eines Volksentscheids zur parteipolitischen Massenmobilisierung im Volksbegehren «Gegen die Versklavung des Deutschen Volkes (Freiheitsgesetz)». Schon der Name war tendenziös. Es ging darum, gegen die Reparationsleistungen nach dem Young-Plan zu protestieren. Er wurde auf einer internationalen Konferenz 1929/1930 ausgehandelt und sollte die Reparationsleistungen des Deutschen Reichs nach dem Vertrag von Versailles neu regeln. Die Volksabstimmung fand statt, bevor das Ergebnis dieser Konferenz bekannt war. Sie war von den Organisatoren absichtlich so terminiert worden, denn sie hatten Angst, dass ein vernünftiges Ergebnis dieser Konferenz ihrer Agitation den Wind aus den Segeln nehmen könnte. War dies schon ein Missbrauch des Verfassungsinstruments der Volksabstimmung, so bot die tendenziöse Formulierung ihres Titels, der mit dem Schreckgespenst einer Versklavung des deutschen Volkes drohte, ein Paradebeispiel dafür, dass die Formulierung der Abstimmungsfrage von größter Bedeutung ist. Die Reichsregierung stufte dieses Volksbegehren als verfassungswidrig ein, war aber nicht entschlossen genug, sie zu verhindern. Sie glaubte, eine Zustimmungsquote von 50 % aller Stimmberechtigten werde ausreichen, um die Abstimmung scheitern zu lassen. Diese Annahme stellte sich als richtig heraus. Was die Reichsregierung und die sie tragenden Parteien übersehen hatten, war der enorme Mobilisierungs- und Propagandaeffekt, der die Abstimmungskampagne den radikalen Parteien bescherte, die sie ausgelöst hatten.

Dieses Mal agierten die rechtsnationalen Parteien NSDAP und DNVP zusammen und unterstellten der Reichsregierung propagandawirksam «Landesverrat».

Die Reichsregierung setzte die Abstimmung auf den 22. Dezember 1929 fest. Sie erwartete, dass die Weihnachtsstimmung viele Bürger davon abhalten werde, ein Wahllokal aufzusuchen. Die Initiatoren scheiterten; nur 13,5 % stimmten tatsächlich ab. Sie konnten jedoch als Erfolg verbuchen, dass davon 94,55 % für ihre Initiative gestimmt hatten (Quote: 12,7 %).[14] Vermutlich war das von Anfang an ihr Ziel gewesen. Sie kalkulierten, dass ihnen eine Kampagne mit radikalen Forderungen Aufmerksamkeit, Sympathie und Zustimmung einbringen werde. Zwar billigte der Reichstag im Frühjahr 1930 noch die kontroversen Regelungen des Young-Plans.[15] Zur gleichen Zeit brach jedoch die letzte Reichsregierung auseinander, die sich noch auf eine parlamentarische Mehrheit stützen konnte. In den Wahlen vom 14. September 1930 erreichte die NSDAP über 18 % (ein Zuwachs von 15 %) und begann ihren rasanten Aufstieg, der sie binnen zweier Jahre zur stärksten Fraktion im Reichstag machte. Es ist schwer abzuwägen, welchen Anteil diese Volksabstimmung hatte, der NSDAP neue Wähler zuzuführen. Aber dass sie für die NSDAP ein riesiger Propagandaerfolg war, lässt sich kaum bestreiten.

Anmerkungen
1. Dies war eine hohe Wahlbeteiligung. Die Beteiligung an der Parlamentswahl 2015 hatte bei 66,1 % gelegen, die an der Wahl zum Europaparlament hatte 2014 nur 35,6 % erreicht.
2. Das niedrigste Wahlergebnis, das die Bildung einer Einparteienregierung ermöglichte, erzielte Tony Blair 2005. Damals reichten 35,2 % der abgegebenen Stimmen, um im Unterhaus eine Mehrheit von 66 Sitzen zu erreichen. Je stärker die Parteienlandschaft zersplittert, um so niedriger werden die Zustimmungsraten,

die für eine Mehrheitsregierung ausreichen. David Cameron wurde 2011 bei einem Wahlergebnis von 36,8 % der abgegebenen Stimmen in eine Koalition mit den LibDems gezwungen, um sich eine Mehrheit im Unterhaus zu sichern.
3. Ungarn ist eines der Länder, dessen Titularnation zu großen Teilen außerhalb der staatlichen Grenzen des heutigen Ungarns lebt. Es gibt nicht nur ungarische Minderheiten in Rumänien, Ukraine, Slowakei und Kroatien. Als Folge der Niederschlagung des Aufstands 1956 und des repressiven kommunistischen Regimes lebt heute eine starke ungarische Diaspora in Europa und Nordamerika. Viktor Orban ist darum bemüht, die Verbundenheit dieser Diaspora mit dem Heimatland/Heimatvolk lebendig zu halten, indem er großzügig und gegen geltendes Völkerrecht ungarische Pässe an Personen ausgibt, die behaupten Ungarn zu sein, aber Staatsbürger anderer Länder geworden sind.
4. Es ist logisch, mathematisch und demokratietheoretisch nicht einzusehen, weshalb ein Abstimmungsergebnis, das bei einer Beteiligung von 48 % eine Zustimmung von 98 % liefert, ungültig sein soll, wohingegen ein Ergebnis, dass bei einer Beteiligung von 52 % eine Zustimmung von 52 % liefert, Bestand haben soll. Im ersten Fall haben 43,2 % aller Stimmberechtigten zugestimmt, im zweiten Fall lediglich 27 %.
5. In Choco, einer der am schlimmsten betroffenen Provinzen, stimmten über 80 % für das Abkommen. In der Provinz Casanare 70 % dagegen.
6. Es sind u. a. die ELN, die Sekunda Marquetalia, der Estado Mayor Central, die Autodefensas Gaitanistas de Colombia und die Autodefensas de la Sierra Nevada.

7. Die Frage lautete: «Sind Sie damit einverstanden, dass der 9. Januar als Tag der Republik Srpska bezeichnet und gefeiert wird?» Die Begriffe «Unabhängigkeit» oder «Selbständigkeit» wurden sorgsam vermieden.
8. Die Redaktion vermied wohlweislich die eigentlich naheliegenderen und präziseren Begriffe wie «Bürger», «Wähler» oder «Mexikaner», weil dann sofort erkennbar geworden wäre, dass die Aussage irreführend war. Wer von 90 % redet, muss klar machen, auf welche 100 % sich diese Teilmenge bezieht, wenn er den Leser sachlich informieren will. (https://www.zeit.de/politik/ausland/2022-04/mexiko-referendum-praesident-andres-manuel-lopez-obrador; aufgerufen 5. September 2023).
9. DIE ZEIT 27. Juli 2022 (https://www.zeit.de/politik/ausland/2022–07/tunesien-referendum-verfassung-angenommen-saied. aufgerufen 5. September 2023)
10. Die Fragen lauteten knapp zusammengefasst:

1. Lehnen Sie die im Pariser Schiedsspruch 1899 betrügerisch gezogene Grenzlinie zu Guyana ab, die uns einer unserer Provinzen beraubt?
2. Unterstützen Sie Verhandlungen auf der Grundlage des Genfer Übereinkommens?.
3. Unterstützen Sie die Haltung der Regierung, die die Jurisdiktion des Internationalen Gerichtshofs in dieser Frage ablehnt?
4. Stimmen Sie zu, dass die Regierung mit allen Mitteln dem Anspruch Guyanas entgegentritt, einseitig über strittige Seegebiete zu verfügen?
5. Stimmen Sie der Schaffung des Staates Esequiba, der Verleihung der Staatsbürgerschaft an die dort lebenden Personen und die Inkorporierung dieses Territoriums in das venezolanische Staatsgebiet zu?

11. Die ZEIT berichtete auch hierüber falsch: Sie schrieb, angeblich erhöben 96 % der venezolanischen Wäh-

ler Anspruch auf das Grenzgebiet Guyanas und verwechselte so Wahlberechtigte (etwa 20 Mio.) und Abstimmende (angeblich gut 10 Mio.) (https://www.zeit.de/politik/ausland/2023–12/venezuela-guyana-referendum-zustimmung-annexion. aufgerufen am 5.12.2023).
12. Im Falklandkrieg kämpfte Argentinien gegen einen Staat außerhalb des südamerikanischen Kontinents.
13. Die negativen Erfahrungen der Weimarer Zeit sind ein entscheidender Grund dafür, dass Volksentscheide auf Bundesebene in der Bundesrepublik Deutschland skeptisch gesehen werden und bislang vermieden wurden.
14. Die Zustimmung lag im Osten des Reichs deutlich höher als im Westen (Pommern: 33,1 %, Ostpreussen: 26,6 %, Mecklenburg: 25,4 %; Köln-Aachen: 2,3 %, Niederbayern: 4,4 %, Hamburg: 5,2 %).
15. Der Reichstag stimmte am 12. März 1930 mit 299 gegen 156 Stimmen für die Annahme des Young Plans. Das war fast eine Zweidrittelmehrheit.

Literatur

Irene Strenge: *Plebiszite in der Weimarer Zeit: Abschreckende Beispiele für die Verfassungsdiskussion?*, Zeitschrift für Rechtspolitik, 27(4), Juli 1994, S. 271–275.

Johannes Rux: *Direkte Demokratie in der Weimarer Republik*, Kritische Vierteljahresschrift für Gesetzgebung und Rechtswissenschaft, 85 (3), 2002, S. 273–297.

Otmar Jung: *Plebiszitärer Durchbruch 1929? Zur Bedeutung von Volksbegehren und Volksentscheid gegen den Youngplan für die NSDAP*, in: Geschichte und Gesellschaft, 1989 (4), S. 489–510.

8

Sonderfall Schweiz

Die Schweiz mit ihrem dichten Rhythmus von Volksabstimmungen auf nationaler, kantonaler und kommunaler Ebene wird oft als positives Vorbild für Volksabstimmungen gerühmt. Die AfD will nach diesem Vorbild Volksabstimmungen auf Bundesebene ermöglichen.[1]

Die Schweiz hat sich als erste politische Gemeinschaft den Ansprüchen einer dynastischen Monarchie entzogen. Der Gründungsmythos von Wilhelm Tell und dem Rütli-Schwur liegt heute noch dem Bild eines unbeugsamen, trotzigen Volkes zugrunde, das sich umsichtig und stabil selbst regiert, das in einigen Kantonen noch direkte Demokratie praktiziert und für sich selbst weitreichende Möglichkeiten beansprucht, Entscheidungen der repräsentativen Organe zu korrigieren.

Die Schweiz war das erste Land der Welt, das Volksabstimmungen in seine Verfassung aufnahm (1848). Das fakultative Referendum kam auf Bundesebene 1874 hinzu. Einst das Armenhaus Europas, ist die Schweiz seither zu einem der wohlhabendsten und stabilsten Länder Europas geworden. Die Schweiz hat es verstanden, in einem von Kriegen heimgesuchten Europa ihre territoriale Integrität und Unabhängigkeit zu bewahren, obwohl zumindest drei ihrer Nachbarn mit der Angliederung von schweizerischem Territorium gedroht haben. So hat die Schweiz seit 1815 keine fremden Truppen mehr auf ihrem Boden gehabt. Sie hält auch heute noch argwöhnisch und selbstgenügsam Distanz zur Europäischen Union und zur NATO. Die Schweiz erscheint vielen als Ideal der Demokratie. Die Schweizer sehen sich selbst kritischer.

Denn das idealisierte Bild verbirgt viele problematische Seiten. Die Schweiz hat den Kreis der Stimmberechtigten immer restriktiv definiert. Bei der Volksabstimmung über die Verfassung von 1848, die den lockeren Staatenbund selbständiger Kantone[2] in den Bundesstaat Schweiz verwandelte, waren rund 200.000 Schweizer stimmberechtigt bei einer Gesamtbevölkerung von schätzungsweise 2,5 Mio. Bis 1971 waren nur Männer stimmberechtigt, und das sogar nur mit weitreichenden Ausnahmen: Sozial Schwache, Vorbestrafte, Obdachlose waren vielerorts vom Wahlrecht ausgeschlossen.[3] Ein Steuerzensus, der das Wahlrecht an einen Mindestbetrag der jährlichen Steuerzahlungen band, wurde erst 1915 aufgehoben. Bis 1919 galt Mehrheitswahlrecht, das bis dahin eine unangefochtene Dominanz des liberalen Freisinns auf Bundesebene zementierte. Erst mit dem Proporzwahlrecht gelang es, das politische Spektrum zu erweitern. So gewann die Sozialdemokratische Partei erst deutlich später als in allen anderen europäischen Ländern spürbaren Einfluss auf die nationale Politik der Schweiz. Erst 1943 gelang es einem Sozialdemokraten, im Bundesrat in Bern ein Ministerium zu übernehmen. Das Wahlrecht wurde langsam und schrittweise ausgeweitet. Der Halbkanton Appenzell Innerrhoden musste 1990 vom Bundesgericht angewiesen werden, auch Frauen das Stimmrecht zu gewähren. Das Wahlalter lag bis 1991 bei 20 Jahren. Die Demokratie hat sich in der Schweiz auf einer schmalen und sozial sehr homogenen Basis eines wohlhabenden Bürgertums und einer konservativen, selbstbewussten, wehrkräftigen Landbevölkerung entfaltet. Sie basiert auf zahlreichen, spezifischen Voraussetzungen, die sich von der Schweiz nicht ohne Weiteres auf andere Nationen übertragen lassen

Die Schweizer Demokratie ist eine Konkordanzdemokratie. Es gibt kein Widerspiel zwischen Regierung und Opposition. Die Zentralregierung (Bundesrat) wird seit 1959 nach der sogenannten Zauberformel gebildet, die besagt, dass sie aus sieben Mitgliedern besteht, die vom Parlament (Nationalrat) nach dem Schlüssel 2-2-2-1 aus den vier stärksten dort vertretenen Parteien gewählt werden.[4]

Volksabstimmungen haben in der Schweiz die wichtige Funktion, das Handeln des Bundesrats und das Einvernehmen unter den politischen Parteien zu korrigieren. Weil aus der Allparteienregierung, die sich auf die vier wichtigsten Parteien im Parlament stützen kann, selten Neuerungen kommen, wählen Parteien und NGOs gerne die fakultative Volksabstimmung, um Gehör und Zustimmung für ihr Anliegen zu gewinnen. Auf diese Weise können sie Gesetze verhindern beziehungsweise Gesetzesinitiativen erzwingen. Fakultative Referenden gelten als wichtiges Thermometer, um die Stimmung in der Bevölkerung zu ermitteln und diese beim Regierungshandeln zu berücksichtigen. Die Rückkoppelungswege zwischen Regierung und Regierten sind kurz und wirkungsvoll. Sie sind nicht auf die vierjährigen Nationalratswahlen beschränkt, die ohnehin wenig Auswirkungen auf die Zusammensetzung der Regierung haben.

Schweizerische Volksabstimmungen fallen in drei Kategorien:

- Volksinitiativen,
- obligatorische Referenden und
- fakultative Referenden.

Die Volksinitiative[5] gibt dem Schweizer Stimmvolk die Möglichkeit, die Verfassung des Bundesstaates zu revidieren. Sie ist somit das mächtigste Instrument direkter Demokratie. Deshalb ist es mit einer weitreichenden Reihe von Sicherungen versehen. Eine Volksinitiative kommt zustande, wenn ein Aktionskomitee von mindestens 7, maximal 27 Personen 100.000 gültige Unterschriften von Stimmberechtigten (knapp 2 % von insgesamt 5,5 Mio.) sammelt und dem Nationalrat vorlegt. Stuft der die Initiative als zulässig ein, berät er darüber. Der Nationalrat kann nunmehr einen Gegenentwurf erarbeiten. In vielen Fällen wird die Initiative dann bereits zurückgezogen. Wird sie nicht zurückgezogen, kommt es zur Abstimmung mit einer offiziellen, ausführlich begründeten Empfehlung des nationalen Parlaments zur Stimmabgabe. Abgestimmt wird dann über den Wortlaut der Initiative und den Gegenentwurf des Parlaments. Die Initiative gilt als angenommen, wenn die Mehrheit der Abstimmenden (Volksmehr) und eine Mehrheit der Kantone (Ständemehr) zustimmt. Wie in allen Bundesstaaten gestehen Abstimmungen im Ständerat Einwohnern von kleinen Kantonen ein höheres Stimmgewicht zu als solchen in großen Kantonen.[6]

Seit 1891 hat es 346 Volksinitiativen gegeben. 227 gelangten zu Abstimmung, von denen 25 erfolgreich waren. Von diesen 25 fallen 10 in den Zeitraum 1891–1990 (hundert Jahre, ein Erfolg alle zehn Jahre), 15 in den Zeitraum 1990–2022 (gut dreißig Jahre, ein Erfolg alle zwei Jahre). Der Rhythmus von Volksinitiativen hat sich seit 1990 deutlich beschleunigt. Der Kalender zeigt, dass sie sich vor allem in den Jahren häufen, in denen Wahlen zum

Nationalrat angesetzt sind. Diese Terminierung von Volksabstimmungen soll bei den bevorstehenden Wahlen Rückenwind für die Parteien schaffen, die sie initiiert haben oder befürworten. Volksinitiativen betreffen völlig unterschiedliche Materien wie beispielsweise ein Moratorium für den Bau von Kernkraftwerken (1990), das Verbot von Minaretten (2009) und das Verbot, sein Gesicht in der Öffentlichkeit zu verhüllen (2021).

Die Schweizer Verfassung fordert obligatorische Referenden vor der Unterzeichnung von Staatsverträgen und vor dem Beitritt zu internationalen Organisationen.[7] Damit stellt sie die traditionelle Neutralität der Schweiz unter den direkten Schutz des Souveräns.

Als das wichtigste und häufigste Instrument direkter Beteiligung des Volks an politischen Entscheidungen hat sich das fakultative Referendum herausgestellt.[8] Es erfordert zu seiner Auslösung 50.000 Unterschriften, also weniger als 1 % der Stimmberechtigten, oder das einstimmige Votum von acht Kantonen.[9] Fakultative Referenden können Entscheidungen des Nationalrats aufheben oder den Nationalrat zwingen, eine bestimmte Materie auf die Tagesordnung zu setzen. In den meisten Fällen sind sie abrogativ oder approbativ. Auch bei fakultativen Volksabstimmungen zeigt sich eine auffällige Verdichtung des Rhythmus in den letzten Jahrzehnten. Zwischen 1890 und 1950 fanden etwa 20 Volksabstimmungen pro Jahrzehnt statt. 1970–1979 waren es schon 88; 1991–2000 stieg die Zahl auf 94. Im Jahrzehnt 2011 bis 2020 waren es 84.[10]

Heutzutage werden Volksabstimmungen in der Schweiz auf nationaler Ebene an vier Tagen im Jahr gebündelt.[11] Das wirkt einerseits einer zeitlichen Zersplitterung der Abstimmungstermine entgegen, führt aber andererseits dazu, dass alle Abstimmungen, die an einem Tag gleichzeitig stattfinden, nahezu identische Beteiligungen und sehr ähnliche Abstimmungsergebnisse aufweisen. Hier wirkt der psychologische Transfermechanismus: Wer zu einer wichtigen Fragen «Ja» gesagt hat, wird dazu neigen, auch die übrigen mit einem kursorischen «Ja» zu beantworten. Wer umgekehrt entschlossen ist, ein «Nein» zu setzen, wird dazu tendieren, überall mit «Nein» zu stimmen. Jede Differenzierung erfordert einen hohen intellektuellen Aufwand, kontroverse Argumente im Einzelnen nachzuvollziehen und zu gewichten. Insgesamt hat das Volk der Schweiz in etwa 130 Jahren 680-mal abgestimmt. Davon wurden 323 Vorlagen angenommen, 357 wurden abgelehnt.

Zwar erfordert eine verfassungsändernde Volksinitiative eine doppelte Mehrheit von Volk und Kantonen. Grundsätzlich kennen Volksabstimmungen in der Schweiz jedoch kein Quorum. Eine Volksabstimmung kann eine verbindliche Mehrheit ergeben, auch wenn sich nur ein geringer Teil der Stimmberechtigten beteiligt. Entscheidend ist immer die relative Mehrheit der Abstimmenden, nicht die absolute Mehrheit der Stimmberechtigten. Die Beteiligung bei den meisten Volksabstimmungen liegt unter 50 %.[12] Selbst wenn eine Mehrheit unter diesen Bedingungen zustande kommt, stellt sie keine Mehrheit des stimmberechtigten Volks dar, geschweige denn eine Mehrheit aller Staatsangehörigen. Gerade unter diesen Bedingungen stellt sich die Frage, wie Stimmenthaltungen zu werten sind.[13]

Eine weitere Besonderheit der Schweizer Volksabstimmungen ist die Information des Wahlvolks vor einer Abstimmung. Mit den Abstimmungsunterlagen (Ausweis, Stimmzettel) erhält jeder stimmberechtigte Bürger eine knappe Übersicht über das wichtigste Für und Wider, um das es in der angesetzten Abstimmung geht. (Abstimmungsbüchlein). Diese Übersicht wird von der Regierung verantwortet, die sich hierbei auf Experten stützt und den Text mit allen im Parlament vertretenen Parteien abstimmt. Zudem finden öffentliche Debatten, Vorträge und Diskussionsrunden im Fernsehen statt. Damit wird der Einfluss demagogischer oder agitatorischer Wahlwerbung reduziert. Der Bürger, der zur Abstimmung geht, hat hinreichende Möglichkeiten, sich über die Folgen seiner Entscheidung ein differenziertes Bild zu verschaffen. Ein solches Abstimmungsbüchlein stellt sicher, dass es eine gemeinsame Grundlage von unbestreitbaren Fakten gibt (was im Zeitalter der *fake news* von nicht zu unterschätzender Bedeutung ist); es gibt eine nüchterne, argumentative Sprache vor und verhindert auf diese Weise messianische Heilsversprechungen und eine übermäßige Emotionalisierung der Kampagne.

Über die Finanzierung von Wahlkampagnen bestanden bis 2021 keinerlei Regelungen. Seither gilt die Vorschrift, dass Kampagnenführer vor dem Abstimmungstermin ihre Finanzierungspläne offenlegen müssen, sofern sie mehr als 50.000 sfr ausgeben wollen.[14] Damit ist der grauen bzw. schwarzen Finanzierung von Wahlkämpfen durch anonyme Spenden oder Zuwendungen aus ausländischen Quellen ein Riegel vorgeschoben.

Die Demokratie der Schweiz gewährt dem Volk so weitreichende Mitbestimmungsrechte wie keine andere. Sie fußt auf einer einzigartigen, tief in der Geschichte des Landes verwurzelten Tradition. Durch die starke Bindung jedes Schweizer Bürgers an seine Heimatgemeinde (Bürgerort) lebt dort eine ungewöhnlich ausgeprägte Diskussions- und Debattenkultur. Die Graswurzeln dieser Demokratie sind auffällig ausgeprägt und vital. Das macht jede Übertragung des Schweizer Modells auf andere Staaten mit anderen gesellschaftlichen und politischen Traditionen schwierig.

Die Schweiz beschränkt das Wahlrecht strikt auf Bürger, die die Schweizer Staatsangehörigkeit besitzen. Ausländer können frühestens nach zehn Jahren permanentem Aufenthalt in der Schweiz eingebürgert werden.[15] Und selbst Aufenthaltsbewilligungen werden nur sehr restriktiv erteilt.

Deshalb ist die Forderung, Volksabstimmungen «nach Schweizer Modell» zu übernehmen, ungenau. Sie sollte präziser angeben, welche der drei Formen von Volksabstimmungen als Vorbild dienen soll oder ob alle drei übernommen werden sollen. Sie sollte auf die starke Stellung des Parlaments hinweisen, das durch Gegenentwürfe und Wahlempfehlungen den Verlauf einer Volksabstimmung beeinflussen kann. Sie sollte zudem auf die Tradition des Abstimmungsbüchleins hinweisen, das ein ganz entscheidendes Element für informierte, abgewogene Entscheidungen ist. Wer sich die völlig verschiedenen Materien anschaut, über die in der Schweiz ständig abgestimmt wird, fragt sich sofort, wie ein durchschnittlicher Bürger, der einem normalen Beruf nachgeht, Familie und Hobbys hat, die Zeit (und das Verständnis) aufbringen kann, sich in den Argumenten dieser hochkomplexen Fragen ein differenziertes Bild zu verschaffen. Das Abstimmungsbüchlein bildet ein Grundelement der direkten Demokratie nach Schweizer Vorbild. Und diese Tradition räumt dem Parlament eine letztinstanzliche Kontrolle über Verlauf und Argumente der Kampagne ein.

Die stärksten Bedenken richten sich jedoch auf die niedrigen durchschnittlichen Beteiligungen und das völlige Fehlen von Abstimmungsquoren. Die Quote, die sich aus Beteiligung und Mehrheit der Stimmen ergibt, bleibt unberücksichtigt. Die Bremse eines konstitutiven Ständemehrs gilt nur bei Volksinitiativen. Obligatorische und fakultative Referenden werden durch einfache Mehrheit der Abstimmenden entschieden – auch wenn die Beteiligung unter 50 % bleibt –, was in weit über der Hälfte aller Abstimmungen der Fall ist.

Anmerkungen

1. Die AfD fordert dies in ihrem Parteiprogramm *Deutschland. Aber normal. Programm der Alternative für Deutschland für die Wahl zum 20. Deutschen Bundestag*: «Die AfD fordert Volksentscheide nach Schweizer Modell auch für Deutschland. Die uneingeschränkte Volkssouveränität in ihrer fast 200 Jahre bewährten und optimierten Gestaltung hat dem eidgenössischen Bundesstaat eine fortwährende Spitzenstellung in Wohlstand, Frieden und Freiheit gewährleistet.» (https://www.afd.de/wp-content/uploads/2021/06/20210611_AfD_Programm_2021.pdf. aufgerufen am 23.11.2023) und hat einen entsprechenden Gesetzentwurf im Bundestag eingebracht (https://dserver.bundestag.de/btd/20/062/2006274.pdf. aufgerufen am 23.11.2023).
2. Aus jener Zeit stamm noch die heutige lateinische Bezeichnung *Confoederatio Helvetica*.
3. Schuldner, Bankrotteure, Verurteilte, Obdachlose waren in den meisten Kantonen bis 1971 vom Wahlrecht ausgeschlossen.
4. Die Zauberformel hat sich bewährt, auch wenn es einige kurze Intervalle gab, in denen sie nicht griff. Die drei stärksten Parteien stellen zwei, die viertstärkste ein Regierungsmitglied. Die Parteien stellen entsprechende Kandidaten auf, das Parlament bleibt aber frei, andere Abgeordnete aus der gleichen Fraktion zu wählen. Die NZZ hat gerügt, dass die Zauberformel die Wähler der beiden größten Parteien privilegiert, wohingegen die ständig anwachsende Zahl derjenigen, die kleinen Parteien ihre Stimme geben, keinerlei Aussicht haben, jemals im Bundesrat vertreten zu sein. Der Vorschlag der NZZ greift aber den Grundgedanken einer Konkordanzregierung auf, will ihn jedoch durch die Formel 2-3-2 ersetzen (https://www.nzz.ch/schweiz/bunderatswahlen-die-zauberformel-verliert-ihre-magie-ld.1518450#subtitle-1-geburtsstunde-der-zauberformel-second, aufgerufen

am 23.11.2023). Die Zauberformel hat keine schriftliche, geschweige denn eine gesetzliche oder gar verfassungsrechtliche Grundlage. Sie spiegelt den informellen Grundkonsens, auf dem die politische Willensbildung in der Schweiz stärker als in anderen Ländern beruht.
5. Artikel 138–139 BV Schweiz.
6. Der Kanton Glarus hat mit gut 40.000 Einwohnern das gleiche Stimmgewicht wie der Kanton Zürich mit 1,5 Mio. Derartige Ungleichheiten finden sich jedoch in nahezu allen Bundesstaaten. Im deutschen Bundesrat hat Bremen mit 570.000 Einwohnern drei, Bayern mit 13 Mio. Einwohnern sechs Stimmen. Bayern hat somit doppelt so viele Stimmen, aber über zwanzigmal so viele Einwohner. Rhode Island hat 1 Million Einwohner, stellt aber ebenso zwei Senatoren im US-Senat wie Kalifornien mit 40 Mio. Einwohnern. Hier beträgt das Verhältnis sogar 1:40.
7. Artikel 140 BV Schweiz.
8. Artikel 141 und 165 BV Schweiz.
9. Die Schweizer Verfassung kennt 26 Kantone, aber nur 23 Kantonsstimmen, da die drei Halbkantone (Basel-Stadt und Basel-Land, Appenzell Innerrhoden und Appenzell Außerrhoden, Ob- und Nidwalden jeweils nur eine halbe Stimme besitzen. Das Quorum von acht Kantonen entspricht also etwa 35 % der Anzahl sämtlicher Kantone. Wenn sich die bevölkerungsschwächsten Kantone zusammenschließen, können acht Kantone mit zusammen weniger als 350.000 Einwohnern (4 % der Gesamtbevölkerung) ein Volksbegehren initiieren.
10. Eine Übersicht über alle Volksabstimmungen in der Schweiz bietet https://de.wikipedia.org/wiki/Liste_der_eidgenössischen_Volksabstimmungen, aufgerufen 26.11.2023.
11. Je einer dieser Termine liegt im Frühjahr und im Frühsommer. Im Herbst liegen zwei (https://www.bk.admin.ch/ch/d/pore/va/vab_1_3_3_1.html, aufgerufen am 24.11.2023).

12. Auffällig hohe Beteiligungen erzielten beispielsweise die Volksabstimmung über den Beitritt zum Europäischen Wirtschaftsraum 1990 (78 %), Gegen die Überfremdung 1974 (69 %) und Pro Tempo 130/100 im Jahre 1989 (69 %). Mit Ausnahme von neun Abstimmungen seit 2010 (von insgesamt 122) lag die Beteiligung unter 50 %. In einem Fall (28.11.2012) sank sie sogar auf 27 %.
13. Im Kanton Luzern kam eine Zustimmung zur Bundesverfassung von 1848 nur dadurch zustande, dass Stimmenthaltung als Ja-Stimmen gezählt wurde. Luzern war im Sonderbundskrieg Anführer der katholisch-konservativen Seite gewesen. Vor dieser Abstimmung teilte die neue liberale Kantonsregierung den Kanton willkürlich in sechs Stimmbezirke ein, um den Einfluss der katholisch-konservativen Opposition so gering wie möglich zu halten. Abgestimmt wurde in öffentlichen Versammlungen durch Handaufheben. Luzern bietet somit ein Paradebeispiel für Manipulationen durch Gerrymandering (willkürlichen Zuschnitt von Stimmbezirken, um Mehrheiten kalkulierbar zu machen), durch eine willkürliche, weil zuvor nicht verkündete, Zählweise und Konformitätszwang durch nichtgeheime Abstimmung.
14. Diese Regelung, die auch die Finanzierung von Parteien strengeren Transparenzregeln unterwirft, geht auf die Volksinitiative vom 10. Oktober 2017 «Für mehr Transparenz in der Politikfinanzierung (Transparenz-Initiative)» zurück, die vom Nationalrat und Ständerat aufgegriffen und in leicht modifizierter Form am 18. Juni 2021 verabschiedet wurde.
15. Das Einbürgerungsrecht variiert leicht von Kanton zu Kanton. Die letzte Entscheidung über eine Einbürgerung liegt bei der aufnehmenden Gemeinde, in der der betreffende Ausländer seinen Aufenthalt hat. Gemeinden fordern oft Führungs- oder Leumundszeugnisse. Generell gilt, dass ein großes Vermögen in der Regel die Aufenthaltsbewilligung und die Einbürgerung beschleunigen.

Literatur

Jörg Paul Müller/Giovanni Biaggini: *Die Verfassungsidee angesichts der Gefahr eines Demokratieabsolutismus,* in: Schweizerisches Zentralblatt für Staats- und Verwaltungsrecht. 5/2015, S. 235–250. https://www.zbl-online.ch/de/artikel/2504-0731-2015-0030/die-verfassungsidee-angesichts-der-gefahr-eines-demokratieabsolutismus?ausgabe=5&s[ref]=/hefte/2015&s[vm]=at. aufgerufen 30.11.2023.

Thomas Krumm: *Das politische System der Schweiz: Ein internationaler Vergleich,* München (Oldenbourg) 2013.

Thomas Fleiner: *Das schweizerische Regierungssystem – ein Sonderfall,* in: Anna Gamper/Irmgard Rath-Kathrein/Karl Weber/Norbert Wimmer (Hrsg.): *Vom Verfassungsstaat am Scheideweg,* Festschrift für Peter Pernthaler zum 70. Geburtstag, Wien (Springer) 2005, S. 115–126.

Wolf Linder: *Das politische System der Schweiz,* in: Wolfgang Ismayr (Hrsg.): *Die politischen Systeme Westeuropas,* Wiesbaden (VS Verlag für Sozialwissenschaften) 2008, S. 455–487.

9
Ausblick und Schlussfolgerungen

9.1 Finanzierung, Organisation, Kontrolle von Kampagnen

Die im siebten Kapitel aufgeführten Beispiele belegen die Gefahren, die von taktisch angesetzten Volksentscheiden ausgehen können. Sie polarisieren die Gesellschaft, sie geben radikalen Demagogen eine Agitationsplattform und Gelegenheit zu Propaganda und Mobilisierung, die sie im normalen Wahlgeschehen nicht hätten. Selbst das Vorbild der Schweiz weist dunkle Flecken auf. Ein Volksentscheid ist in der Entscheidung, die er bringt, für politische Agitatoren weniger interessant als die Kampagne, die ihm vorausgeht. Eine solche Kampagne bietet radikalen Demagogen, die sonst eine eher unbeachtete Randexistenz führen, eine landesweite Plattform, um Propaganda zu verbreiten, Themen zu setzen und Aufmerksamkeit zu finden. Ein weiterer Vorteil für solche Kandidaten liegt darin, dass solche Kampagnen in der Regel mit Steuermitteln bezuschusst werden.

Nur in wenigen Staaten ist die Finanzierung von Kampagnen für eine Volksabstimmung ebenso strikt geregelt wie die Finanzierung von Parteien. Welche Rolle private Zuwendungen für den Ausgang einer Volksabstimmung spielen können, ist noch viel zu wenig erforscht. Nimmt man die gigantischen Mittel, die in moderne Wahlkämpfe fließen, lässt sich vermuten, dass der Anreiz, eine Kampagne vor einer Volksabstimmung finanziell zu beeinflussen, noch wesentlich größer sein dürfte, denn die Hebelwirkung ist bei einer Volksabstimmung wirksamer. Finanziell lässt sich die Sammlung von Unterschriften fördern (durch Prämien für die Sammler oder regelrechten Unterschriftenkauf, sofern er hinreichend verdeckt werden kann; was genau geschieht, wenn Wahlhelfer von Tür zu Tür gehen und um Unterschriften bitten, lässt sich nicht überwachen). Der strategische Aufbau einer Kampagne, die von professionellen Marketing- und Werbeexperten betreut wird, kostet viel Geld. Jede mediale Präsenz erfordert erhebliche Finanzmittel. In modernen Demokratien spielen Medien noch eine zentrale Rolle, werden aber in ihrer Bedeutung zunehmend relativiert von sozialen Medien und von der Möglichkeit, über systematische Auswertung von Internetdaten psychologische Profile von Wählerpersönlichkeiten zu erstellen, um sie entsprechend ihren Präferenzen anzusprechen und dabei die Kontrollschranken bewusster Rationalität zu unterlaufen. Moderne Kommunikation schenkt momentanen Aufmerksamkeitshöhepunkten mehr Beachtung als systematischer, umfassender, abwägender Argumentation. Die Sensation ist wichtiger als der mühevolle Versuch, komplexe Zusammenhänge zu verstehen und zu bewerten, die Emotionalisierung schlägt allemal ein vernunftgeleitetes Abwägen. Wer es schafft, in einer Kampagne die nötige Empörung oder

9 Ausblick und Schlussfolgerungen

Siegeszuversicht zu schüren, kann mit der Abstimmung eine Weichenstellung bewirken, an der alle Korrekturversuche sämtlicher übriger verfassungsmäßiger Institutionen abprallen. Donald Trump gibt in den USA hierzu gerade mehrjährigen Anschauungsunterricht.

Wenn in den USA für eine Wahl mehr als 12 Mrd. US$ ausgegeben werden und Wahlanalysen nahelegen, dass diese Gelder das Wahlverhalten beeinflussen, liegt es auf der Hand, dass sich Ergebnisse von Volksabstimmungen durch gut organisierte und üppig finanzierte Aktivisten noch viel leichter beeinflussen lassen. Denn bei Parlaments- oder Präsidentschaftswahlen spielen langjährige Vertrauensverhältnisse und parteipolitische Bindungen eine starke Rolle. Bei Volksentscheiden verlaufen die Gräben oft quer zu Parteiaffiliationen. Traditionelle Bindungen und bewährte, vertrauensvolle Beziehungen zwischen Repräsentierten und ihren Repräsentanten fallen in Volksabstimmungen weniger ins Gewicht. Persönliches Vertrauen ist einer der Stabilitätsanker repräsentativer Demokratien. Volksabstimmungen hingegen bieten Gauklern, Blendern und primitiven Populisten eine wirksame Agitationsbühne. Insofern bieten Volksabstimmungen größere Angriffsflächen für politische Seitenwinde, die den kontinuierlichen Kurs eines Landes plötzlich abdriften lassen können. Eine Persönlichkeit wie Boris Johnson wäre ohne den Brexit niemals Premierminister des Vereinigten Königreichs geworden.

Die Hauptgefahr liegt darin, dass die Mehrheitserfordernisse und die Hürden für ein Volksbegehren in der Regel deutlich niedriger angesetzt sind als für parlamentarische Entscheidungen, aus der verständlichen, aber ideologisch vorgeprägten Auffassung heraus, dass es ein Zeichen lebendiger Demokratie sei, dem Volk die direkte Partizipation an politischen Entscheidungen so weit wie möglich zu erleichtern.[1]

Volksbegehren sind in den Verfassungen mehrerer Bundesländer Deutschlands vorgesehen. Die Hürden für solche Initiativen sind jedoch völlig unterschiedlich.[2] Die Willkür, mit der hier Hürden aufgebaut bzw. absichtlich beiseite geräumt werden, deutet darauf hin, dass dies eine Frage ist, über die weder empirisch noch wissenschaftlich-theoretisch ein Konsens besteht. Das aber sollte zu denken geben und es geboten erscheinen lassen, dieses Mittel nur mit größter Umsicht und Vorsicht zu nutzen. Das Gegenteil scheint aber in weiten Teilen der politischen Parteien der Fall zu sein. Hier wären jedenfalls systematische Untersuchungen erforderlich, um eine argumentativ halbwegs überzeugende Mindestschwelle für die Initiative eines Volksbegehrens zu definieren. Gegenwärtig scheint hier ein ebenso kurzsichtiger Opportunismus zu herrschen wie bei der Festsetzung des Mindestwahlalters.

Ein Volksentscheid bietet für eine gut organisierte, schlagkräftige Gruppe eine verlockende Alternative, an den hohen gesetzgeberischen Hürden der repräsentativen Staatsorgane vorbei Gesetzesänderungen auf basisdemokratischem Weg anzustreben. Denn sie können zwei Asymmetrien für sich nutzen: Die Zustimmungsschwellen liegen bei Volksabstimmungen niedriger als bei parlamentarischen Abstimmungen. Gut organisierte Gruppen können aktive eigene Anhänger besser mobilisieren als die eher passive schweigende Mehrheit. Unter diesen Umständen spricht alles für die Erwartung, dass die Befürworter eines Begehrens sich nahezu vollzählig an der Abstimmung beteiligen werden, wohingegen die restliche Bevölkerung sich eher apathisch-passiv verhält und der Abstimmung fernbleibt.

9.2 Voraussetzungen, Probleme und Folgen

Neben die prinzipiellen Probleme, das Volk bzw. den Kreis der Stimmberechtigten zu definieren und festzulegen, welche Mehrheiten ausreichen, um als authentische und verbindliche Willensäußerung des gesamten Volks gelten zu können, treten eine Reihe von organisatorisch-technischen Probleme, die es vor der Durchführung eines Volksentscheids zu berücksichtigen gilt.

9.2.1 Zeitliche Beschränkungen

Volksabstimmungen, die zur Bestätigung einer bereits von Repräsentativorganen gefällten Entscheidung dienen oder solche Entscheidungen aufheben (approbatorische oder abrogative Abstimmungen), sollten in engstem zeitlichem Zusammenhang mit den Entscheidungen stehen, die sie bestätigen oder aufheben sollen.

Zwar spricht bei abrogativen Abstimmungen vieles dafür, zunächst eine gewisse Zeit verstreichen zu lassen, in der praktische Erfahrungen mit der neuen gesetzlichen Regelung gesammelt werden können, aber es sollte im Interesse der Rechtssicherheit eine Ausschlussfrist geben, nach der abrogative Volksabstimmungen ausgeschlossen sind und Gesetzesänderungen nur noch im normalen parlamentarischen Verfahren möglich sind. Manche Verfassungen sehen eine solche Frist vor.

Vieles spricht dagegen, Volksabstimmungen mit regulären Parlamentswahlen zu verbinden. Zwar mag man auf diese Weise eine höhere Beteiligung erzielen. Wer ohnehin zur Wahl geht, wird auch den Abstimmungszettel ausfüllen. Fraglich ist jedoch, ob dieser Mobilisierungsvorteil nicht mehr als aufgewogen wird durch die unvermeidliche

Verzerrung im Wahlverhalten. Es macht keinen Sinn, eine Partei zu wählen und gleichzeitig seine Stimme gegen ein Projekt abzugeben, das diese Partei unterstützt. Insofern führt die Verbindung von Wahlen, in denen Parteien mit ihrem Gesamtprogramm miteinander konkurrieren, mit einem Volksentscheid, in dem es punktuell um eine Sachfrage geht, zu einer kognitiven Dissonanz beim Wähler. Die Gründe, weshalb er sich für eine Partei und weshalb er sich für eine sachliche Alternative entscheidet, werden sich gegenseitig stark beeinflussen. Der proportional geäußerte Wille zur Repräsentation würde mit einem absolutistisch-mehrheitlich geäußerten Willen in einer Sachfrage kollidieren. Die gewählten Vertreter wären nicht mehr ihrem Gewissen und ihrer persönlichen Überzeugung vom Gemeinwohl verpflichtet, sondern an die Vorentscheidung in der Sache der Volksabstimmung gebunden.[3] Die italienische Verfassung schließt beispielsweise abrogative Referenden in zeitlicher Nähe zu Wahlterminen aus.

In der Schweiz häufen sich hingegen Volksabstimmungen vor regulären Wahlterminen. Wie auch immer die Mehrheiten im neugewählten Parlament aussehen, es ist in dieser Sachfrage gebunden, und selbst wenn die Parteien, die das Volksbegehren abgelehnt hatten, die nächste Regierung bilden, ist diese gebunden, ein Gesetzesprojekt durchzusetzen, das sie selbst für falsch hält. Im Grund ist eine solche Kombination von repräsentativer und direkter Demokratie entweder überflüssig – wenn die Mehrheitsparteien ohnehin das Anliegen des Volksentscheids mittragen – oder es führt zu einer Vorstufe des imperativen Mandats, denn die Vertreter des Volks sind dann gezwungen, eine Entscheidung mitzutragen, die ihrem Gewissen bzw. ihrer besseren Einsicht zuwiderläuft.

Werden Volksabstimmungen hingegen mitten in eine Wahlperiode verlegt, dürften viele Wahlberechtigte weniger um der Sachfrage willen abstimmen, sondern die

Abstimmung als Ventil nutzen, um der Regierung einen Denkzettel zu verpassen – umso eher, als die Volksabstimmung an den Mehrheitsverhältnissen in Parlament und Regierung nichts verändern kann. Eine Volksabstimmung wird dann zum bequemen, aber gefährlichen Ventil für Protestwähler – gefährlich, weil viele Wähler die Tragweite der Sachfragen schwer überschauen und sich leicht von der Gelegenheit, «es denen da oben einmal zu zeigen», verführen lassen, ohne das Risiko eingehen zu müssen, dass sich im politischen Spektrum etwas radikal verschiebt, bequem, weil es genügt, gegen die Regierung zu stimmen, ohne sich näher mit der Sachfrage zu beschäftigen.

Die Terminfrage wird besonders virulent bei Grundsatzfragen, die von spektakulären Ereignissen beeinflusst werden. Hätte man nach Fukushima eine Volksabstimmung über die Kernenergie angesetzt, hätte man in vielen Ländern mit einer Ablehnung rechnen können. Wer unmittelbar nach der Zerstörung des World Trade Centers in New York am 11. September 2001 oder nach dem Terroranschlag auf den Berliner Weihnachtsmarkt am 19. Dezember 2016 eine Volksabstimmung zur Wiedereinführung der Todesstrafe angesetzt hätte, hätte in einigen Ländern gute Aussicht gehabt, eine solche Abstimmung zu gewinnen. In Israel wurden nach dem Hamas-Terrorüberfall vom 7. Oktober 2023 aus der Regierung Rufe nach Wiedereinführung der Todesstrafe laut.[4]

Die Frage, wann Volksabstimmungen wiederholt werden dürfen, wird sehr unterschiedlich beantwortet. Lehnt das Volk in einem Entscheid einen Vorschlag seiner Regierung ab, zeigen einige Regierungen wenig Bedenken, nach kosmetischen Korrekturen binnen eines Jahres erneut abstimmen zu lassen. Zustimmungen lassen sich erheblich schwerer revidieren. Allein diese Asymmetrie sollte eine Warnung sein, leichtfertig Volksabstimmungen anzusetzen. Dass Volksabstimmungen in Irland zweimal wichtige

Vertragsgrundlagen der EU verwarfen, ließ sich ohne viel Geschrei innerhalb von wenigen Monaten durch erneute Volksabstimmungen korrigieren. Wer 2017/2018 im Vereinigten Königreich eine Wiederholung der Volksabstimmung über den Brexit forderte, dem wurde vorgeworfen, den Volkswillen zu leugnen und undemokratisch zu sein. Selbst acht Jahre nach dem Abstimmungsergebnis wagt es kein britischer Politiker, die radikale Interpretation, die Boris Johnson diesem Volksentscheid übergestülpt hat, infrage zu stellen, auch wenn inzwischen die meisten Meinungsumfragen nahelegen, dass sich die Mehrheiten deutlich gewandelt haben. Es scheint eine ausgeprägte Asymmetrie zwischen der Gültigkeit von positiven und negativen Volksabstimmung zu geben. Es ist schwer zu erklären, weshalb das irische Nein zum EU-Verfassungsvertrag und zum Vertrag von Lissabon sich binnen weniger Monate korrigieren ließ, wohingegen das Nein der Briten vom Juni 2016 in Stein gemeißelt zu sein scheint.

Auf die Frage, wann das Volk zu der gleichen Materie erneut befragt werden kann, gibt es weder juristisch noch historisch oder soziologisch überzeugende Antworten. Sie lässt sich nur durch ein politisch geübtes Gespür für Stimmungsumschwünge an der Wählerbasis beantworten, und sie erfordert ein erfahrenes Team, dass die dann erforderliche Kampagne leitet. Vermutlich sollte eine Mindestfrist verstreichen (5 Jahre?). Nach einer Generation (30 bis 40 Jahre) sollte jede Befristung entfallen, denn wenn sich die Zusammensetzung des Souveräns grundlegend verändert hat und eine neue Generation die Mehrheit unter den Wählern bildet, sollte sie auch die Chance erhalten, neu darüber zu entscheiden, wozu ihre Vorfahren sich einstmals geäußert haben.[5] Hier stellt sich allenfalls das Problem, ob ein Volksentscheid einen früheren mit einer deutlich schwächeren Mehrheit außer Kraft setzen kann. Dies ist weniger ein Grundsatzproblem von Volksabstimmungen als ein Problem der historischen Kontinuität eines Volkes. Letztlich wird das Argument, dass in einer Demokratie das Volk in seiner sich stets verändernden Zusammensetzung Quelle aller Staatsmacht ist, den Ausschlag geben. Eben diese ständige dynamische Veränderung des Volkskörpers durch Generationenwechsel oder Ein- und Auswanderung stellt jede Volksabstimmung unter einen zeitlichen Vorbehalt. Die oft gehörte Behauptung, wenn das Volk gesprochen habe, sei eine Frage «ein für alle Mal» entschieden, kann nicht richtig sein, weil das Volk wie eine Monarchie ständigen Veränderungen unterworfen ist. Auch Völker entstehen neu und vergehen, auch Völker erneuern sich ständig, auch Völker lernen und verändern ihre Prioritäten, ebenso wie Monarchien ihren Bestand nur durch den ständigen Wechsel der Thronfolger sichern können: *Le roi est mort – vive le roi!*

Wer dem Volk die entscheidende Stimme geben will, darf sie ihm nicht nur einmal geben und dann wieder entziehen. Das aber tun Volksabstimmungen: Sie geben dem Volk einmal eine Stimme und schließen das Ergebnis dann möglichst unzugänglich weg. Damit stehen sie im Widerspruch zu drei Grundforderungen jeder Demokratie: Zum Ersten der regelmäßigen Wiederkehr von Wahlen, die dem Volk in festen Abständen erlauben, seine Meinung zu ändern und auf neue Fragen neue Antworten zu finden; zum Zweiten der Revidierbarkeit und Flexibilität jeder Entscheidung, die Resilienz und Lernfähigkeit begründen; zum Dritten der Wandelbarkeit, die jeder Minderheit von heute die Möglichkeit bietet, zur Mehrheit von morgen zu werden. Volksabstimmungen beanspruchen Mehrheitsverhältnisse für alle Zeiten unveränderbar zu zementieren.

Dass Ergebnisse von Volksabstimmungen kaum revidierbar sind, ist eine ihrer gravierendsten Schwächen in Situationen, die unvorhersehbare und grundlegende Umschwünge bringen. An Beispielen hat es in jüngere Geschichte nicht gefehlt: Corona-Pandemie, Migrationskrise, Krieg in der Ukraine, Klimakrise. Dieser Mangel an Revidierbarkeit macht Volksabstimmungen für Radikale attraktiv, die sich davon irreversible Veränderungen erhoffen, die sie auf normalem parlamentarischem Weg nicht erreichen können. Allen Volksabstimmungen wohnt ein totalitäres, revolutionäres Element inne.

Eine parlamentarisch kontrollierte Regierung kann sich für einen notwendigen Kurswechsel relativ schnell die notwendige Legitimierung durch eine Abstimmung im Parlament holen. Um die Fesselung eines Volksentscheids abzustreifen, bedarf es wesentlich größerer und vor allem zeitraubenderer Anstrengungen.

Um glaubhaft zu sein, müssen Volksentscheide über längere Zeit Bestand haben. Sonst gerät der vorgebliche Wille des Volkes als höchste Instanz in Verruf, entweder launenhaft hin und her zu schwanken, wie ein Blatt im Wind, oder es drängt sich der Verdacht auf, der angebliche Wille des Volkes sei nicht viel mehr als das Ergebnis einer manipulativen Beeinflussung durch Propaganda und Geld. Deshalb ist die strikte Kontrolle und Offenlegung, wie das Volk über die zur Entscheidung anstehende Sachfrage informiert werden soll bzw. darf und wer die Kampagnen des Für und Dagegen finanziert, von äußerster Bedeutung.

9.2.2 Welche Fragen und Materie eigenen sich für Volksabstimmungen, welche nicht?

Grundsätzlich können Volksabstimmungen jede Materie entscheiden; das Wesen der Souveränität duldet keine Einschränkungen. Aus guten Gründen werden jedoch bestimmte Materien traditionell keinem Volksentscheid unterbreitet oder in Verfassungen sogar explizit von Volksentscheiden ausgenommen, wie beispielsweise Haushalts- und Steuerfragen, Strafrecht, Verteidigung und Sicherheit. Hier ist die Gefahr zu groß, dass unsachgemäße Stimmungsschwankungen oder unzureichende Kenntnis komplexer Details zu Ergebnissen führen, die unpraktikabel oder verhängnisvoll sind.[6] Bei Steuern und staatlichen Leistungen besteht die Gefahr, dass Volksentscheide zu einer Selbstbedienungsmentalität führen können, in der sich eine gegenwärtige Generation Leistungen zuerkennt, die sie selbst nicht zu erbringen hat und als Schuldenlast nachfolgenden Generationen hinterlässt. Diese Einschränkungen legen jedoch die Frage nahe, weshalb unsachgemäßen Stimmungsschwankungen und unzureichender Kenntnis komplexer Details in anderen politischen Fragen weniger Bedeutung zukommen soll.

Verteidigungs- und Sicherheitsfragen setzen komplexe Bedrohungsanalysen und Katastrophenszenarios voraus, die nur wenige Bürger durchschauen, geschweige denn bewerten können. Sie bedingen hohe Belastungen auch in Zeiten, in denen eine unmittelbare Bedrohung gar nicht zu erkennen ist. Wenn jedoch keine Mindestdispositive vorgehalten werden, kann es in einer plötzlich ausbrechenden Krise zu spät sein. Russlands Überfall auf die Ukraine hat hier manchen Bürgern die Augen geöffnet. Sicherheitsvorkehrungen erfordern Opfer und Einschränkungen, die einer Mehrheit nicht unbedingt einleuchten, vor allem wenn sie aus ihrem Zusammenhang gerissen und als Einzelfrage präsentiert werden. Die Frage «Stimmen Sie zu, dass 100 Mrd. € zusätzlich in den Verteidigungshaushalt fließen?» hätte vor dem 22. Februar 2022 in Deutschland keine Mehrheit in einer Volksabstimmung gefunden, vor allem, wenn in der Kampagne darauf hingewiesen worden wäre, was diese 100 Mrd. € im Umweltschutz, im Kampf gegen den Klimawandel, bei Sozialleistungen, Ertüchtigung der Infrastruktur und Bildung bewirken könnten.

Umgekehrt legen viele Fragen von ihrer Interessenlage und ihrer Logik her eine Volksabstimmung nahe, nämlich immer dort, wo Repräsentanten in einen Interessenkonflikt zwischen ihrer Rolle als Volksvertreter und ihren persönlichen Eigeninteressen geraten. Das sind Fragen der Höhe ihrer Diäten[7] und Pauschalen einschließlich Alters- und Krankenversorgung, Arbeitsbedingungen und Nebentätigkeiten. Es liegt nahe, über ein Lobbyregister nicht von den am meisten betroffenen Abgeordneten abstimmen zu lassen, sondern es auf Vorschlag von parteiunabhängigen Experten *(elder statesmen?)* in einer Volksabstimmung beschließen zu lassen. Zu den Fragen, die besser nicht den Politikern allein überlassen bleiben sollten, gehören die Finanzierung von Parteien, Fraktionen und politischen Stiftungen, die Transparenz bei Parteispenden oder Sponsoring, die Finanzierung von Wahlkämpfen oder die Größe des direkt gewählten Parlaments. Es geht um Bereiche, in denen Abgeordnete, Parteien und Fraktionen weitgehend ein Selbstbedienungsrecht genießen. In Deutschland hält das Bundesverfassungsgericht ein kritisches Auge auf diese Steuermittel, die sich Parteien, Fraktionen und Parlamentarier selbst zusprechen. Aber das Bundesverfassungsgericht setzt sich aus Richtern zusammen, die vom Parlament ernannt werden, manche waren zuvor selbst aktive Politiker. Insofern ist auch hier der Verdacht nicht immer auszuräumen, dass das Verfassungsgericht wesentlich mildere Maßstäbe anlegt, als das der Wähler und Steuerzahler selbst tun würde.

Verfassungsrechtlich hätte auch die Frage, was mit Überhangmandaten zu geschehen hat, besser einem Volksentscheid unterbreitet werden sollen, statt durch das Verfassungsgericht entschieden zu werden.[8]

Fragen der Wissenschaft und der Lehrpläne sollten nicht durch Volksabstimmungen entschieden werden. Die Freiheit von Forschung und Lehre verträgt sich schlecht mit der dogmatischen Vorgabe, was eine richtige oder falsche Weltanschauung ist. Erkenntnis- und Wahrheitsfragen lassen sich nicht durch politische Mehrheiten entscheiden. Insofern sind Gesetze, die die Leugnung bestimmter historischer Ereignisse unter Strafe stellen, immer bedenklich. Volksabstimmungen sollten nicht über die Frage stattfinden, ob Kreationismus oder Evolutionslehre gelehrt werden soll, ob bestimmte Ansichten als rassistisch, reaktionär oder faschistisch tabuisiert werden. Insofern bereiten manche Universitäten schlecht auf ein Leben in demokratischer Freiheit und Vielfalt vor. Wer auf der Universität gelernt hat, dass man mit einer kleinen Gruppe von Aktivisten ganze Vorlesungen sprengen, Professoren diffamieren und gegen Andersdenkende mit der Mobilisierung von Gleichgesinnten vorgehen kann, wird später dazu neigen, die Macht in der Mobilisierung der Straße zu suchen und nicht im freien, argumentativen Wettbewerb widersprüchlicher Meinungen.

9.2.3 Verbindlich oder unverbindlich?

Einige Länder kennen neben dem klassischen, rechtlich verbindlichen Volksentscheid unverbindliche (konsultative) Volksbefragungen – eigentlich ein Widerspruch in sich, denn wenn der Souverän gesprochen hat, sollte es keine andere politisch legitimierte Instanz mehr geben, die sich diesem Spruch mit höherer Autorität entgegenstellen kann.[9] In früheren Epochen dienten Volksbefragungen Parteien oder Herrschern dazu, das Volk für eigene Ideen zu mobilisieren und damit oppositionelle Stimmen zu übertönen. Mit der Herausbildung moderner Meinungsumfragen besteht für unverbindliche Volksbefragungen keine eigenständige Funktion mehr.

9.2.4 Wer kann Volksentscheide initiieren?

Das Ergebnis von Volksentscheiden lässt sich auch mit den besten Meinungsumfragen nicht vorab einschätzen.

Volksentscheide können böse Überraschungen bringen. Sie können Optionen, über deren Sinn man eigentlich weitreichenden Konsens vermutete, auf Jahre hinaus, wenn nicht für immer verschütten oder zumindest dafür sorgen, dass spätere Korrekturen abschreckend kostspielig werden. Wer das Auf und Ab von Meinungsumfragen zu Sachfragen und zu Parteipräferenzen auf Stimmungsbarometern verfolgt, wird skeptisch, ob es politisch sinnvoll ist, diese ständigen Verschiebungen im Kaleidoskop politischer Meinungen an einem willkürlich festgelegten Punkt zu fixieren und zur unabänderlichen Richtschnur auf Jahre hinaus zu machen.

Für Demagogen eröffnet die Volatilität der öffentlichen Meinung ein weites Betätigungsfeld. Hätte man auf dem Höhepunkt der Zahlungskrise eine Grexit-Abstimmung in Griechenland angesetzt, hätten gute Aussichten bestanden, dass dies zu einem Votum für den Austritt aus der EU geführt hätte.[10] Selbst in Deutschland hat es Momente gegeben, in denen es mehr als unsicher war, wie eine Volksabstimmung über die Mitgliedschaft in der EU ausgehen würde.

Der Frage, wer Volksentscheide initiieren oder gar erzwingen kann, kommt zentrale Bedeutung zu. Im Prinzip bestehen drei unterschiedliche Optionen:

- Regierung oder Staatsoberhaupt können das Volk zu einer Abstimmung aufrufen (in der Hoffnung, sich zusätzliche Legitimität für umstrittene politische Vorhaben zu sichern oder prekäre Mehrheitsverhältnisse im Parlament oder in einer Partei zu konsolidieren). Der Volksentscheid dient dann dazu, mögliche Attacken der Opposition zuvor zu kommen oder Risse in den eigenen Reihen zu übertünchen.
- Das Recht, Volksentscheide anzusetzen, kann bei Fraktionen oder politischen Parteien liegen (wobei zu klären

ist, ob dies für alle registrierten Parteien oder nur für die gilt, die im Parlament vertreten sind).
- Drittens kann dieses Recht generell dem Volk, einer Nichtregierungsorganisation oder einer spontanen Initiativgruppe zugebilligt werden. Dann ist entscheidend, wie das Initiativrecht umschrieben ist und welche Hürden es zu überwinden gilt (Unterschriftenlisten), um eine Volksabstimmung zu erzwingen.

Die Dynamik einer Volksabstimmung hängt davon ab, von wem sie in welcher Absicht angestoßen wird. Regierungen werden mit allen Mitteln versuchen, durch Informationskampagnen eine Meinungsdominanz zu erreichen.

Wenn das Recht, Volksentscheide zu initiieren, bei Fraktionen oder Parteien liegt, werden vor allem kleine, radikale Parteien von dieser Option Gebrauch machen, um ihre Anhänger zu mobilisieren und in die Schlagzeilen zu kommen. In einer Zeit, in der Aufmerksamkeit wichtiger als Zustimmung ist, bieten Referendumskampagnen Politikern, die sonst wenig Aufsehen und Ansehen finden, eine ideale Plattform, um sich ins Rampenlicht zu stellen und selbst Nischenthemen in den Fokus öffentlicher Aufmerksamkeit zu rücken.[11] Es fällt weniger das Ergebnis ins Gewicht als die politische Dynamik, die eine voraufgehende Referendumskampagne entfesselt.

Die meisten Verfassungen, die reguläre Volksabstimmungen vorsehen, sprechen das Recht zur Initiative einer bestimmten Mindestzahl von Bürgern zu.[12] In der Regel organisieren Nicht-Regierungsorganisationen oder etablierte *pressure groups* derartige Initiativen. Aktivisten und Interessenverbände sind selten von der Sorge um das Gemeinwesen getrieben, sondern repräsentieren sektorale oder ideologische Sonderinteressen. Auf dem Weg über eine Referendumskampagne können sie öffentliche Unterstützung für ihre Anliegen mobilisieren.[13] Sie erhalten die

Möglichkeit, ihre Sonderinteressen als die Interessen des gesamten Volks zu präsentieren. Volksabstimmungen geraten so in die Gefahr, nicht den Willen des ganzen Volkes auszudrücken, sondern zum Vehikel für Partikularinteressen von Minderheiten zu werden.

Medien kommt in der Meinungsbildung vor Volksabstimmungen eine besondere Verantwortung zu. Sie spielen als Vermittler einer ausgewogenen, sachlichen und argumentativ soliden Berichterstattung eine zentrale Rolle.[14] Guter Journalismus besteht gerade in solchen Zeiten darin, Analyse sauber vom Meinungskommentar zu trennen und sich nicht selbst zum Teil einer politischen Kampagne zu machen. Objektivität bzw. politische Neutralität bedeutet keineswegs, jeder Meinung und jedem Politiker in gleicher Weise Raum zu geben. Gerade wenn es darum geht, eine hohe Zahl von relativ wenig sachkundigen Wählern zu informieren und ihnen zu einer argumentativ gefestigten eigenen Meinung zu verhelfen, sind Medien aufgerufen, durch eigene Kommentare, offensives Nachfragen und das Bloßstellen von Widersprüchen oder von irrigen Annahmen Licht und Schatten in den Positionen eines Für und Wider zu verdeutlichen.

9.2.5 Wer terminiert Volksabstimmungen, wer formuliert die Fragen?

Ebenso entscheidend wie das Recht, eine Volksabstimmung zu einer bestimmten Frage zu initiieren, ist das Recht, das Abstimmungsdatum zu bestimmen und die Frage zu formulieren, die zur Abstimmung kommen soll. Soll nur eine einzige Frage auf dem Abstimmungszettel stehen oder mehrere? Sind es mehrere Fragen, ist klar, dass sie auf denjenigen, der sie beantworten soll, assoziativ wirken, indem die Beantwortung einer prominenten Frage sich auf die Beantwortung der anderen, weniger bedeutenden Fragen auswirken wird. Wer bei einer Frage, die ihn bewegt, zugestimmt hat, wird eher geneigt sein, auch die anderen, weniger wichtigen Fragen ebenfalls positiv zu beantworten.[15]

Es ist es eine alte Erkenntnis, dass Menschen sich leichter und schneller zu einem «Ja» bewegen lassen als zu einem «Nein», dass sie Positionen am Anfang einer langen Liste den Vorzug vor hinteren Positionen geben, dass sie von links nach rechts lesen und deshalb Positionen links oben auf dem Abstimmungszettel einen psychologischen Wahrnehmungsvorteil genießen, und dass große, auffällige, zentrale Positionen eher Aufmerksamkeit und Zustimmung auf sich ziehen als kleine Positionen, die unauffällig an den Rand gerückt sind.

Es besteht somit eine weite Palette von Möglichkeiten, das Ergebnis einer Abstimmung durch das optische Layout des Wahlzettels zu beeinflussen. Fragen können suggestiv formuliert werden, sie können manipulativ ein semantisches «Nein» in ein faktisches «Ja» transponieren – und umgekehrt.[16] Fragen können durch assoziativ aufgeladene Begriffe eine starke Suggestivkraft entfalten.[17]

Die Formulierung der Frage bzw. die Entscheidung darüber, ob eine, zwei oder mehrere Fragen gestellt werden sollen, können von größter Tragweite sein. 1975 mussten die britischen Wähler die Frage beantworten: *«Do you think the United Kingdom should stay in the European Community (the Common Market)?»* Das war eine suggestive Frage, die ein Beibehalten der gegebenen Umstände favorisierte.[18] Die Frage hätte rein logisch ebenso gut lauten können: *«Do you think the United Kingdom should leave the European Community?»* Eine solche Fragestellung hätte aber psychologisch ganz anders gewirkt und vermutlich ein anderes Ergebnis geliefert.

2016 lautete die Frage: «*Should the United Kingdom remain a member of the European Union or leave the European Union?*» Mit dieser Parallelfrage sollte die suggestive Wirkung einer einseitig formulierten Frage aufgehoben werden, obwohl rein logisch klar war, dass wer bei einem Verbleib mit «Nein» stimmte, notwendigerweise nur für Austritt stimmen konnte. Die Wahlkommission hatte darauf bestanden, die Fragestellung in dieser alternativen Weise abzufassen und hatte damit Premierminister Cameron überstimmt, der die simple Fragestellung *Should the United Kingdom remain a member of the European Union?* vorgeschlagen hatte. Mit dieser Fragestellungen waren sehr weitreichende psychologische Assoziationen verknüpft. Aus *yes or no* wurde *remain or leave,* und diese beiden Begriffe mutierten zu den Slogans *stronger, safer and better off* und *take back control*. *Remain* malte den Brexit als unausweichliche Wirtschafts- und Finanzkatastrophe, *leave* hingegen versprach den Anbruch eines neuen Goldenen Zeitalters und die Rückkehr der Zeiten, als Großbritannien eine Weltmacht war.

Anmerkungen

1. Rein demokratietheoretisch kann eine ausufernde, tägliche Beteiligung der Wähler auch an hochspezifischen Fragen des Guten zu viel sein. Die Qualität der Entscheidungen würde darunter leiden. Auch wäre ein normaler Bürger restlos überfordert, wenn er täglich an Volksentscheiden teilnehmen, zu deren komplexen Materien er sich eine begründete Meinung bilden müsste. Auch über das Optimum zwischen repräsentativer und direkter Demokratie gibt es zu wenig fundierte Analysen.
2. Um ein Volksbegehren zu initiieren, verlangen die Bundesländer Listen mit zwischen 3000 (NRW:

0,016 % der Bevölkerung) und 130.000 Unterschriften (Hessen: 2,1 % der Bevölkerung, 130-mal höher als in NRW). Das Zulassungsquorum variiert zwischen 3,6 % (Schleswig-Holstein) und 20 % (Hessen). Als angenommen gilt ein Volksentscheid, wenn 15 % (NRW, Schleswig-Holstein) oder 25 % (Berlin, Brandenburg) der Stimmberechtigten oder 25 % (Bayern) bzw. 50 % (die meisten Bundesländer) der Abstimmenden ihn gutheißen. Einige Länder fordern für Verfassungsänderungen eine Zweidrittelmehrheit der Abstimmenden. Diese Grenzen liegen durchweg weit unter den Mehrheitserfordernissen für gültige Gesetzesbeschlüsse im Bundestag oder in den Landtagen. In Bayern gelang es zwei Volksentscheiden am 1. Juli 1973 (Rundfunkfreiheit, Landtagswahlrecht), die Verfassung ändern. Die Mehrheiten waren eindeutig (87,1 % bzw. 84,8 % der abgegebenen Stimmen stimmten für eine Änderung), die Beteiligung lag jedoch mit 23,3 % deutlich unter einem Viertel der Stimmberechtigten. Die Zustimmungsquoten lagen somit um die 20 %. Ein Fünftel der Wahlberechtigten in Bayern hat somit die Verfassung in zwei wichtigen Punkten geändert. Im Landtag wäre hierfür jeweils eine Zweidrittelmehrheit erforderlich gewesen. Am 21. September 2003 und am 15. September 2013 fanden jeweils zwei weitere Volksentscheide über Verfassungsänderungen statt. Diese ergaben im ersten Fall bei einer Beteiligung von 56,9 % Mehrheiten von 88,3 % und 85,1 % (Quoten: 50,2 % und 48,4 %; hier lagen die Quoten wenigstens sehr nahe an einer absoluten Mehrheit der Wahlberechtigten), im zweiten Fall bei einer Beteiligung von 63,2 % Mehrheiten von 89,6 % und 90,7 % (Quoten: 56,6 % und 57,3 %). Die hohe Beteiligung ergab sich beide Male daraus, dass die Stimmabgabe für die Volksentscheide zu-

sammen mit den Wahlen zum Landtag durchgeführt wurde.
3. Instruktiven Anschauungsunterricht boten die Wahlen zum polnischen Sejm vom 15. Oktober 2023: Neben den Wahlen zu beiden Kammern des polnischen Parlaments waren die Wähler aufgefordert, ein von der Regierungspartei PiS eingebrachtes Referendum zu entscheiden, in denen den Wählern vier Fragen gestellt wurden:

- Soll Staatsvermögen an ausländische Unternehmer verkauft werden?
- Soll das Rentenalter auf 67 angehoben werden?
- Soll die Grenzmauer zu Belarus beseitigt werden?
- Sollen Tausende illegaler Einwanderer Aufnahme finden?

Die vier Fragen griffen, zum Teil zugespitzt, Forderungen aus dem Programm der anderen Parteien auf, vor allem der stärksten Oppositionspartei Bürgerkoalition (KO) Donald Tusks. Die Regierungspartei rief dazu auf, alle vier Fragen mit «Nein» zu beantworten, in der Hoffnung, ein Nein zu diesen Vorschlägen werde sich in ein Nein gegen Tusks Partei ummünzen lassen. Sie wurde dafür heftig kritisiert. Die Vorwürfe reichten von verdeckter staatlicher Wahlkampffinanzierung (die Kosten für das Referendum wurden aus Steuermitteln gedeckt) über suggestive Formulierungen (illegale Einwanderer) und den Versuch, völlig unterschiedliche Materien zusammenzubinden (was hat Migration mit dem Verkauf von Staatsunternehmen zu tun?), bis hin zu verdeckter Wahlmanipulation. Im Ergebnis verlor die PiS über 8 % Stimmen und kam nur noch auf 35,4 %, Tusks Wahlbündnis KO erreichte 30,7 %. Die Rechnung ging jedoch nicht auf, weil die meisten Wähler den Zettel zur Volksabstimmung gar nicht

9 Ausblick und Schlussfolgerungen 201

ausfüllten. Die Hoffnung auf einen horizontalen Stimmen- und Stimmungstransfer entpuppte sich als trügerisch. Während die Beteiligung an den Parlamentswahlen mit knapp 75 % einen Rekord erreichte, blieb die Beteiligung am Referendum unter 40 %. Damit gewann die Volksabstimmung keine verbindliche Wirkung.
(https://www.deutsches-polen-institut.de/blogpodcast/blog/parlamentswahlen-und-landesweites-referendum-an-einem-tag-warum-ist-das-problematisch/, aufgerufen 01.12.2023)

4. *Israeli minister calls for death penalty to those involved in Oct. 7 offensive: Yisrael Katz asks to prosecute Hamas members as Nazis* (https://www.aa.com.tr/en/middle-east/israeli-minister-calls-for-death-penalty-to-those-involved-in-oct-7-offensive/3031552, aufgerufen am 02.01.2024)

5. In der EU sind drei negative Volksentscheide nachträglich binnen weniger als 18 Monate korrigiert worden: Die Dänen lehnten am 2.6.1992 den Vertrag von Maastricht ab (Beteiligung 83,1 %, Ablehnung 50,7 %, Quote 41,8 %), billigten ihn jedoch nach einigen Retuschen am 18.5.1993 (Beteiligung 86,5 %, Zustimmung 56,7 %, Quote 49 %), also weniger als ein Jahr später. Die Iren verwarfen zunächst am 9.6.2002 den Vertrag von Nizza (Beteiligung 34,8 %, Ablehnung 53,9 %, Quote 18,75 %), nahmen ihn aber am 19.10.2003, also 16 Monate später an (Beteiligung 49,5 %, Zustimmung 62,9 %, Quote 31,1 %). Ein ähnliches Spiel wiederholte sich wenige Jahre später. Auch der Vertrag von Lissabon fand zunächst in Irland keine Mehrheit. Am 12.6.2008 lehnten ihn 53,4 % der Abstimmenden (Beteiligung 53,1 %, Quote 28,3 %) ab; am 2.10.2009, wiederum 16 Mo-

nate später, stimmten 79,2 % zu (Beteiligung 59,9 %, Quote 47,4 %).

Die Schweiz hat binnen 20 Jahren zweimal über ihre VN-Mitgliedschaft abgestimmt. Die erste Abstimmung verwarf die Mitgliedschaft am 16. März 1986 mit 75,7 % (Beteiligung 51 %, Quote 38,6 %), die zweite ergab am 3. März 2002 eine Zustimmung zu einer Mitgliedschaft von 54,6 % (Beteiligung 57,6 %, Quote 31,4 %). Auffällig ist, dass in der ersten Abstimmung die Kantone ausnahmslos mit ausgeprägter Mehrheit eine VN-Mitgliedschaft ablehnten, in der zweiten hingegen die ländlichen Kantone ablehnend blieben, wohingegen die städtisch geprägten Kantone den Ausschlag für die Zustimmung gaben, am deutlichsten die Grenzstädte Basel und Genf. Der stärkste Widerstand kam aus Appenzell, Glarus und Schwyz, d. h. aus der ländlich-konservativen Innerschweiz.

Zu einer eigenartigen Abfolge von Entscheidungen kam es bei Volksabstimmungen in der Schweizer Gemeinde Moutier: Am 18. Juni 2017 stimmen 51,7 % für einen Wechsel zum Kanton Jura, 48,3 % für einen Verbleib bei Bern (Beteiligung 88 %; absolute Zahlen: 2067:1930. Stimmberechtigt waren rund 4550 der insgesamt etwa 7400 Einwohner. Diese Abstimmung wurde am 18. November 2018 vom Regierungsstatthalter für ungültig erklärt. Am 29. August 2019 bestätigte das Verwaltungsgericht Bern die Ungültigkeit der Abstimmung. Es kam sofort zu einer erneuten Initiative, dieses Mal von Anfang an überwacht und begleitet von sämtlichen Bundesbehörden. Eine erneute Abstimmung fand am 28. März 2021 statt. Dieses Mal stimmten 2114 (54,9 %) für den Wechsel zum Kanton Jura, 1740 (45,1 %) für den Verbleib bei Bern. Wiederum gaben nur 52 % der Gesamtbevölkerung

9 Ausblick und Schlussfolgerungen

ihre Stimme ab. Dieses Mal war die Abstimmung gültig. Den Ausschlag gaben 28,5 % der Gesamtbevölkerung. Moutier wird 2026 zum Kanton Jura wechseln.
6. Eine Ausnahme bilden einige kleinere Schweizer Kantone, in denen Volksabstimmungen Vorgaben für Steuerbelastungen und Ausgabe- bzw. Verschuldungspolitik ihrer Kantonsregierungen machen können. Hier dürfte die Vertrautheit mit den lokalen Gegebenheiten dafür sorgen, dass die abstimmenden Bürger die Folgen ihrer Stimmabgabe überblicken können.
7. Der Ausdruck «Diäten» legt immer noch nahe, dass Abgeordnete nicht besoldet werden, sondern dass sie ein Tagesgeld als Entschädigung für ihre Aufwendungen erhalten.
8. Das Urteil des Bundesverfassungsgerichts vom 25. Juli 2012 (BVerfGE 121, 266; BvF 3/11) legt einen absoluten Vorrang des Proporz- gegenüber dem Mehrheitswahlrecht fest. Mit der diesem Urteil zugrunde liegenden Auffassung von Demokratie lässt sich keine Volksabstimmung rechtfertigen. Es wäre besser gewesen, diese Frage nach verfassungsrechtlicher und demokratietheoretischer Aufklärung dem Wahlvolk selbst zur Entscheidung zu überlassen. Denn wie er repräsentiert sein will, ist eine Grundsatzfrage, zu deren Beantwortung ein keinem Wähler rechenschaftspflichtiges Gericht nicht die letzte Entscheidung fällen sollte.
9. Dies ist das verfassungsrechtliche Problem des Brexit-Votums: Verfassungsmäßig hatte es lediglich beratenden Charakter. Die Verfassung des Vereinten Königreichs lässt verbindliche Volksabstimmungen nicht zu. Die Ironie des Brexit-Referendums liegt darin, dass es nachträglich von der Regierung May als bindende Offenbarung des Willens des Volkes dargestellt wurde. Der Oberste Gerichtshof hat eine Entschließung des Parlaments zur konstituierenden Voraussetzung er-

klärt, bevor die Regierung die Absicht des Vereinigten Königreichs, die EU nach Art. 50 des Vertrags über die Europäische Union zu verlassen, völkerrechtlich verbindlich erklären kann.

10. Der griechische Premierminister Georgios Papandreou hatte für den November 2011 eine Volksabstimmung über die Sparauflagen angekündigt, die EU, EZB und WF verhängt hatten. Er blies dieses Vorhaben auf massiven Druck hin wieder ab und trat wenig später zurück. Der Druck resultierte aus der allgemeinen Besorgnis, dass die Gefahr zu groß war, eine solche Volksabstimmung könne zum Austritt Griechenlands aus der EU führen.

11. Die Initiative zum Volksbegehren «Rettet die Bienen» (Februar 2019) ging von den Grünen aus und war die erfolgreichste in Bayern. Das Begehren wurde von fast 95.000 Einwohnern initiiert, 1,7 Mio. Unterschriften kamen zusammen (fast 20 % von insgesamt 9,5 Mio. Wahlberechtigten in Bayern). Das Volksbegehren war von keiner sachlichen Aufklärung der Landesregierung begleitet. Kaum einer, der damals seine Stimme abgab, konnte die Folgen für Fauna und Flora, für Landwirtschaft und vor allem für die Bienenpopulationen auch nur annähernd erklären. Die Landesregierung übernahm die Initiative jedoch und ließ den bayerischen Landtag am 17. Juli 2019 den vom Volksbegehren vorgelegten Gesetzesentwurf mit leichten Modifikationen annehmen.

12. Die Schwelle zur Initiierung eines Volksentscheides wird sehr unterschiedlich gesetzt. Sie kann von weniger als 1 % bis 15 % der Wahlberechtigten reichen. Höhere Schwellen sind selten.

13. Ein typisches Beispiel aus jüngster Zeit war die Initiative zur Enteignung von Wohnungskonzernen in Berlin (28. September 2021).

14. 1975 stand die gesamte britische Presse aufseiten von *remain*. 2016 war es bis auf wenige Ausnahmen genau umgekehrt. Vor allem die jingoistischen Massenblätter Sun, Mirror, Daily Mail und Daily Express verfolgten zusammen mit dem Telegraph mit allen publizistischen Mitteln eine massive Unterstützung von *leave,* leider oft genug mit sensationalistischen Falschmeldungen.
15. Ein bedenkliches Beispiel bietet der hessische Volksentscheid vom 28.10.2018. Es ging um fünfzehn Änderungen in der Verfassung des Landes Hessen. Die Abstimmung fiel mit den regulären Landtagswahlen zusammen. Das schwächte die Argumente der Opposition. Auf dem Stimmzettel waren 15 Fragen aufgeführt, die man *en bloc* oder einzeln beantworten konnte. In den Fragen waren die unterschiedlichsten Sachgebiete zusammengewürfelt: Vom Staatsziel Hessens über Sportförderung, die Abschaffung der Todesstrafe, Ehrenamt, Kinderrechte bis hin zur Gleichberechtigung von Mann und Frau und einem Bekenntnis zur Europäischen Union. Die Kalkulation war eindeutig: Die Zusammenlegung mit dem Wahltermin würde dafür sorgen, dass die Regierungsposition auf die Abstimmung und die Abstimmung auf das Wahlergebnis abfärben würde. Die Schwarz-Grüne Koalition konnte sich mit diesem Fragenkatalog einen progressiven Anstrich geben. Gegen die formale Abschaffung der Todesstrafe hatte es in Meinungsumfragen immer wieder Widerstände gegeben. Nun schob man diese Frage sandwichartig zwischen die anderen 14 und hoffte auf die assoziative Wirkung und die Einladung zum *en bloc*-Votum: Wer zu den anderen Fragen «Ja» sagen würde, würde sich schwertun, gerade hier «Nein» zu sagen. Es gab keine Aufschlüsse-

lung darüber, wie viele Bürger *en bloc* und wie viele über jede Frage separat abgestimmt hatten.
16. Problematisch ist beispielsweise die Umdrehung der Fragestellung, wie sie 2011 die Regierung von Baden-Württemberg vorgenommen hat: Wer für die Fortführung des Projektes Stuttgart 21 war, musste mit «Nein» stimmen. Die Umkehrung der Fragestellung beruhte darauf, dass die Organisatoren mit einer tendenziellen Vorliebe für «Ja» rechneten und deshalb die Frage so formulierten, dass für die Beendigung von Stuttgart 21, eigentlich ein negatives Votum, mit Ja gestimmt werden konnte.
17. Dazu gehören beispielsweise negative Begriffe wie «Versklavung», «Knechtschaft», «Ausbeutung» oder positive wie «Befreiung», «Unabhängigkeit», «Wohlstand».
18. Der tragische Fehler britischer Regierungen und der EU insgesamt lag 1975 darin, dieses Abstimmungsergebnis als endgültigen, unveränderlichen Ausdruck des «Volkswillens» im Vereinigten Königreich zu halten (hier hat die Floskel vom «ein für alle Mal» besonders irreführend gewirkt). Tatsächlich hatten alle Meinungsumfragen davor und danach nie eine Mehrheit für eine EWG-Mitgliedschaft ergeben. Das Beitrittsgesetz war nur mit knapper Mehrheit durchs Parlament geschrammt (zweite Lesung am 17.2.1972 ergab 309:301 Stimmen; dritte Lesung am 17.10.1972 ergab 301:284 Stimmen; schwerlich der eindeutige, überwältigende, einheitliche Wille eines Volkes). Eine Meinungsumfrage Ende 1970 hatte eine satte Mehrheit gegen eine EWG-Mitgliedschaft ergeben (61 % dagegen, nur 24 % dafür, hoher Anteil der Unentschiedenen). Ende November 1973 waren nur 29 % der britischen Wähler der Auffassung, dass die EWG-Mitgliedschaft Vorteile für ihr Land bringen würde.

9 Ausblick und Schlussfolgerungen

Auch nach 1975 gab es keine Meinungsumfrage, die eine klare Mehrheit zugunsten der EWG gezeigt hätte. 1983 zog die Labour Partei mit einem Programm in die Parlamentswahl, das den Ausstieg aus der EWG versprach, ohne den Volksentscheid von 1975 mit nur einem einzigen Wort zu erwähnen.

10

Empfehlungen

10.1 Volksabstimmungen sind nicht zwangsläufig demokratisch

Volksabstimmungen haben viele problematische Seiten. Wer sie zum Demokratieideal verklärt, ist gut beraten, sich um die empirische Erfahrung mit derartigen Abstimmungen zu kümmern. Trotz der aufgezählten Schwächen bleiben Volksabstimmungen ein wichtiges Mittel, um politische Fragen mit einem hohen Grad demokratischer Legitimation zu entscheiden. Nur sollten dabei einige Grundsätze beachtet werden.

Grundsätzlich scheinen sich Volksabstimmungen als Korrektiv zu Defiziten einer repräsentativen Demokratie bewährt zu haben. Als Alternative dazu taugen sie wenig. Hier kann das Schweizer Vorbild tatsächlich wichtige Anstöße geben: Volksabstimmungen sollten nicht am Parlament vorbei oder gar gegen das Parlament organisiert werden, sondern in engster Abstimmung mit ihm. Das Mitwirkungsrecht der Volksvertreter sollte ebenso weit reichen wie das des Volkes selbst, wenn auch die Entscheidung letztlich beim Volk liegen muss. Aber die Vertreter sollten das Recht behalten, zu jedem Volksbegehren einen Gegenentwurf zu erarbeiten und diesen zu begründen. Vor allem sollte jeder Stimmberechtigte rechtzeitig vor dem Abstimmungstag eine Informationsbroschüre erhalten, die die wichtigsten Überlegungen und Argumente der Debatte zusammenfasst. Nur so lässt sich sicherstellen, dass jeder Bürger ein Minimum an Verständnis für die Folgen der Frage mitbringt, über die er abstimmen soll.

Der zweite Grundsatz sollte darin liegen, die Modalitäten von Volksabstimmungen so weit wie möglich vorab festzulegen. Das betrifft die Frage, welche Fragestellungen überhaupt zulässig sind und wie und von wem die Fragestellung formuliert werden darf. Die Auslösemechanismen (Unterschriftenlisten) sollten nach einheitlichen Kriterien landesweit festgelegt werden, die Zahl derjenigen, die eine Volksabstimmung verlangen können, sollte als Prozentsatz der Wahlberechtigten und nicht als absolute Zahl festgelegt werden, denn die Bevölkerungsgröße verändert sich im Zeitverlauf ständig und verändert auf diese Weise die absolute Schwelle.[1] Die grafische Gestaltung von Stimmzetteln sollte einer verbindlichen Schablone folgen, die Durchführung und Auszählung von Volksabstimmungen bei einer zwischen Regierung und Opposition einvernehmlich benannten Kommission liegen. Diese Kommission sollte von Experten unterstützt werden, die auf ein Archiv zurückgreifen können, in dem sämtliche Erfahrungen mit Volksabstimmungen verfügbar sind. Die bislang dominierende Tendenz, für jede Volksabstimmung neue Durchführungsbestimmungen *ad hoc* festzulegen, öffnet die Tore für Willkür und Missbrauch.

Jede Ablösung einer gewählten Regierung durch eine neugewählte erlaubt dem Souverän, seine politischen Prioritäten neu zu bestimmen, indem er neue Repräsentanten bestellt, die in seinem Namen handeln. Wo der Souverän unmittelbar selbst entscheidet, verliert er die Möglichkeit ständiger Revidierbarkeit. Ein Volksentscheid bedeutet in allererster Linie eine prinzipielle Festlegung auf lange Zeit. Es bleibt nur die Möglichkeit, eine solche Festlegung durch einen zweiten Volksentscheid wieder aufzuheben – oder ihn einfach zu ignorieren.[2] Beides ist der Autorität eines Volksentscheids abträglich.

Die Frage, wer befugt ist, den Mechanismus einer direkten Volksabstimmung in Gang zu setzen, wird jede Verfassung nach historischen Erfahrungen und der herrschenden politischen Philosophie unterschiedlich beantworten. Sicher ist nur, dass das Instrument des verbindlichen Volksentscheids ein scharfes Schwert mit weittragenden und schwer revidierbaren Folgen ist. Eine der wichtigsten Stärken der Demokratie liegt jedoch in der ständigen Revidierbarkeit und Anpassung politischer Entscheidungen und in der sich daraus ergebenden Fehlerfreundlichkeit. Gerade in unsicheren Zeiten, in denen plötzliche Umbrüche drohen, engen Volksabstimmungen mit ihren holzschnittartigen Entscheidungsmustern den Manövrierraum jeder Regierung unnötig ein.

Volksabstimmungen sollten in repräsentativen Demokratien nur selten abgehalten werden und nur wenn unabweisbare Gründe dafür sprechen. Mit fast 10 Abstimmungen pro Jahr scheint die Schweiz in letzter Zeit das Optimum von Volksbefragungen überschritten zu haben.

Ein Volksentscheid wirkt wie ein *ex-cathedra*-Dogma des Papstes: unumstößlich, unwiderruflich. Er beendet jede Debatte und lässt keine Berufung zu. Es gibt allerdings nur wenige, die so vermessen sind, einem Volksentscheid Unfehlbarkeit zuzusprechen. Gegen eine solche

Hypothese sprechen zu viele historische Präzedenzfälle. Politiker liebäugeln manchmal damit, die eigene Politik, vielleicht sogar die eigene Person, durch direkte Anrufung des Volkes unangreifbar zu machen. Empirisch sind Volksabstimmungen häufig genug von Diktatoren genutzt worden, um ihrer unumschränkten Despotie ein demokratisch legitimiertes Mäntelchen umzuhängen. Diese Erfahrung allein sollte genügen, um im Umgang und im Einsatz von Volksentscheiden äußerste Um- und Vorsicht walten zu lassen.

10.2 Wo und wann sind Volksentscheide sinnvoll?

Die generelle Skepsis gegenüber Volksentscheiden, die aus der bisherigen Argumentation spricht, soll keineswegs dazu dienen, Volksentscheide pauschal zu diskreditieren. Es gibt Verwaltungsebenen und Themen, die sich gut für Volksentscheide eignen, andererseits aber auch Ebenen und Materien, von denen man Volksabstimmungen möglichst fernhalten sollte.

Volksentscheide eigenen sich für überschaubare, lokal begrenzte Fragen, zu denen jeder Wähler sich aus eigener Anschauung eine begründete Meinung bilden kann, wie beispielsweise die Verkehrsführung/-beruhigung einer Stadt, Bebauungs- und Entwicklungspläne, Umweltauflagen, Ausbau der kommunalen oder regionalen Infrastruktur. Hier ist auch weitgehend gewährleistet, dass die Abstimmungsberechtigten auch die primär Betroffenen sind. Höchst problematisch wird es, wenn die Ebene einer Volksabstimmung mit der Ebene der vorgelegten Frage nicht korrespondiert. Eklatante Fälle waren in der Vergangenheit Volksabstimmungen, die Städte oder Dörfer zu nuklearwaffenfreien Zonen erklärten. Ähnliche Probleme ergeben sich, wenn überregionale Infrastrukturprojekte durch regionale oder lokale Volksabstimmungen blockiert werden sollen. Der Interessenschutz von Menschen, die von derartigen Projekten negativ betroffen werden, ist ein hohes Gut, muss aber durch eine sorgsame Güterabwägung gegenüber dem Gesamtinteresse erfolgen. Und gerade derartige Güterabwägungen sollten jederzeit revidierbar bleiben. Für eine differenzierte Güterabwägung sind Volksabstimmungen jedoch ungeeignet.

Themen, die sich für Volksabstimmungen auf überregionaler Ebene eignen, sollten nicht zu technisch oder zu komplex sein. Andererseits sollten sie grundlegender Natur sein. Sie dürfen keine diskriminierenden Fragen stellen, sie dürfen nicht die Grundlagen des Gemeinwesens zur Disposition stellen. Ebenso wenig dürfen sie den Vorwand liefern, um über lasch gehandhabte Abstimmungsquoten Minderheiten ein Einfallstor zu bieten, durch das sie ihre Sonderinteressen der Allgemeinheit aufdrücken können, indem sie eine Abstimmungsmehrheit, die jedoch eine Minderheit unter den Wahlberechtigten und erst recht im Volk ist, für den Willen des gesamten Volkes ausgeben. Unzulässig sind z. B. Fragen, die das Strafrecht, die Prozessordnung, Steuern oder den föderalen Finanzausgleich betreffen, ebenso wie Fragen, die auf Diskriminierung von Minderheiten oder auf Einschränkungen von Menschenrechten hinauslaufen.

Volksabstimmungen sollten zu Fragen stattfinden, zu denen jeder Bürger sich eine fundierte Meinung bilden kann, weil er ihnen im täglichen Leben ständig begegnet. Sinnvoll wäre es, Fragen von Ehe, Kinderförderung, Abtreibung oder Sterbehilfe dem Volk zu unterbreiten, denn sie betreffen potenziell jeden Einzelnen, und zur Beantwortung derartiger ethisch-moralischer Fragen bietet Expertenwissen keinen entscheidenden Vorteil, denn es gibt keine wissenschaftlich verbindlichen Kriterien, nach denen sie sich entscheiden lassen. Sie erfordern deshalb keine komplexen Sachkenntnisse. Auch zeigt sich, dass derlei Fragen von unterschiedlichen Gesellschaften unterschiedlich beantwortet werden und dass Völker zu diesen Fragen ihre Einstellung verändern. Ehescheidung, Homosexualität, Abtreibung, gleichgeschlechtliche Ehen, Sterbehilfe sind existenzielle Fragen, für die es jenseits religiöser Gebote keine allgemeinverbindlichen Vorschriften gibt und zu denen sich die Einstellung in den meisten europäischen Gesellschaften in den letzten Jahrzehnten grundlegend gewandelt hat.

Gegen den Rückgriff auf Volksentscheide in diesen grundlegenden Fragen spricht allerdings deren langfristige Festlegung. Moralische Einstellungen wandeln sich. Deshalb sollten die politischen Entscheidungen, die sie in Gesetze gießen, ebenso wandelbar bleiben. Damit ist ein zweites, unübersehbares Problemfeld eröffnet, nämlich die Frage, wie mit Abstimmungsergebnissen umzugehen ist, die eindeutig dem herrschenden Zeitgeist und seinen progressiv-liberalen Tendenzen zuwiderlaufen.[3] Bei beunruhigend vielen Kommentatoren schimmert hier die Schlussfolgerung durch, demokratische Abstimmungsergebnisse, die regressiv und rückwärtsgewandt sind und die «Errungenschaften» der Moderne ablehnen, kurzerhand für illegitim zu erklären. Wer mehr direktdemokratische Beteiligungsrechte fordert, muss dies bedingungslos und vorurteilslos tun und darf sie nicht in Frage stellen, wenn sie Ergebnisse liefern, die seinen eigenen Präferenzen zuwiderlaufen.

Die staatliche Privilegierung von Religionsgemeinschaften ist eine Frage, die in einer Volksabstimmung entschieden werden könnte. Gerade in dieser Frage tragen fast alle europäischen Nationen ein komplexes historisches Erbe mit sich, das vom strikten Säkularismus Frankreichs bis hin zur anglikanischen Staatskirche reicht, in der der säkulare Monarch zugleich die höchste kirchliche Autorität verkörpert.

In moralischen Fundamentalfragen, die sich wenig für taktische politische Manöver eignen, kommt es besonders häufig zu Divergenzen zwischen Parteiloyalitäten und persönlichen Überzeugungen: Ein überzeugtes SPD-Mitglied kann gegen die Ehe für gleichgeschlechtliche Paare sein, ein CDU-Mitglied dafür, die Kirchensteuer nicht länger durch staatliche Finanzämter eintreiben zu lassen. Dies alles spricht dafür, prinzipielle Fragen, in denen grundlegende Risse durch die Parteien selbst laufen, nicht im Parlament mit seiner Fraktionsdisziplin, sondern in Volksabstimmungen entscheiden zu lassen. Allerdings empfiehlt es sich dann, derartige Abstimmungsergebnisse mit einem im Voraus festgelegten Verfallsdatum zu versehen, nach dem sie in einer neuen Volksabstimmung entweder aufgehoben, modifiziert oder verlängert werden können.

Sinnvoll sind Volksentscheide auch dort, wo politische Repräsentanten zwangsläufig in Konflikt geraten zwischen Eigeninteresse und Dienst am Gemeinwohl bzw. der Vertretung der Interessen ihres Wahlbezirks bzw. ihrer Wähler, so wie das Bundesverfassungsgericht hier bisweilen korrigierend eingreift.

Moderne Staatsverfassungen sind höchst subtile Konstruktionszeichnungen für höchst sensible Mechanismen. Hier muss zwischen allen Teilen eine ausgewogene Balance bestehen, verschiedene Verfassungsorgane müssen organisch und reibungslos zusammenarbeiten können. Punktuelle Eingriffe in solche Abläufe sind immer riskant. Sie werden zum Glücksspiel, wenn sie in die Hände von Entscheidern gelegt werden, die mit diesen Mechanismen nicht vertraut sind. Abgesehen von Grundsatzfragen wie der, ob man eine Monarchie, eine präsidiale oder eine parlamentarische Demokratie sein will, eignen sich Verfassungsfragen nur sehr eingeschränkt für Volksentscheide. Insbesondere die Frage der Macht- und Kompetenzverteilung innerhalb einer Verfassung sollte nicht in Volksabstimmungen entscheiden werden. Denn das prekäre Gleichgewicht zwischen diesen *checks and balances* kann leicht durch einen unbedachten Eingriff gestört und von einer radikalen Gruppe durch emotionale Mobilisierung der Wähler zerstört werden. Verfassungen müssen mit kühlem Kopf und einem Blick für Prinzipien der Gerechtigkeit formuliert werden. Die meisten Wähler können das komplexe Räderwerk staatlicher Institutionen und Kompetenzen in der Regel nur höchst unvollkommen durchschauen. Deshalb ist es für sie schwierig, an einigen Schrauben Einstellungen zu verändern, ohne den ganzen Mechanismus in Mitleidenschaft zu ziehen.

Allenfalls fertige Verfassungen können als Ganzes dem Volk zur Zustimmung unterbreitet werden. Das ist vor allem nach revolutionären Umbrüchen sinnvoll. Deshalb haben die meisten Staaten, die 1991 das von der Sowjetunion aufoktroyierte System abstreifen konnten, ihre neuen liberalen Verfassungen in Volksabstimmungen billigen lassen. Höchst problematisch sind hingegen Verfassungszusätze oder punktuelle Abänderungen, wie sie der russische Präsident Putin 2020 oder der tunesische Präsident Saied 2022 vom Volk billigen ließ: Hier wird hinter der Kulisse einer formalen Fortgeltung der bisherigen Verfassung im Grunde ein kalter Staatsstreich durchgeführt, durch den die Machtbalance der Staatsinstitutionen und die zeitliche Amtsbeschränkung aufgehoben werden.

Volksabstimmungen sind unausweichlich, wenn es um das Selbstbestimmungsrecht der Völker geht. Aber hier liegt das Problem weniger in der Abstimmung als solcher, als in der Festlegung, wer zum abstimmungsberechtigten Volk gehört, und wie sich die Trennung vom Mutterland vollziehen soll. Bevor ein Volk seine Zukunft selbst bestimmen kann, muss es zunächst einmal als Volk konstituiert und anerkannt sein. Das kann aber nur eine Instanz außerhalb dieses Volkes leisten. Die Bezeichnung als

«Volk» durch einen Ethnologen ist etwas ganz anderes als die völkerrechtliche Anerkennung eines Volkes und seines Anspruchs, einen eigenen Staat zu gründen . Zudem ist bei jeder Sezession analog das zu berücksichtigen, was in jeder Ehescheidung zwischen Individuen selbstverständlich ist: Die Rechte und Ansprüche des verlassenen Partners müssen berücksichtigt werden.

Grundsätzlich gilt: Je näher eine Frage an den täglichen Lebenserfahrungen der Bürger liegt, je stärker die Abstimmenden von Kosten und Auswirkungen selbst betroffen sind, je weniger die gestellte Frage das Verständnis komplexer Wechselwirkungen voraussetzt, je eher es um ethische Grundsätze und nicht um spezifische technische Fragen geht, desto eher eignet sie sich für einen Volksentscheid.

10.3 Modalitäten

Rein statistisch gewinnen Regierungen, die frisch im Amt sind, Abstimmungen leichter als Regierungen, deren Profil sich bereits gefestigt hat. Für jedes Regierungsjahr verliert eine Regierungspartei etwa 1 % an Zustimmung. Dieser Ansehensverlust wird sich in jeder Volksabstimmung niederschlagen: Geht sie von der Regierung aus, wird er die Zustimmung eher drücken, richtet sich das Volksbegehren gegen die Regierung, wird das die Zustimmung eher heben.

Viel hängt vom Charisma, von der Popularität der Anführer der jeweiligen Kampagnen ab. In Kolumbien hat der frühere Präsident Uribe seine Autorität und sein Ansehen gegen das Friedensabkommen in die Waagschale geworfen. Hätte Frankreich die Verfassung für die Europäische Union 2005 abgelehnt, wenn sich nicht der angesehene Sozialist und ehemalige Premierminister Laurent

Fabius zum Wortführer der Nein-Kampagne gegen den konservativen Präsidenten Chirac aufgeschwungen hätte? Hätte das Brexit-Referendum den gleichen Ausgang gehabt, wenn nicht der populäre Boris Johnson eine ähnliche Funktion gegen Premierminister und Parteifreund David Cameron übernommen und mit seinen vollmundigen Versprechungen die Debatte beeinflusst hätte?

Manches spricht dafür, einige politische Grundsatzfragen dem Volk in direkten Abstimmungen zu unterbreiten. Um Missbrauch zu vermeiden und um den Eindruck falscher Mehrheiten zu vermeiden, sollten jedoch folgende Voraussetzungen beachtet werden, bevor Volksabstimmungen angesetzt werden:

- Es sollten grundsätzlich nur approbatorische oder abrogative Volksentscheide durchgeführt werden. Bei akklamatorischen Plebisziten überwiegen die Gefahren des Missbrauchs. Dezisive Volksentscheide bergen die Gefahr, dass Fragen vorschnell entschieden werden, obwohl sie weder hinreichend durchdacht noch in ihren Konsequenzen durchkalkuliert sind. Am sinnvollsten ist es, eine Entscheidung in den verfassungsmäßig dafür vorgesehenen Gremien zu erarbeiten und sie dem Volk erst dann zu Abstimmung zu unterbreiten, wenn sie den ganzen Gesetzgebungsprozess in den repräsentativen Institutionen durchlaufen hat. Das bedeutet: Volksabstimmungen sind keine Alternative zur repräsentativen Demokratie, sondern im Idealfall ihre Ergänzung. Auch hier kann die Schweiz als Vorbild dienen.
- Volksabstimmungen sollten möglichst nicht mit anderen Abstimmungsterminen (Parlamentswahlen) verbunden werden.
- Es sollte immer nur eine einzige Frage zur Abstimmung gestellt werden.

- Die Formulierung dieser Frage sollte klar, direkt und sofort verständlich die Alternative beschreiben, vor die der Wähler gestellt wird. In der Beantwortung sollte «Ja» Veränderung, «Nein» Beibehaltung des Status quo bedeuten.
- Zur Durchführung von Volksabstimmungen sollte ein Standardmodus entwickelt werden. Der sollte die Schwelle für eine Volksinitiative einheitlich festlegen, eine ständige Kommission benennen, die die Durchführung organisiert, überwacht und die Fragestellung überprüft und genehmigt. Ausgezählt werden sollten Volksabstimmungen von regulären Wahlkommissionen oder einer Kommission, die speziell hierfür, ähnlich wie ein Verfassungsgericht, dauerhaft eingesetzt wird. Alles, was Volksabstimmungen aus der Sphäre spontaner Improvisation heraushebt und in einen festen, vordefinierten verfassungsrechtlichen Rahmen stellt, kommt ihnen zugute.
- Es sollte eine einheitliche und verbindliche Schablone für den Stimmzettel entwickelt werden. Sie sollte berücksichtigen, dass eine horizontale ebenso wie eine vertikale Anordnung leichte psychologische Ungleichgewichte mit sich bringt. Zur Stimmabgabe sollte ein «Ja» oder zumindest ein «J» geschrieben werden und kein Kreuz in einem vorgegebenen Kreis gemacht werden. Sie könnte beispielsweise etwa so aussehen:

Wollen Sie, dass das Gesetz ... in Kraft tritt/außer Kraft gesetzt wird?
 Wenn Sie zustimmen, schreiben Sie
 in das untenstehende Rechteck ein Ja oder ein J.
 Jeder andere Buchstabe/Figur gilt als Ablehnung.

- Jeder Volksabstimmung sollte eine öffentliche Diskussion voraufgehen, in der Zusagen und Versprechungen beider Seiten auf ihre Belastbarkeit abgeklopft werden: Je besser der voraufgehende Dialog, umso besser die Entscheidung. Voraussetzungen für guten Dialog sind informierte, sachliche Debatten zwischen Vertretern verschiedener Denkschulen. Die Gefahr ist groß, dass öffentliche Diskurse vor Volksentscheiden von unseriösen Pamphleten, demagogischen Kampagnen und populistischen Volkstribunen dominiert werden.

- Mit der Wahlbenachrichtigung sollte eine Kurzbroschüre versandt werden, in der in nüchtern-sachlicher, objektiver Weise über die Gründe, die die Abstimmung erforderlich gemacht haben, und die Folgen eines Ja oder eines Nein informiert wird. Dieser Text sollte wissenschaftlich fundiert und parteiübergreifend gebilligt sein. Auch hier kann die Schweiz als Vorbild dienen.
- Während der dem Volksentscheid voraufgehenden Kampagne müssen Organisation und Finanzen der jeweils involvierten politischen Akteure genauestens überprüft werden. Restlose Offenlegung, Rechenschaftspflicht und Rechnungsprüfung sind unerlässlich.
- Medien sollten fair, aber nicht unkritisch berichten und kommentieren. Vor allem staatliche Medien beweisen ihre Neutralität nicht dadurch, dass sie die Sende- und Redezeiten beiden Seiten gleichermaßen zumessen. Sie sollten nicht zögern, auf Unstimmigkeiten, Widersprüche und faktische Falschaussagen hinzuweisen. Volksabstimmungen hängen immer stark von der Professionalität und der Sachkunde der Medien ab.
- Am entscheidendsten ist ein überzeugendes Quorum. Eine doppelte relative Mehrheit reicht nicht aus für ein verbindliches Votum des gesamten Volkes. Für ein nachträgliches akklamatorisches Plebiszit könnte sie ausreichen. Plebiszite sollten aber grundsätzlich unzulässig sein. Für Volksabstimmungen, die wichtige Festlegungen für eine lange Zukunft treffen, sollten die

Zustimmungsschwellen nicht wesentlich niedriger als in Parlamenten liegen. Für Fragen, die ein Parlament nur mit Zweidrittelmehrheit der Mitglieder (nicht der Anwesenden) entscheiden kann, sollte auch in Volksabstimmungen mindestens eine Quote gelten, die dieser Schwelle gleichwertig ist. Die Zustimmungsquote sollte bei Verfassungsfragen nicht unter 60 % liegen.[4] Bei anderen Volksabstimmungen sollte die Zustimmungsquote über, zumindest aber nahe genug an 50 % liegen, um jeglichen Zweifel an ihrer Verbindlichkeit auszuräumen.[5]
- Materien, die sich für Volksabstimmungen eignen, sind am ehesten Fragen der nationalen Selbstbestimmung und Grundsatz- bzw. Verfassungfragen, bei denen Abgeordnete zwangsläufig in einen Interessengegensatz zu ihrer Repräsentationsaufgabe geraten, grundsätzliche Fragen der Ethik oder lokale Fragen, die von jedem der dort Ansässigen sofort verstanden und entschieden werden können.

Anmerkungen

1. Als die Bedingungen 1921 in der Schweiz festgelegt wurden, die ein fakultatives Referendum auslösen können, legte man als Schwelle 30.000 Unterschriften fest. Die Gesamtbevölkerung der Schweiz belief sich damals auf 3,8 Mio. Einwohner. Damit lag die Schwelle bei 0,8 %. 1977 wurde sie auf 50.000 Unterschriften angehoben. Die Bevölkerung war auf 6,3 Mio. gestiegen. Die Schwelle wurde damit wieder auf etwa 0,8 % nachjustiert. Seither hat die Bevölkerung der Schweiz auf 8,7 Mio. zugenommen. Die Schwelle für ein fakultatives Referendum liegt aber seither unverändert bei 50.000. Damit ist sie relativ von 0,8 % auf 0,57 % abgesunken. Für demokratische

Entscheidungsprozesse, in denen relative Werte festlegen, was für das ganze Volk verbindlich ist, ist das eine bedenkliche Entwicklung.

2. Alexis Tsipras hat 2015 eine Volksabstimmung über die Bedingungen angesetzt, die die Troika mit ihrem Rettungspaket Griechenland auferlegen wollte, und diese anschließend ignoriert. Die Umstände dieser Volksabstimmung waren mehr als fragwürdig: Sie wurde mit nur einer Woche Vorlauf angesetzt. Premierminister Tsipras kündigte sie am 27. Juni für den 5. Juli an. Eine öffentliche Diskussion über das Für und Wider war in der kurzen Zeit unmöglich. Die Stimmzettel setzten das Nein über das Ja – was eindeutig in der Absicht geschah, das Abstimmungsverhalten zugunsten eines Nein zu beeinflussen. In der Abstimmung ging es über die komplizierten Konditionen, unter denen die EU-Kommission, die EZB und der IWF bereit waren, der Regierung Griechenlands finanziell zu helfen. Diese Dokumente lagen aber weder in ausreichender Anzahl noch in Übersetzung vor. Die Griechen mussten also über Texte abstimmen, die ihnen entweder nicht zugänglich waren, oder, wenn sie eines der wenigen Exemplare erhaschen konnten, mit Sicherheit unverständlich blieben, selbst wenn sie Englisch beherrschten, weil der technische Bankerjargon der Finanzexperten sie überforderte. Tsipras gewann das Referendum mit 61,1 % bei einer Beteiligung von 62,5 % (Quote 38,2 %). Waren schon die Umstände dieser Volksabstimmung fragwürdig, wurde sie vollends zur Farce durch das, was danach geschah. Denn als die EU drohte, Griechenland von weiteren Geldzuflüssen abzuschneiden, lenkte Tsipras sofort ein, tauschte seinen umstrittenen Finanzminister Varoufakis aus und akzeptierte genau die Bedingungen, die zu verwerfen er wenige Wochen zuvor sein Volk

aufgefordert hatte. Um dieses Possenspiel zu krönen, setzte er für den 20. September 2015 vorzeitige Neuwahlen zum Parlament an, die er mit 35,5 % der abgegebenen Stimmen als stärkste Partei gewann. Das Volk hatte sich somit in weniger als zehn Wochen selbst diametral widersprochen, denn am 5. Juli hatte es in einer Abstimmung verworfen, was es am 20. September in Parlamentswahlen billigte.
Es ist bereits darauf verwiesen worden, dass Kolumbien einen ganz ähnlichen Weg gegangen ist. Dort wurde das Friedensabkommen mit der FARC am 18. Juni 2016 in einer Volksabstimmung abgelehnt, im November jedoch nach einigen kosmetischen Retuschen von Parlament und Senat einstimmig angenommen.
Ein weiterer Fall war die Einführung der Sommerzeit in der Schweiz. Nachdem die umliegenden EWG-Staaten und Österreich beschlossen hatten, die Sommerzeit 1980 einzuführen, beschloss der Nationalrat am 24.6.1977 ein Gesetz, nach dem die Sommerzeit 1980 auch für die Schweiz gelten sollte. Dieses Gesetz wurde in einem Volksentscheid am 28.5.1978 knapp verworfen (52,1 % Nein, Beteiligung 49 %, Quote 25,5 %). Der Bundesrat brachte daraufhin das ursprüngliche Zeitgesetz erneut im Nationalrat ein, der es am 21.3.1980 billigte. Ein zweites Referendum kam nicht zustande. Seit dem 1. Januar 1981 gilt in der Schweiz wie in den angrenzenden Ländern Sommerzeit, obwohl das Volk sie, wenn auch wenig überzeugend, in einer Abstimmung abgelehnt hat.
In England forderten 1982 die Labour Partei, 2019 die LibDems, das Ergebnis der voraufgegangenen Volksabstimmung zur EU-Mitgliedschaft ohne erneute Volksabstimmung rückgängig zu machen.

3. Bezeichnend hierfür ist die plötzlich auftauchende Sorge, ein Wahlsieg der AfD in Thüringen könne ihr die Möglichkeit bieten, über eine Volksabstimmung die Landesverfassung zu ändern. Artikel 83 lautet: «Zu einer Verfassungsänderung durch Volksentscheid bedarf es der Zustimmung der Mehrheit der Abstimmenden; diese Mehrheit muss mindestens 40 vom Hundert der Stimmberechtigten betragen.» Diese Bestimmung ist, seit die Verfassung in Kraft ist, also seit 1993, niemals beanstandet worden. Jetzt taucht die Furcht auf, dass eine Partei, die über 40 % der Wähler hinter sich weiß, dieses Wählerpotenzial nutzen könnte, um auf diesem Weg die Verfassung zu ihren eigenen Gunsten zu ändern. Dass diese Furcht erst jetzt artikuliert wird, weist auf zwei Schwächen moderner Demokratien hin: Sie neigen dazu, Volksabstimmungen über eine wesentlich niedrigere Zustimmungsschwelle tiefgreifende Veränderungen in den Regeln demokratischer Willensbildung zuzugestehen als i parlamentarischen Verfahren ; sie versäumen in der Regel, auch radikale Ergebnisse von Volksabstimmungen einzukalkulieren und dagegen erforderliche *checks and balances* vorzusehen; sie vernachlässigen es, das demokratische Haus wetterfest zu machen. (Hermann Heußner, Arne Pautsch, Maximilian Steinbeis: *Wenn Björn Höcke sein Volk befragt*, SPON, 12.11.2023 (https://www.spiegel.de/politik/deutschland/thueringen-wenn-bjoern-hoecke-sein-volk-befragt-gastbeitrag-a-548758a3-fc28-4fa5-ba4e-cbb239637647. abgerufen am 02.01.2024)
4. Das könnte eine Kombination sein, die zwischen 100 % Beteiligung und 60 % Zustimmung oder 100 % Zustimmung bei 60 % Beteiligung liegt. Eine Kombination von 80 % Beteiligung und 75 % Zustimmung ergibt beispielsweise eine Zustimmungsquote von 60 % der Stimmberechtigten.

5. Beispielsweise 70 % Beteiligung und 70 % Zustimmung oder 80 % Beteiligung und 60 % Zustimmung. In beiden Fällen hätten 49 % bzw. 48 % des gesamten stimmberechtigten Volkes zugestimmt.

GPSR Compliance
The European Union's (EU) General Product Safety Regulation (GPSR) is a set of rules that requires consumer products to be safe and our obligations to ensure this.

If you have any concerns about our products, you can contact us on

ProductSafety@springernature.com

In case Publisher is established outside the EU, the EU authorized representative is:

Springer Nature Customer Service Center GmbH
Europaplatz 3
69115 Heidelberg, Germany

www.ingramcontent.com/pod-product-compliance
Lightning Source LLC
LaVergne TN
LVHW020344260326
834688LV00045B/1518